中等职业学校学生应知应会字词集

◎ 主编　李全国

燕山大学出版社·秦皇岛

河北大学出版社·保定

图书在版编目（CIP）数据

中等职业学校学生应知应会字词集 ／ 李全国主编
. —— 秦皇岛：燕山大学出版社，2018.8
ISBN 978-7-81142-736-3

Ⅰ．①中… Ⅱ．①李… Ⅲ．①汉语－词语－中等专业
学校－教学参考资料 Ⅳ．① G634.303

中国版本图书馆 CIP 数据核字 (2018) 第 181927 号

中等职业学校学生应知应会字词集
ZHONGDENG ZHIYE XUEXIAO
XUESHENG YINGZHI YINGHUI ZICIJI

责任编辑：朱红波 刘 婷
封面设计：杨艳霞
责任印制：靳云飞
出版发行：燕山大学出版社 河北大学出版社
印　刷：保定市北方胶印有限公司
开　本：185mm×260mm 1/16
印　张：22
字　数：365 千字
版　次：2018 年 8 月第 1 版
印　次：2018 年 8 月第 1 次印刷
书　号：ISBN 978-7-81142-736-3
定　价：39.00 元

《中等职业学校学生应知应会字词集》编委会

编写说明

　　"文化是一个民族的灵魂，文化兴则国运兴，文化强则民族强"（习近平《在中国共产党第十九次全国代表大会上的报告》）。中华文化博大精深，其中汉语言文化赖以传承下来的载体便是汉语言文字，自仓颉造字以来，到了汉代开始固定称为"汉字"，用以指代汉民族的文字。毋庸置疑，作为目前世界上使用人口最多、现存最古老的文字，汉字在传承中国文化、推进中国和世界文明的进步方面发挥着巨大的作用。

　　当前，各级各类学校传统文化教育蔚然成风，作为文化载体的文字，学生掌握的程度如何、掌握的词汇量的大小、对词语的理解能力和运用能力的强弱等，不仅直接影响着传统文化教育的成效，也影响着学生人文素养的提高。在多年的中等职业学校语文教学实践中，我们感觉到，学生在日常生活和学习中过多地使用手机和电脑，动手写字能力较差，经常错误百出、张冠李戴，让人啼笑皆非。因此很有必要加强学生对汉字的理解和掌握，扎扎实实地补上汉字识读这一课。近年来，为扩大学生的词汇量，提高其汉字书写的正确率，使其熟知汉字背后的文化内涵，提高学生识记汉字的兴趣，我们对语文教学进行了改革，其中一项措施是在第一学年第一学期结合语文教学开展全学期安排、全体学生参与的汉字听写大赛，这不仅有力地促进了学生的学，甚至任课教师教的积极性、班主任管理的积极性也都空前地调动起来，取得了良好的教学效果。在此基础上，我们编写这本《中等职业学校学生应知应会字词集》，既填补了中职语文词库的空白，又是中职语文课改的一次有益尝试。

《中等职业学校学生应知应会字词集》按所列词汇的来源分为基础篇和提高篇两大部分，其中基础篇分为三章，包括语文基础字词一、二、三，分别选自高等教育出版社中职《语文》基础模块（上、下册）及拓展模块；提高篇分为五章，包括拓展字词、经济应用文常用字词、燕赵常用成语、常用易错字词和常用谦敬词等。本书共收录2503个词条，基本涵盖中等职业学校学生在学习过程中遇到的常见字词。编写的体例考虑到使用的便利性，由三个板块组成：一是字词注音板块，即字词主体和拼音，字词采用规范字，按汉语拼音音序排列；二是字体板块，列出词条首字（首字重复用次字）小篆、隶书和草书三种字体；三是释义板块，字词的常用意义解释。

本书主编由邯郸市农业学校李全国老师担任，副主编由邯郸市农业学校董锋利、李文英、袁红云、王凯悦老师担任。参加编写的老师还有（排名不分先后）：深州职教中心张莉、孟红霞、刘念、陈红帅、白从稳，河北省科技工程学校马德青，石家庄市农业学校刘彦欣，河北商贸学校杨秀艳、郝雪莹，邯郸二职中马兰芳，怀安职教中心张小燕，涉县职教中心郭晓燕，滦县职教中心刘向辉，武安职教中心霍延会，鹿泉职教中心周洪学，张家口职教中心贾炜，承德技师学院王晓红，抚宁职教中心赵丹，盐山职教中心周晓英。封面书名由邯郸市农业学校华梅志老师题写。

编写出版《中等职业学校学生应知应会字词集》，旨在通过搜集整理中职语文教材内字词以及教材外中职生应会字词，让学生熟知在中等职业教育这一阶段内应该掌握的汉字，并熟知字词背后的文化内涵，提高学生识记汉字的兴趣。本书既可作为中等职业学校在校生的工具书，用于举办汉字听写比赛时的词库，也可以作为同等学力人员的学习参考，还可作为各类初级培训的参考读物使用。

搜集编写过程中，编者虽多次增补修正等，但仍不免挂一漏万，恳请方家指正！

邯郸市农业学校校长　博士　李鹏丽

2018年8月2日

序　言

　　对中职语文教学进行改革已经成为业内专家学者的共识，关键是怎么改、改什么。近几年，在原河北省职业教育发展研究中心指导下，我们组织有关职业学校的语文教师，对语文教学的内容、过程和目标进行了一些探索性的改革，其中有些做法获得良好的教学效果。邯郸市农业学校尝试将语文教学分成三个阶段，即第一学期围绕教学开展汉字听写大赛，第二学期开展辩论赛，第三学期开展诗词比赛等，每项比赛都贯穿整个学期，从班级、专业、年级到全校顺次开展，在全校形成一个学生围绕大赛学语文，任课教师围绕大赛教语文，班主任围绕大赛组织学生的良好局面。这样的教学方式不仅调动了学生学的积极性，还调动了老师教的积极性，班主任也自觉地融入学生的学习活动。在这一系列活动中学生不仅更好地掌握了《语文》大纲要求的基本知识，还极大地提高了文字识别能力和语言交流技巧，更可喜的是学生的个人素养、团队精神也有了长足的进步。

　　为了系统地推进这样的教学改革，在原河北省职业教育发展研究中心主任刘凤彪先生的倡导下，我们组织部分教师将学生应知应会的字词编辑成册，以供一年级学生学习使用，使用效果让师生非常满意。在河北大学出版社的支持下，我们在原有工作的基础上组织多所职业学校的语文教师参与进来，编写出版《中等职业学校学生应知应会字词集》奉献给广大读者。

　　编辑出版《中等职业学校学生应知应会字词集》，既是对语文教学改革的阶段性总结，也是想以这样的方式来提高学生接受语文教育的兴趣和效果。当然，这样做更多的还是考虑到当前职业学校学生的文化基础，通过字词的学习和提高，希望把学生最基本的语文技能扎扎实实地培养起来。在此基础上，我们也计划结合职业教育领域专家们的建议，动员和组织语文教学和职教研究领域的专家学者，更加深入地开展语文教改，让已有的研究成果逐步系统化、规范化，成为公共基础课教学改革的典范。

　　编写出版这样的读物，是一次初步的尝试。因为语文教育不只是一个教育教学需要研究的问题，站到人文的角度来看，其实是一个继承中华传统文化、提高学生人文素养和健全学生品格的宏大命题，所以关于语文教学的改革还有更多的课题要做。为此，我们欢迎业内行家给予批评和指正。

邯郸市农业学校校长　博士　李鹏丽

2018年8月2日

内容简介

　　《中等职业学校学生应知应会字词集》按所列词汇的来源分为基础篇和提高篇两大部分，其中基础篇分为三章，即语文基础字词一、二、三，分别选自高等教育出版社中职《语文》基础模块（上、下册）及拓展模块；提高篇分为五章，包括拓展字词、经济应用文常用字词、燕赵常用成语、常用易错字词和常用谦敬词等。

　　本书共收录2503个常用词条，基本涵盖中等职业学校学生在学习过程中遇到的常用字词。编写的体例考虑到使用的便利性，由三个板块组成：一是字词注音板块，即字词主体和拼音，字词采用规范字，按汉语拼音音序排列（其中第七章按易错字的汉语拼音音序排列）；二是字体板块，列出词条首字（首字重复用次字）小篆、隶书和草书三种字体；三是释义板块，为字词的常用意义解释。

　　《中等职业学校学生应知应会字词集》主要是为中等职业学校在校生编纂的一个工具书，作为各中职学校举办汉字听写比赛时的词库使用，也可以作为同等学力人员学习参考，还可作为各类汉语初级培训的参考读物使用。

目　录

凡 例

一、词条

1. 本书收录高等教育出版社中职《语文》教材基础模块（上、下册）、拓展模块及教材外应知应会词条共2503个，分八个章节，每章词条按首字的汉语拼音字母顺序排列（其中第七章按易错字的汉语拼音字母顺序排列）。

2. 每个词条均标注汉语拼音，选取其常用释义。释义以《现代汉语词典》（第七版）为准，同时参考高等教育出版社中职《语文》教材、《汉典》及百度百科中的释义。如：

拔尖：[bá jiān] 1. 出众；超出一般。2. 突出个人；出风头。

3. 词语如有别称，或有不同写法，以"也作……"置于释义后，个别因格式易引起歧义的，置于释义前。如：

夙愿：[sù yuàn] 一向怀着的愿望。也作宿愿。

标志：[biāo zhì] 也作标识。1. 表明特征的记号或事物。2. 表明某种特征：伟大人物的最明显的～，就是他坚强的意志。——美国·爱迪生

二、字体

1. 本书选取每个词语的首字，列出其小篆、隶书、草书三种字体，以帮助学生了解汉字字体知识；相邻词语首字相同的，列第二个字；同一页内不出现重复字体，找不到对应字体的用"—"替代。列出三种字体的汉字下加着重号。如：

摇晃：〔yáo huàng〕1. 摇摆。2. 摇动。

| 小篆 | 𢪇 | 隶书 | 摇 | 草书 | 摇 |

摇曳：〔yáo yè〕摇荡：山月不知心里事，水风空落眼前花，～碧云斜。——唐·温庭筠《梦江南·千万恨》

| 小篆 | 𡳆 | 隶书 | 曳 | 草书 | 曳 |

2. 小篆、隶书、草书为现代印刷字体，仅供参考。

三、举例

1. 举例包括例词和例句。本书引用了大量的、富有文采的古诗文例句，以帮助学生了解字词背后的更多的文学元素和文化内涵。如：

鬓：〔bìn〕鬓角：纵使相逢应不识，尘满面，～如霜。——北宋·苏轼《江城子·乙卯正月二十日夜记梦》

| 小篆 | 鬚 | 隶书 | 鬓 | 草书 | 鬓 |

2. 例句（如为引用例句）用"——"引出出处，出处（作者和作品）置于后，个别因格式易引起歧义的，例句加双引号，如"纨绔：〔wán kù〕"一词。例句如为词语出处的，则出处（作者和作品）置于例句前。如：

丝绦：〔sī tāo〕丝编的带子或绳子：碧玉妆成一树高，万条垂下绿～。——唐·贺知章《咏柳》

| 小篆 | 絲 | 隶书 | 丝 | 草书 | 丝 |

锲而不舍：〔qiè ér bù shě〕雕刻一件东西，一直刻下去不放手。比喻坚持不

懈，有恒心，有毅力。（锲，镂刻；舍，停止。）出自战国·荀子《荀子·劝学》："锲而舍之，朽木不折；～，金石可镂。"

小篆	鍥	隶书	锲	草书	锲

3. 例词或例句中的本条目字词，用"～"代替，一个"～"代替一个词。如不止一例的，例词之间用"、"隔开，例词与例句之间用"；"隔开。

4. 前五章释义后直接引例词、例句，后三章因体例不同，加"例"后引例词、例句。

四、章节说明

1. 为更好地解决学生字词使用中出现的问题，增加实用性，本书提高篇列出五个章节，分别为拓展字词、经济应用文常用字词、燕赵常用成语、常用易错字词和常用谦敬词。

2. 燕赵常用成语章节，大都列出了成语的出处、原文及译文，以帮助学生掌握燕赵常用成语。如：

八斗之才：［bā dǒu zhī cái］比喻人极有才华。（才，才华。）出自《释常谈》："天下才共一石，曹子建独得八斗，我得一斗，自古及今共用一斗。"

译文 天下的文学之才共有一石（一种容量单位，一石等于十斗），其中曹子建（即曹植）独占八斗，我得一斗，从古到今天下其他的人共分一斗。

小篆	八	隶书	八	草书	八

常用易错字词章节，帮助学生掌握易错词语的正确写法，如：

喝彩：［hè cǎi］大声叫好。（易误写为"喝采"）

例：生活不相信眼泪，它只为那些知难而进的强者～。

小篆	彩	隶书	彩	草书	彩

常用谦敬词章节，帮助学生掌握常用的谦敬词，使学生懂得礼貌礼节，进而提高学生的综合素养。

基础篇

第一章　语文基础字词一

黯淡： [àn dàn] 暗淡。（黯，阴暗：～淡、～黑。）

小篆	𪒠	隶书	黯	草书	黯

懊丧： [ào sàng] 因事情不如意而情绪低落，精神不振：堂吉诃德满面伤痕，满腹

　～。——西班牙·塞万提斯《堂吉诃德》

小篆	懊	隶书	懊	草书	懊

拔尖： [bá jiān] 1. 出众；超出一般。2. 突出个人；出风头。

小篆	拔	隶书	拔	草书	拔

柏油路： [bǎi yóu lù] 亦称柏油马路，路面由沥青铺成的道路。

小篆	柏	隶书	柏	草书	柏

拜访： [bài fǎng] 敬词，访问。

小篆	拜	隶书	拜	草书	拜

斑驳：[bān bó] 色彩相杂，一种颜色中杂有别种颜色：三五之夜，明月半墙，桂影～。——明·归有光《项脊轩志》

小篆	𤨏	隶书	斑	草书	斑

瓣：[bàn] 组成花冠的各片：花～。

小篆	瓣	隶书	瓣	草书	辦

绑：[bǎng] 用绳、带等缠绕或捆扎。

小篆	綁	隶书	绑	草书	绑

包裹：[bāo guǒ] 1. 包扎成件的包件。2. 包扎；包。

小篆	包	隶书	包	草书	乞

抱歉：[bào qiàn] 1. 心有愧疚不安，对不住别人。2. 请求原谅；对不起。

小篆	抱	隶书	抱	草书	抱

暴躁：[bào zào] 遇事急躁，容易发火。

小篆	暴	隶书	暴	草书	暴

笨拙：[bèn zhuō] 笨；不聪明；不灵巧：孤独可以使人能干，也可以使人～。——法国·雨果《海上劳工》

小篆	笨	隶书	笨	草书	笨

迸发：[bèng fā] 由内而外地突然发出。（迸，爆开、溅射：～溅、～裂。）

小篆	迸	隶书	迸	草书	迸

贬：[biǎn] 1. 给予不好的评价（与"褒"相对）：～低、～义。2. 减低；降低：～值、～职。

小篆	貶	隶书	贬	草书	贬

便当：[biàn dāng] 可随身携带的盒饭干粮。

　　　　[biàn dang] 方便；顺手；简单。

小篆	便	隶书	便	草书	便

辫梢：[biàn shāo] 辫子的尾端。（辫，a. 把头发分股编成的带状物：发～、～子。

　　　b. 像辫子的东西：蒜～。）

小篆	辬	隶书	辫	草书	辫

蹩：[bié] 1. 脚踝或手腕扭伤。2. 躲躲闪闪地走动：～到临街的壁角的桌边。——鲁

　　迅《呐喊》

小篆	蹩	隶书	蹩	草书	蹩

别致：[bié zhì] 与众不同；新奇。

小篆	別	隶书	别	草书	别

屏：[bǐng] 1. 除去；排除：～除、～弃。2. 抑止（呼吸）：～气。

　　[píng] 1. 屏风。2. 遮挡：～蔽。

小篆	屏	隶书	屏	草书	屏

不辞劳苦：[bù cí láo kǔ] 不逃避劳累辛苦，形容人不怕吃苦，毅力强：今日之事，

　　请～。——唐·牛肃《纪闻·吴保安》（辞，a. 告别：告～、～别。b. 辞职：～

　　呈。c. 躲避；推托：不～辛苦、推～。d. 解雇：～退。）

小篆	不	隶书	不	草书	不

不知所措：[bù zhī suǒ cuò] 不知怎么办才好，形容惊慌、窘迫：哀喜交并，～。——

　　西晋·陈寿《三国志·吴书》（措，a. 安放；安排：～手、～辞。b. 筹划办理：～

　　施、筹～。）

小篆	知	隶书	知	草书	知

布置：[bù zhì] 1. 对活动做出安排。2. 在一个地方安排和陈列各种物件，使这个地方适合某种需要：这旧式的小屋经他们这么一～，温暖、淡雅，仿佛有了春天的气息。——杨沫《青春之歌》（置，a. 放；摆；搁：安～、推心～腹。b. 设立；布置：装～。）

小篆	𢁀	隶书	**布**	草书	布

裁缝：[cái feng] 以做衣服为职业的人。

[cái féng] 指裁剪、缝制衣服。

小篆	裁	隶书	**裁**	草书	裁

餐：[cān] 1. 吃（饭）：聚～、风～露宿；壮志饥～胡虏肉，笑谈渴饮匈奴血。——南宋·岳飞《满江红》2. 饭食：早～、西～。3. 一顿饭叫一餐。

小篆	餐	隶书	**餐**	草书	餐

残羹冷炙：[cán gēng lěng zhì] 吃剩的饭菜，也比喻别人施舍的东西。

小篆	殘	隶书	**残**	草书	残

残羹剩饭：[cán gēng shèng fàn] 吃后剩下的菜汤和饭食，比喻别人取用后剩下的一点儿东西：如今天色晚了也，有什么～，与俺两个孩子吃些。——元·马致远《黄粱梦》

小篆	羹	隶书	**羹**	草书	羹

孱头：[càn tou] 软弱无能的人（骂人话，常见于方言）：讨一点儿嘴上的便宜，学那种～的行径，我是向来不干的。——叶圣陶《四三集》

小篆	孱	隶书	**孱**	草书	孱

岑寂：[cén jì] 寂静；寂寞。（岑，a. 小而高的山。b. 高的山崖或堤岸。c. 姓。）

小篆	岑	隶书	**岑**	草书	岑

蹭：[cèng] 1. 摩擦：～脱一层皮。2. 由擦过而沾上：～一身灰。3. 拖延：～时间。4. 慢吞吞地行动：慢慢往前～。5. 就着某种机会，不出代价而跟着得到好处：坐～车。

小篆	蹭	隶书	蹭	草书	蹭

茬：[chá] 1. 庄稼收割后余留在地里的短茎和根：～子、麦～。2. 同一块田地上庄稼种植或收割的次数，一次叫一茬：头～。3. 短而硬的头发、胡子：胡～子。4. 指人家刚说完的话或刚提到的事情。5. 势头（常见于方言）：那个～来得不善。

小篆	茬	隶书	茬	草书	茬

缠：[chán] 1. 缠绕。2. 纠缠：～绵。3. 应付：这个人真难～。

小篆	纏	隶书	缠	草书	缠

颤：[chàn] 颤动；发抖。

小篆	顫	隶书	颤	草书	颤

陈词滥调：[chén cí làn diào] 陈旧而不切合实际的话：所以常常是那套褪色的～，诗的本身并不能比题目给人以更深的印象。——闻一多《宫体诗的自赎》（滥，a. 流水漫溢：泛～。b. 不加选择；不加节制：～用职权、宁缺勿～。c. 浮泛；不合实际：陈词～调、～竽充数。）

小篆	陳	隶书	陈	草书	陈

撑伞：[chēng sǎn] 打开伞。

小篆	撐	隶书	撑	草书	撑

痴情：[chī qíng] 1. 痴迷的爱情。2. 对人对事物的感情达到痴心的程度：红尘自有～者，莫笑痴情太痴狂。——电视剧《梅花三弄》系列之《梅花烙》片头曲

小篆	癡	隶书	痴	草书	痴

迟疑: [chí yí] 犹豫;拿不定主意。

小篆	遲	隶书	迟	草书	迟

重叠: [chóng dié] 1. 一层层堆叠:小山~金明灭,鬓云欲度香腮雪。——唐·温庭筠《菩萨蛮》2. 语言学上指接连反复某一构词成分或一个词的语法方式,用于构词和构形,如"哥哥、看看"等。(叠,a. 重复:层见~出、~嶂。b. 摺:铺床~被。)

小篆	重	隶书	重	草书	重

绸: [chóu] 1. 一种薄而软的丝织品:~子、丝~、~缎。2. 缠绵:情意~缪(móu)。

小篆	綢	隶书	绸	草书	绸

惆怅: [chóu chàng] 伤感;失意:廓落兮羁旅而无友生,~兮而私自怜。——战国·宋玉《楚辞·九辩》;既自以心为形役,奚~而独悲?——东晋·陶渊明《归去来兮辞》(惆,失意、悲痛;怅,不如意。)

小篆	惆	隶书	惆	草书	惆

稠密: [chóu mì] 1. 多而密(与"稀疏"相对):人口~。2. 亲切,密切往来:宝玉听得这话如此亲切~,大有深意。——清·曹雪芹《红楼梦》

小篆	稠	隶书	稠	草书	稠

储存: [chǔ cún] 1. 把钱或物存放起来暂时不用:~谷物。2. 大量积累。

小篆	儲	隶书	储	草书	储

触目惊心: [chù mù jīng xīn] 看到某种严重的情况而引起内心的震动。也作怵目惊心。

小篆	觸	隶书	触	草书	触

揣: [chuāi] 1. 手或物品放在穿着的衣服的口袋、袖管、衣襟等里面。2. (常见于方言)牲畜怀孕:骒马~上驹了。

[chuǎi] 1. 估计;忖度:~测、~摩。2. 姓。

小篆	揣	隶书	揣	草书	揣

喘：[chuǎn] 1. 急促地呼吸：～气、～息、苟延残～。2. 气喘。

小篆	嚑	隶书	喘	草书	喘

淳：[chún] 1. 淳朴：浇天下之～，析天下之朴。——西汉·刘安等《淮南子·齐俗训》2. 姓。3. 古同"醇"，酒味厚、纯：～酒味甘，饮之者醉不相知。——东汉·王充《论衡·自然》

小篆	犉	隶书	淳	草书	淳

蠢：[chǔn] 1. 愚蠢：～人、～材、～笨。2. 笨拙。3. 虫子蠕动：～动、～～欲动（指坏人伺机欲动或敌人准备进犯）。

小篆	蠢	隶书	蠢	草书	蠢

戳：[chuō] 1. 用力使长条形物体的顶端向前触动或穿过另一物体。2. 因猛触另一物体而本身受伤或损坏：～伤。3.（常见于方言）竖立；站。4. 图章。

小篆	戳	隶书	戳	草书	戳

雌：[cí] 1. 生物中能产生卵细胞的（与"雄"相对）：雄兔脚扑朔，～兔眼迷离；双兔傍地走，安能辨我是雄雌？——北朝民歌《木兰诗》2. 雌黄矿物，橙黄色，可制颜料，古时用来涂改文字：信口～黄；观天下书未遍，不得妄下～黄。——北齐·颜之推《颜氏家训》

小篆	雌	隶书	雌	草书	雌

粗陋：[cū lòu] 1. 粗糙简陋。2. 粗俗丑陋。

小篆	粗	隶书	粗	草书	粗

璀璨：[cuǐ càn] 形容珠玉等光彩鲜明：牡丹高丈余，花时～似锦。——清·蒲松龄《聊斋志异》

小篆	璀	隶书	璀	草书	璀

撮：[cuō] 1. 聚合；聚拢。2. 用簸箕等把散碎的东西收集起来。3. 用手指捏住细碎的东西拿起来。4. 摘取。5. 吃（常见于方言）。6. a. 用于手所撮起的东西。b. 借用于极少的坏人或事物。7. 容量单位。

[zuǒ] 量词，用于成丛的毛发。

| 小篆 | 撊 | 隶书 | **撮** | 草书 | 撮 |

打盹儿：[dǎ dǔnr] 小睡；短时间入睡（多指坐着或靠着）。

| 小篆 | 扑 | 隶书 | **打** | 草书 | 打 |

打烊：[dǎ yàng] 1. （商店）关门停止营业（一般在晚上）：原先只想卖了油绳赚了利润再买帽子，没想到油绳未卖之前商店就要～。——高晓声《陈奂生上城》2. 引申为歇业：意见好是好，钞票要跑到私营商店来，国营公司经营啥呢？～吗？——周而复《上海的早晨》

| 小篆 | 烊 | 隶书 | **烊** | 草书 | 烊 |

逮捕：[dài bǔ] 司法机关依法对犯罪嫌疑人、被告人在一定时间内剥夺其人身自由，并予以羁押的刑事强制措施：不久警察截住了汽车，～了这两个窃贼。

| 小篆 | 逮 | 隶书 | **逮** | 草书 | 逮 |

胆怯：[dǎn qiè] 胆量小；缺乏勇气。（怯，a. 胆小；没勇气。b. 俗气；见识不广：露～。）

| 小篆 | 膽 | 隶书 | **胆** | 草书 | 胆 |

诞：[dàn] 1. 诞生。2. 生日：寿～、华～。3. 荒唐的；不实在的：怪～、～妄。4. 放荡：放～；王濛字仲祖，晋阳人，放～不羁。——北宋·李昉等《太平广记》

| 小篆 | 誕 | 隶书 | **诞** | 草书 | 诞 |

荡漾：[dàng yàng] 飘荡；一起一伏地动：渌水～清猿啼。——唐·李白《梦游天姥吟留别》

| 小篆 | 蕩 | 隶书 | **荡** | 草书 | 荡 |

踮：[diǎn] 1. 抬起脚跟用脚尖站着：～起脚看。2. 跛足，人走路用脚尖点地：～脚。

小篆	踮	隶书	踮	草书	踮

淀：[diàn] 1. 浅的湖泊：白洋～、荷花～。2. 液体里沉下的东西：沉～。

小篆	淀	隶书	淀	草书	淀

嘟囔：[dū nang] 连续不断地自言自语，多表示不满。也作嘟哝、嘟念、嘟呐。

小篆	嘟	隶书	嘟	草书	嘟

短暂：[duǎn zàn] 1.（时间）短。2. 转瞬即逝的。

小篆	短	隶书	短	草书	短

缎子：[duàn zi] 质地较厚、一面平滑有光泽的丝织品，是我国的特产之一。

小篆	缎	隶书	缎	草书	缎

蹲坐：[dūn zuò] 曲膝而坐。

小篆	蹲	隶书	蹲	草书	蹲

夺眶而出：[duó kuàng ér chū] 形容泪水迅速地流出来。

小篆	夺	隶书	夺	草书	夺

婀娜：[ē nuó] 柔软而美好：四角龙子幡，～随风转。——汉乐府诗《孔雀东南飞》

小篆	婀	隶书	婀	草书	婀

饿殍：[è piǎo] 饿死的人。亦作饿莩：涂有～而不知发。——战国·孟子《孟子·梁惠王上》（殍，饿死、饿死的人：饿～遍野。）

小篆	饿	隶书	饿	草书	饿

厄运：[è yùn] 困苦的遭遇；不幸的命运：伟大的心胸应该表现出这样的气概。用笑脸来迎接悲惨的～，用百倍的勇气来应付一切的不幸。——鲁迅

小篆	厄	隶书	厄	草书	厄

废墟：[fèi xū] 城镇、市街或房舍遭破坏或灾害后变成的荒凉地方。

小篆	廢	隶书	废	草书	废

风帆：[fēng fān] 船帆。

小篆	風	隶书	风	草书	风

凫水：[fú shuǐ] 游泳：这十多个少年，委实没有一个不会～的。——鲁迅《社戏》（凫，a.水鸟，俗称野鸭。b.同"浮"。）

小篆	鳧	隶书	凫	草书	凫

斧头：[fǔ tóu] 一种砍削工具，用一相当厚的开刃的头装在柄上而成，刃口与柄平行，以便砍削，专用于伐木、劈木柴和砍木料。

小篆	斧	隶书	斧	草书	斧

馥郁：[fù yù] 形容香气浓厚：更见仙花～，异草芬芳，真好个所在。——清·曹雪芹《红楼梦》（馥，香气；郁，香气浓厚。）

小篆	馥	隶书	馥	草书	馥

嘎啦：[gā lā] 拟声词，形容雷、车轮等震动的声音：～一声响雷。

小篆	嘎	隶书	嘎	草书	嘎

尴尬：[gān gà] 1.处境困难，不好处理。2.（神色、态度）不自然：却才有个东京来的～人，在我这里请管营、差拨吃了半日酒。——明·施耐庵《水浒传》

小篆	尴	隶书	尴	草书	尴

膏：[gāo] 1. 脂肪；油：春雨如～、～泽；岂无～沐，谁适为容？——《国风·卫风·伯兮》2. 很稠的糊状物。3. 中医指心尖脂肪，认为是药力达不到的部位：病入～肓。4. 肥沃：～粱（肥肉、细粮）、～腴。

　　[gào] 1. 把油抹在车轴或机械上：～油。2. 把毛笔蘸上墨汁在砚台边上捼：～笔、～墨。

小篆	膏	隶书	膏	草书	膏

高利贷：[gāo lì dài] 索取特别高的利息的贷款。

小篆	高	隶书	高	草书	高

哥德巴赫：[gē dé bā hè] 人名。

小篆	哥	隶书	哥	草书	哥

隔壁：[gé bì] 左右两边相连的屋子或人家。（隔，a. 遮断；阻隔。b. 间隔；距离。）

小篆	隔	隶书	隔	草书	隔

庚：[gēng] 1. 天干的第七位，用作顺序第七的代称。2. 年龄：同～、年～；成材不必问～齿，自古英雄出少年。3. 姓。

小篆	庚	隶书	庚	草书	庚

孤寡：[gū guǎ] 1. 孤儿和寡妇。2. 孤独。

小篆	孤	隶书	孤	草书	孤

鼓励：[gǔ lì] 激发；勉励。

小篆	鼓	隶书	鼓	草书	鼓

褂：[guà] 中式的上身的单衣服：～子、马～儿。

小篆	褂	隶书	褂	草书	褂

冠冕堂皇：〔guān miǎn táng huáng〕形容表面上庄严或正大的样子，多用以批评人的言词、声明徒有其表：他自己也就把那回身就抱的旖旎风情藏起来，换一副～的面目了。——清·吴趼人《二十年目睹之怪现状》

小篆	冕	隶书	冠	草书	冠

灌溉：〔guàn gài〕把水输送到田地里。

小篆	灌	隶书	灌	草书	灌

滚烫：〔gǔn tàng〕滚热；非常烫。

小篆	滚	隶书	滚	草书	滚

寒碜：〔hán chen〕同"寒伧"。1. 丑陋；难看。2. 丢脸；不体面。3. 讥笑；揭露短处，使失去体面。

小篆	寒	隶书	寒	草书	寒

函授：〔hán shòu〕以通信辅导为主的教学方式。

小篆	函	隶书	函	草书	函

含蓄：〔hán xù〕1. 包含。2. 意思含而不露，多指言语诗文。3. 不轻易流露。

小篆	含	隶书	含	草书	含

撼天动地：〔hàn tiān dòng dì〕形容声音响亮或声势浩大。（撼，a. 搬动；颠仆：蚍蜉～大树，可笑不自量。——唐·韩愈《调张籍》b. 用言语打动人："微言～之"。）

小篆	撼	隶书	撼	草书	撼

嗥叫：〔háo jiào〕号叫：狼～。

小篆	嗥	隶书	嗥	草书	嗥

号啕：［háo táo］形容大声哭。也作嚎啕。

| 小篆 | 𣦼 | 隶书 | 号 | 草书 | 号 |

好嘞：［hǎo lei］痛快地答应。（嘞，语气词，表示提醒注意，与"喽"相似：别玩了，咱们回家～！）

| 小篆 | 𡥏 | 隶书 | 好 | 草书 | 好 |

好高骛远：［hào gāo wù yuǎn］比喻不切实际地追求过高过远的目标：但是～，贪抄捷径的心理，却常常妨碍人们去认识这最普通的道理。——秦牧《画蛋·练功》（好，喜欢；骛，追求。）也作好高务远。

| 小篆 | 髙 | 隶书 | 高 | 草书 | 髙 |

黑黢黢：［hēi qū qū］1. 形容很黑。2. 形容很暗。

| 小篆 | 黑 | 隶书 | 黑 | 草书 | 黑 |

横样子：［hèng yàng zi］形容粗暴蛮横、不讲理的样子。

| 小篆 | 横 | 隶书 | 横 | 草书 | 横 |

訇：［hōng］1. 伊斯兰教主持教仪、讲授经典的人（叫作阿～）。2. 形容大声：～的一声。

| 小篆 | 訇 | 隶书 | 訇 | 草书 | 訇 |

虹霓：［hóng ní］雨后或日出没之际，天空所现的彩色弧，就是彩虹：日照～似，天清风雨闻。灵山多秀色，空水共氤氲。——唐·张九龄《湖口望庐山瀑布水》

| 小篆 | 虹 | 隶书 | 虹 | 草书 | 虹 |

红硕：［hóng shuò］又红又大。

| 小篆 | 红 | 隶书 | 红 | 草书 | 红 |

弧：［hú］1. 古代指木弓：桑～、～矢、弦木为～。2. 圆周上任意两点之间的部分：～形。

| 小篆 | 弧 | 隶书 | 弧 | 草书 | 弧 |

缓：[huǎn] 1. 迟；慢：迟～。2. 延缓；延迟：刻不容～。3. 缓和；不紧张。4. 恢复正常的生理状态。

缓缓：[huǎn huǎn] 徐徐；缓慢：遗民几度垂垂老，游女长歌～归。——北宋·苏轼《陌上花》

小篆	𦃩	隶书	缓	草书	缓

荒凉：[huāng liáng] 人烟少，冷清。形容旷野无人的景况。

小篆	𣏌	隶书	荒	草书	荒

恢复：[huī fù] 1. 使变成原来的样子；把失去的收回来。2. 变成原来的样子。3. 伤病或疲劳之后身体复原。

小篆	恢	隶书	恢	草书	恢

毁灭：[huǐ miè] 彻底破坏消灭；摧毁消灭。

小篆	毀	隶书	毁	草书	毁

魂魄：[hún pò] 迷信的人指附于人体内可以脱离人体存在的精神，俗称人体有三魂七魄：身既死兮神以灵，～毅兮为鬼雄。——战国·屈原《九歌·国殇》

小篆	魂	隶书	魂	草书	魂

火炬：[huǒ jù] 1. 又称火把，是一种用来照明和传送火的工具。一般为木棒一端绑上易燃的物品（如浸有油脂或沥青等的破布）制成。2. 象征光明、启蒙。

小篆	火	隶书	火	草书	火

火焰：[huǒ yàn] 燃烧着的可燃气体，发光，发热，闪烁而向上升。

小篆	焰	隶书	焰	草书	焰

豁然：[huò rán] 形容开阔或通达。

小篆	豁	隶书	豁	草书	豁

基督：[jī dū] 基督教称救世主。

小篆	薔	隶书	基	草书	基

戟：[jǐ] 古代一种把戈、矛合为一体的长柄兵器，具有刺击和钩杀双重功能：～指、铁～；折～沉沙铁未销，自将磨洗认前朝。——唐·杜牧《赤壁》

小篆	戟	隶书	戟	草书	戟

忌：[jì] 1. 忌妒：猜～。2. 害怕；畏惧：顾～、肆无～惮。3. 认为不适宜而避免：～讳、禁～。4. 戒除。

小篆	忌	隶书	忌	草书	忌

悸动：[jì dòng] 因害怕而心跳得厉害。（悸，因害怕而自觉心跳：惊～、～动、心有余～。）

小篆	悸	隶书	悸	草书	悸

寂寞：[jì mò] 1. 冷清孤单：～难耐。2. 静寂；清静。

小篆	寂	隶书	寂	草书	寂

嫁妆：[jià zhuang] 女子出嫁时带到她丈夫家里的衣被、家具及其他用品。

小篆	嫁	隶书	嫁	草书	嫁

奸诈：[jiān zhà] 虚伪诡诈：平生仗信义，正色叱～。——宋·五迈《谢说尹惠酒馔》

小篆	奸	隶书	奸	草书	奸

坚贞：[jiān zhēn] 节操坚定不变：浮荣流潦一盈科，独此～岁月多。——南宋·舒岳祥《次韵山甫松石》

小篆	堅	隶书	坚	草书	坚

检阅：[jiǎn yuè] 1. 翻检阅读。2. 高级首长在军队或群众队伍面前举行检验仪式。（检，a. 查：～测、～讨、～举。b. 注意约束言行：～点。）

小篆	檢	隶书	检	草书	检

健硕：[jiàn shuò] 1. 健壮结实。2. 谓坚实。（硕，大：～壮、～果累累、～大无朋。）

小篆	健	隶书	健	草书	健

缰：[jiāng] 拴牲口的绳子：～绳、脱～、信马由～；城南城北紫游～，尽日闲行看似忙。——南宋·陆游《马上偶成》

小篆	繮	隶书	缰	草书	缰

奖券：[jiǎng quàn] 商家作为奖励赠送给消费者的优待票券。

小篆	奬	隶书	奖	草书	奖

娇嗔：[jiāo chēn] 假装生气，样子妩媚，令人怜爱：佳人见语发～，不信死花胜活人。——明·唐寅《妒花》（嗔，a. 怒；生气：～怒。b. 对人不满；怪罪：～怪、～责。）

小篆	嬌	隶书	娇	草书	娇

浇灌：[jiāo guàn] 1. 浇水灌溉。2. 把流体倒进模子里。

小篆	澆	隶书	浇	草书	浇

绞脸：[jiǎo liǎn] 用线相交去除脸部细毛，又称开面、绞面、开脸。中国古方美容法。

小篆	絞	隶书	绞	草书	绞

搅扰：[jiǎo rǎo] 1. 动作或声音影响别人，使人感到不安。2. 婉辞，指麻烦对方招待。

小篆	攪	隶书	搅	草书	搅

劫难：[jié nàn] 佛教语，谓宿世恶业所致的灾难。现指灾难、灾祸。

小篆	劫	隶书	劫	草书	劫

金碧辉煌：[jīn bì huī huáng] 形容建筑物等异常华丽，光彩夺目。（碧，翠绿色。）

小篆	金	隶书	金	草书	金

惊诧：[jīng chà] 惊讶诧异，觉得奇怪。

小篆	驚	隶书	惊	草书	惊

惊愕：[jīng è] 吃惊而发愣。（愕，惊讶、发愣。）

小篆	愕	隶书	愕	草书	愕

惊恐：[jīng kǒng] 惊慌恐惧。

小篆	恐	隶书	恐	草书	恐

荆棘：[jīng jí] 泛指丛生于山野的带刺小灌木：睹蒲城之丘墟兮，生～之榛榛。——东汉·班昭《东征赋》

小篆	荆	隶书	荆	草书	荆

警戒：[jǐng jiè] 1. 告诫人使注意改正错误。2. 部队为防止敌人突然袭击、敌方侦察员的潜入等而高度警备。3. 同"警诫"。

小篆	警	隶书	警	草书	警

橘：[jú] 1. 橘子树，常绿乔木，种子、树叶、果皮均可入药：～红、～黄色、～化为枳（喻人必然受环境的影响）。2. 橘子树的果实。有的地区也叫橘柑。

小篆	橘	隶书	橘	草书	橘

踽踽而行：[jǔ jǔ ér xíng] 形容一个人走路孤零零的样子：一个背着十字架的人～。

小篆	踽	隶书	踽	草书	踽

撅着嘴：[juē zhe zuǐ] 翘起嘴唇，表示生气或不满。（见《荷花淀》）现写作"噘"。

小篆	撅	隶书	撅	草书	撅

峻峭：〔jùn qiào〕形容山高而陡。

小篆	峻	隶书	峻	草书	峻

堪：〔kān〕1. 能；可以：不～设想。2. 能忍受；能承受：难～、不～一击、狼狈不～、疲惫不～。3. 姓。

小篆	堪	隶书	堪	草书	堪

慷慨：〔kāng kǎi〕1. 充满正气，情绪激昂：淋漓痛饮长亭暮，～悲歌白发新。——南宋·陆游《哀郢》2. 大方；不吝啬。

小篆	慷	隶书	慷	草书	慷

窠：〔kē〕1. 昆虫、鸟兽的窝：～巢、狗～。2. 借指人安居或聚会的处所：抛却山中诗酒～。——南宋·辛弃疾《鹧鸪天·三山道中》3. 指文章所依据的老套子、陈旧的格调：～臼。

小篆	窠	隶书	窠	草书	窠

磕头：〔kē tóu〕旧时礼节，跪在地上，两手扶地，头近地或着地。

小篆	磕	隶书	磕	草书	磕

恐怖：〔kǒng bù〕由于生命受到威胁或残害而恐惧。

小篆	恐	隶书	恐	草书	恐

酷：〔kù〕1. 残酷：～刑、～吏。2. 程度深的：～暑、～热。3. 形容人外表潇洒英俊，表情冷峻坚毅，有个性。

小篆	酷	隶书	酷	草书	酷

哐啷：〔kuāng lāng〕拟声词，形容器物撞击的声音：他回身把门～一声关上了。

小篆	哐	隶书	哐	草书	哐

旷野：[kuàng yě] 空旷的原野。

| 小篆 | 曠 | 隶书 | 旷 | 草书 | 旷 |

岿然：[kuī rán] 高大独立的样子：人皆取实，己独取虚，无藏也故有余，～而有
余。——春秋·庄子《庄子·杂篇·天下》（岿，a. 高大屹立的样子：～巍、～然不
动。b. 小山丛列。）

| 小篆 | 嵬 | 隶书 | 岿 | 草书 | 岿 |

溃烂：[kuì làn] 伤口或溃疡处因感染病菌而化脓。

| 小篆 | 潰 | 隶书 | 溃 | 草书 | 溃 |

喇叭：[lǎ ba] 1. 一种管乐器，上细下粗，最下端的口部向四周扩张，可以扩大声音。
2. 有扩音作用的、喇叭筒状的东西。

| 小篆 | 喇 | 隶书 | 喇 | 草书 | 喇 |

懒：[lǎn] 1. 懒惰（与"勤"相对）：～汉、～怠、～散。2. 疲倦；没力气：伸～腰。

| 小篆 | 懶 | 隶书 | 懒 | 草书 | 懒 |

愣：[lèng] 1. 发呆；失神：～怔、～神儿、发～。2. 说话办事不考虑后果；鲁莽。
3. 偏要；偏偏。

| 小篆 | 愣 | 隶书 | 愣 | 草书 | 愣 |

廉价：[lián jià] 价钱比一般的低。

| 小篆 | 廉 | 隶书 | 廉 | 草书 | 廉 |

凉爽：[liáng shuǎng] 清凉爽快。

| 小篆 | 涼 | 隶书 | 凉 | 草书 | 凉 |

撩：[liāo] 1. 把东西垂下的部分掀起来：～起衣襟、～起头发。2. 用手舀着水由下往
上甩出去：先～水后扫地。

[liáo] 撩拨：春色～人。

小篆	攓	隶书	撩	草书	撩

寥寂：[liáo jì] 冷落，寂寞；寂静无声。（寥，a. 稀少：～～无几、疏星～～、～若晨
星。b. 静寂；空虚：寂～、～廓。）

小篆	廫	隶书	寥	草书	寥

凛冽：[lǐn liè] 刺骨的寒冷：在无边的旷野上，在～的天宇下，闪闪地旋转升腾着是雨
的精魂。——鲁迅《雪》（凛，a. 寒冷：～冽。b. 严肃；严正有威势：～然。）

小篆	懍	隶书	凛	草书	凛

吝啬：[lìn sè] 过分爱惜自己的财物，当用不用或当给不舍得给。（文学作品中有世界
四大吝啬鬼形象：夏洛克、阿巴贡、葛朗台、泼留希金。）

小篆	㐭	隶书	吝	草书	吝

铃铛：[líng dɑng] 指摇晃而发出声的铃，球形或扁圆形。

小篆	鈴	隶书	铃	草书	铃

玲珑：[líng lóng] 1. （东西）精巧细致：小巧～。2. （人）灵活敏捷。

小篆	玲	隶书	玲	草书	玲

聆听：[líng tīng] 听。（聆，听：～取、～教。）

小篆	聆	隶书	聆	草书	聆

凌霄花：[líng xiāo huā] 落叶藤本植物，攀缘茎，羽状复叶，小叶卵形，边缘像锯
齿，花鲜红色。又名紫葳。

小篆	凌	隶书	凌	草书	凌

流岚：[liú lán] 流动的雾气。（岚，山林中的雾气：瀑布杉松常带雨，夕阳苍翠忽成～。——唐·王维《送方尊师归嵩山》）

小篆	𣴑	隶书	流	草书	流

绺：[liǔ] 1.量词，指线、麻、头发、胡须等许多根顺着聚在一起叫一绺。2.衣服因下垂而起直皱：打～儿。

小篆	綹	隶书	绺	草书	绺

楼阁：[lóu gé] 楼和阁，泛指楼房。

小篆	樓	隶书	楼	草书	楼

篓：[lǒu] 盛东西的器具，用竹或荆条等编成：～子、竹～。

小篆	簍	隶书	篓	草书	篓

鲈鱼：[lú yú] 体侧扁，嘴大，鳞细，背青灰色，腹部灰白色，背部和背鳍有黑斑，口大，下颌突出，性凶猛，吃鱼虾等。生活在近海，秋末到河口产卵。

小篆	鱸	隶书	鲈	草书	鲈

鲁莽：[lǔ mǎng] 说话做事不仔细考虑；轻率。

小篆	魯	隶书	鲁	草书	鲁

绿荫：[lǜ yīn] 树荫。也作绿阴。

小篆	綠	隶书	绿	草书	绿

啰唆：[luō suo] 1.繁复。2.琐碎；麻烦。3.反复地说；絮叨地说。也作啰嗦。

小篆	—	隶书	啰	草书	—

马南邨：[mǎ nán cūn] 人名，邓拓的别名。（邨，同"村"。）

小篆	象	隶书	马	草书	马

马蹄莲：[mǎ tí lián] 天南星科、属多年生草本植物。块茎肉质，叶戟形或箭形，肉穗花序，外有漏斗状的大型苞片，白色，像花冠，供观赏。

小篆	蹏	隶书	蹄	草书	蹄

瞒：[mán] 1. 把真实情况隐藏起来，不让别人知道：～哄、隐～、～天过海。2. 闭目的样子：酒食声色之中，则～～然。——战国·荀子《荀子》

小篆	瞒	隶书	瞒	草书	瞒

埋怨：[mán yuàn] 因为事情不如意而对自己认为原因所在的人或事物表示不满。

小篆	埋	隶书	埋	草书	埋

忙碌：[máng lù] 事情多，不得空闲。

小篆	忙	隶书	忙	草书	忙

茫然：[máng rán] 1. 完全不知道的样子。2. 失意的样子。

小篆	茫	隶书	茫	草书	茫

毛骨悚然：[máo gǔ sǒng rán] 毛发竖起，脊梁骨发冷。形容很害怕的样子：秦王闻之，不觉～。——明·冯梦龙《东周列国志》（悚，害怕、恐惧。）

小篆	毛	隶书	毛	草书	毛

帽盔：[mào kuī] 没有帽檐帽舌的硬壳帽子，帽顶上一般缀有硬疙瘩。

小篆	帽	隶书	帽	草书	帽

眉黛：[méi dài] 1. 古代女子用黛画眉，因称眉为眉黛。2. 借指妇女：金缕毵毵碧瓦沟，六宫～惹春愁。——唐·温庭筠《杨柳枝》3. 泛指妇孺：洞庭未落楚天高，～猩红浣战袍。——鲁迅《无题》（黛，青黑色的颜料。）

小篆	眉	隶书	眉	草书	眉

眉梢：［méi shāo］眉毛的末端：绿映河桥，燕子刚来到，心事上～。——明·唐寅《步步娇·春景》

小篆	𣤢	隶书	梢	草书	梢

面面相觑：［miàn miàn xiāng qù］你看我，我看你，不知道如何是好，形容人们因惊惧或不知所措而互相望着，都不说话：墙外有数十人，～，各有惊异之状。——明·洪楩《清平山堂话本·死生交范张鸡黍》（觑，看。）

小篆	面	隶书	面	草书	面

瞄准：［miáo zhǔn］1. 射击时为使子弹、炮弹打中一定目标，调整枪口、炮口的方位和高低。2. 泛指对准。

小篆	瞄	隶书	瞄	草书	晀

蔑视：［miè shì］轻视；小看。（蔑，a. 无；没有：～以复加。b. 小：～视、轻～。）

小篆	蔑	隶书	蔑	草书	蔑

悯：［mǐn］1. 怜悯：～恤、～惜、～恻；人远悲天～人之怀，岂为一己之不遇乎？——清·黄宗羲《朱人远墓志铭》2. 忧愁：～默。

小篆	悯	隶书	悯	草书	悯

摩登：［mó dēng］指式样时兴的；时髦。

小篆	摩	隶书	摩	草书	摩

默默：［mò mò］不说话；不出声：窗外雪花～地落下，一切没有声息。——叶圣陶《火灾》

小篆	默	隶书	默	草书	默

目不暇接：［mù bù xiá jiē］形容东西太多，眼睛看不过来。（暇，a. 空闲。b. 没有事的时候。）

小篆	目	隶书	目	草书	目

耐心：[nài xīn] 1. 心里不急躁，不厌烦：～帮助。2. 耐性。

小篆	耐	隶书	耐	草书	耐

铙钹：[náo bó] 1. 乐器名，铜质呈圆盘状的合击乐器。大的称为铙，声音较为响亮，小的称为钹，声音较为浑厚。（课本上解释为打击乐器）2. 寺院法会时所用法器之一。

小篆	鐃	隶书	铙	草书	铙

脑髓：[nǎo suǐ] 1. 指脑浆。在头盖腔内，外有脑膜包着，是神经系统的主要部分。2. 指脑筋，借指智力：所以我们要运用～，放出眼光，自己来拿！——鲁迅《拿来主义》

小篆	腦	隶书	脑	草书	脑

蔫：[niān] 1. 植物失去水分而萎缩：花～了。2. 形容精神不振：他这几天～了；～头耷脑。3. （常见于方言）慢；不爽利。4. 不声不响；悄悄：～不声、～溜儿、～儿拱。

小篆	蔫	隶书	蔫	草书	蔫

黏结：[nián jié] 黏合联结在一起。

小篆	黏	隶书	黏	草书	黏

袅：[niǎo] 1. 细长柔弱：～娜（nuó）。2. 缭绕：余音～～。

小篆	袅	隶书	袅	草书	袅

捏：[niē] 1. 用拇指和其他手指夹住。2. 握；攥。3. 用手指把软的东西做成一定的形状：～饺子、～面人儿。4. 使合在一起。5. 故意把非事实说成是事实；虚构。

小篆	捏	隶书	捏	草书	捏

宁谧：[níng mì] 安宁而静谧：今岁秋防无警，朝野～，皆老师之所遗也。——明·张居正《答上师相徐存斋书》

小篆	宁	隶书	宁	草书	宁

藕断丝连：［ǒu duàn sī lián］比喻表面上好像已断了联系，实际上仍牵挂着。多指男女间的情思难断。

小篆	藕	隶书	藕	草书	藕

攀援：［pān yuán］1. 抓着东西向上爬。2. 比喻投靠有钱有势的人往上爬。3. 同"攀缘"。

小篆	攀	隶书	攀	草书	攀

盘旋：［pán xuán］1. 环绕着飞或走。2. 指大致呈圆形地运动。3. 逗留；徘徊。

小篆	盘	隶书	盘	草书	盘

抛：［pāo］1. 投；扔：～掷、～撒（多用于固体）。2. 舍弃；丢下：～弃、～荒、～头露面。3. 暴露。4. 抛售。

小篆	抛	隶书	抛	草书	抛

赔：［péi］1. 补偿损失：～偿、～款、～礼。2. 做买卖损失本钱（与"赚"相对）：～本、～钱。3. 向受损害或受伤害的人道歉或认错。

小篆	赔	隶书	赔	草书	赔

翩然：［piān rán］形容动作轻快的样子：～飞舞。

小篆	翩	隶书	翩	草书	翩

缥缈：［piāo miǎo］隐隐约约，若有若无的样子：时见幽人独往来，～孤鸿影。——北宋·苏轼《卜算子》

小篆	缥	隶书	缥	草书	缥

撇：［piē］1. 弃置不顾；抛弃：～开、～弃。2. 由液体表面轻轻舀取：熬粥时把沫儿～掉。

［piě］1. 平着扔出去：～手榴弹。2. 倾斜。3. 用撇嘴的动作表示轻视、不以为然、不高兴等。4. 汉字笔形之一，由上向左而斜下。5. 用于像撇儿的东西。

小篆	撇	隶书	撇	草书	撇

聘：[pìn] 1. 聘请：～书、招～。2. 聘问：～使往来。3. 定亲：～礼（彩礼）。4. 女子出嫁。

小篆	聘	隶书	聘	草书	聘

谱：[pǔ] 1. 依照事物的类别、系统，采取表格或其他比较整齐的形式，编辑起来供参考的书。2. 可以用来指导联系的格式或图形。3. 曲谱。4. 就歌词配曲：～曲。5. 大致的标准；把握：这件事该怎么做，你心里有个～没？

小篆	譜	隶书	谱	草书	谱

漆黑：[qī hēi] 1. 颜色非常黑。2. 非常暗，没有光亮。

小篆	漆	隶书	漆	草书	漆

凄凄切切：[qī qī qiè qiè] 形容极度凄凉悲切：～，惨淡黄花节。梦里砧声浑未歇，那更乱蛩悲咽。——清·纳兰性德《清平乐·凄凄切切》（凄，a. 寒冷：风雨～～、～风苦雨。b. 悲伤：～惨、～厉。）

小篆	凄	隶书	凄	草书	凄

栖息：[qī xī] 1. 停留，休息：一个人至少拥有一个梦想，有一个理由去坚强。心若没有～的地方，到哪里都是在流浪。——三毛 2. 暂住。（栖，a. 鸟禽歇宿。b. 居留；停留。）

小篆	栖	隶书	栖	草书	栖

骑楼：[qí lóu] 楼房向外伸出遮盖着人行道的部分。

小篆	骑	隶书	骑	草书	骑

憩：[qì] 休息：策扶老以流～，时矫首而遐观。——东晋·陶渊明《归去来兮辞》

小篆	憩	隶书	憩	草书	憩

阡陌：[qiān mò] 1. 田地中间纵横交错的小路：靡靡逾～，人烟眇萧瑟。——唐·杜甫《北征》2. 引申为草野民间。

小篆	阡	隶书	阡	草书	阡

虔诚：[qián chéng] 恭敬而有诚意：一副～的态度（虔，恭敬。）

小篆	虔	隶书	虔	草书	虔

翘：[qiáo] 1. 杰出的人才：～楚；王郎，健笔夸～楚，到如今，落霞孤鹜，竞传佳句。——南宋·辛弃疾《贺新郎》2. 抬起（头）：～首。3.（木、纸等）平的东西因湿变干而不平。

[qiào]（人体的一部分、物体的一头儿）向上仰起。

小篆	翘	隶书	翘	草书	翘

峭壁：[qiào bì] 陡峭的山崖。

小篆	峭	隶书	峭	草书	峭

锲而不舍：[qiè ér bù shě] 雕刻一件东西，一直刻下去不放手。比喻坚持不懈，有恒心，有毅力。（锲，镂刻；舍，停止。）出自战国·荀子《荀子·劝学》："锲而舍之，朽木不折；～，金石可镂。"

小篆	锲	隶书	锲	草书	锲

勤俭：[qín jiǎn] 勤劳节俭。

小篆	勤	隶书	勤	草书	勤

请柬：[qǐng jiǎn] 以书面形式表示请人出席或参加的卡或帖。

小篆	请	隶书	请	草书	请

遒劲：[qiú jìng] 雄健有力：枝丫（枝桠）～、笔格～。出自唐·司空图《送草书僧归楚越》："僧生于东越，虽幼落于佛，而学无不至，故逸迹～之外，亦恣为歌诗，以导江湖沉郁之气，是佛首而儒其业者也。"

小篆	遒	隶书	遒	草书	遒

趋：[qū] 1.快走：～走、～进、～前、～炎附势（奔走于权贵，依附有权势的人）、～之若鹜（像野鸭子一样成群地争着去，含贬义）。2.归向；情势向着某方面发展：～向、～势、大势所～。

小篆	趋	隶书	趋	草书	趋

趣闻轶事：[qù wén yì shì] 多指未经史书记载、大家又感兴趣的传闻和故事。（趣闻，有趣的传闻；轶事即逸事，世人不大知道的史事。）

小篆	趣	隶书	趣	草书	趣

蠕动：[rú dòng] 像蚯蚓那样慢慢地爬动。

小篆	蠕	隶书	蠕	草书	蠕

蕊：[ruǐ] 植物生殖器官的一部分：花～、雄～、雌～。

小篆	蕊	隶书	蕊	草书	蕊

睿智：[ruì zhì] 英明而有远见。出自《孔子家语·三恕》："聪明～，守之以愚。"

小篆	睿	隶书	睿	草书	睿

腮：[sāi] 面颊的下半部，脸的两旁，亦称腮帮子：～颊、～腺（两耳下部的唾液腺）。

小篆	腮	隶书	腮	草书	腮

搡：[sǎng] 猛推：推推～～、～个跟头。

小篆	搡	隶书	搡	草书	搡

骚动：[sāo dòng] 秩序紊乱；动荡不安。

小篆	騷	隶书	骚	草书	骚

沙砾：[shā lì] 沙和碎石块。

小篆	沙	隶书	沙	草书	沙

傻：[shǎ] 1. 头脑糊涂，不明事理。2. 死板，不知变通。

小篆	傻	隶书	傻	草书	傻

山脊：[shān jǐ] 山高处凸起的部分。

小篆	山	隶书	山	草书	山

山梁：[shān liáng] 山脊。

小篆	梁	隶书	梁	草书	梁

山崖：[shān yá] 山的陡立的侧面。

小篆	崖	隶书	崖	草书	崖

闪烁：[shǎn shuò] 1.（光亮）晃动不定，忽明忽暗。2.（说话）稍微露出一点儿想法，却不肯明确说出：～其词。

小篆	閃	隶书	闪	草书	闪

奢华：[shē huá] 奢侈豪华。现在多形容有钱人的生活，也形容爱慕虚荣的人渴望的生活。

小篆	奢	隶书	奢	草书	奢

慎重：[shèn zhòng] 谨慎认真：经过～考虑，我们决定延期开会。

小篆	慎	隶书	慎	草书	慎

盛：[shèng] 1. 兴盛；繁盛。2. 强烈；旺盛：年轻气～、～怒；～年不重来，一日

难再晨。——东晋·陶渊明《杂诗》3. 盛大；隆重。4. 丰富；丰盛 。5. 深厚。

[chéng] 1. 把东西放进去：～饭。2. 容纳：小桶～不下多少东西。

| 小篆 | 盛 | 隶书 | 盛 | 草书 | 盛 |

尸骸：[shī hái] 即尸骨。（骸，a. 骨头：～骨。b. 借指身体：病～。）

| 小篆 | 尸 | 隶书 | 尸 | 草书 | 尸 |

嗜好：[shì hào] 特殊的爱好：君无他～，长日惟花一瓶，香一炉，啜茗玩古书

画。——清·田兰芳《皇清太学生信庵袁公墓志铭》

| 小篆 | 嗜 | 隶书 | 嗜 | 草书 | 嗜 |

受宠若惊：[shòu chǒng ruò jīng] 因受到过分的宠爱而感到紧张不安。（多含贬义）

| 小篆 | 受 | 隶书 | 受 | 草书 | 受 |

疏忽：[shū hu] 粗心大意；忽略。

| 小篆 | 疏 | 隶书 | 疏 | 草书 | 疏 |

疏落：[shū luò] 稀疏零落。

| 小篆 | 落 | 隶书 | 落 | 草书 | 落 |

竖：[shù] 1. 跟地面垂直的（与"横"相对）：～立。2. 从上到下的；从前到后的。

3. 使物体跟地面垂直。4. 汉字笔画之一。

| 小篆 | 竖 | 隶书 | 竖 | 草书 | 竖 |

恕：[shù] 1. 以仁爱的心待人；用自己的心推想别人的心。（子贡问曰："有一言而可

以终身行之者乎？"子曰："其～乎！己所不欲，勿施于人。"——《论语·卫灵

公》）2. 不计较（他人）过错；原谅。3. 客套话，请对方不要计较。

| 小篆 | 恕 | 隶书 | 恕 | 草书 | 恕 |

摔：[shuāi] 1.（身体）失去平衡而倒下。2. 很快地往下落。3. 因落下而破损。4. 用
力往下扔：把帽子～在床上、～打。

小篆	摔	隶书	摔	草书	摔

衰弱：[shuāi ruò] 1. 生机不旺盛，软弱无力。2.（身体）不强健，虚弱。

小篆	衰	隶书	衰	草书	衰

吮吸：[shǔn xī] 嘴唇聚拢在乳头或有小口的地方吸取东西：（袁圆）陡然低下头～他
手上的伤口。——曹禺《北京人》

小篆	吮	隶书	吮	草书	吮

瞬间：[shùn jiān] 一眨眼的工夫；转眼之间。

小篆	瞬	隶书	瞬	草书	瞬

嘶鸣：[sī míng]（骡、马等）大声叫：昂首～。

小篆	嘶	隶书	嘶	草书	嘶

死抠：[sǐ kōu] 1. 向狭窄的方面探求、探究，也指不知变通：～字眼儿。2. 吝
啬：～门儿。

小篆	死	隶书	死	草书	死

寺：[sì] 1. 古代官署名：太常～（古代掌管宗庙礼仪的官署）。2. 佛教的庙宇。3. 伊
斯兰教徒礼拜、讲经的地方。4. 姓。

小篆	寺	隶书	寺	草书	寺

怂恿：[sǒng yǒng] 从旁劝说、鼓动去做某事：填空忽汗漫，造物谁～。——北宋·
王安石《和吴仲卿雪》

小篆	怂	隶书	怂	草书	怂

酸：[suān] 1. 化合物的一类，电离时所生成的正离子全部是氢离子。2. 像醋的气味或味道：～奶、～枣。3. 悲痛；伤心。4. 迂腐：穷～、寒～。5. 因疲劳或疾病引起的微痛和无力的感觉。

小篆	酸	隶书	酸	草书	酸

穗：[suì] 1. 禾本科植物聚生在茎的顶端的花或果实：麦～、稻～、谷～。2. 用丝线、布条或纸条等扎成的、挂起来往下垂的装饰品：灯笼～儿。3. 广东省广州市的别称。4. 姓。

小篆	穗	隶书	穗	草书	穗

梭鱼：[suō yú] 鱼体细长，头短而宽，有大鳞，两侧有黑色竖纹，生活在咸淡水交界处。

小篆	梭	隶书	梭	草书	梭

摊贩：[tān fàn] 摆摊做小买卖的人。

小篆	摊	隶书	摊	草书	摊

贪婪：[tān lán] 1. 贪得无厌。2. 渴求而不知满足。（婪，贪心、贪食：～酣。）

小篆	贪	隶书	贪	草书	贪

藤：[téng] 1. 某些植物的匍匐茎或攀缘茎，如白藤、紫藤、葡萄等的茎。2. 姓。

小篆	藤	隶书	藤	草书	藤

誊写：[téng xiě] 照底稿抄写。

小篆	誊	隶书	誊	草书	誊

剃：[tì] 用特制的刀子刮去（毛发等）。

小篆	剃	隶书	剃	草书	剃

铁轨： [tiě guǐ] 铁路轨道。用于有轮车辆的金属轨道，特指用于铁道或电车道的平行钢轨。

小篆	鐵	隶书	铁	草书	铁

统筹： [tǒng chóu] 统一筹划：谕曾国藩～江北军务。——清·赵尔巽《清史稿·穆宗纪一》

小篆	統	隶书	统	草书	统

湍急： [tuān jí] 水流急速。（湍，急流的水：急～。）

小篆	湍	隶书	湍	草书	湍

蜿蜒： [wān yán] 1. 蛇类曲折爬行的样子。2.（山脉、河流等）弯弯曲曲地延伸：滔滔黄河水，像一条～的巨蟒，躺在广阔无垠的华北平原上。

小篆	蜿	隶书	蜿	草书	蜿

碗橱： [wǎn chú] 指装餐具的橱柜。（橱，一种收藏、放置东西的家具，前面有门：～柜、书～。）

小篆	碗	隶书	碗	草书	碗

挽留： [wǎn liú] 请求要离去的人留下来。

小篆	挽	隶书	挽	草书	挽

威胁： [wēi xié] 1. 用武力、权势胁迫恫吓使人屈服。2. 使遭遇危险。

小篆	威	隶书	威	草书	威

威仪： [wēi yí] 使人敬畏的严肃容貌和庄重举止。

小篆	儀	隶书	仪	草书	仪

逶迤：[wēi yí] 形容道路、山脉、河流等弯弯曲曲延续不绝的样子：五岭～腾细浪，乌蒙磅礴走泥丸。——毛泽东《七律·长征》

| 小篆 | 譏 | 隶书 | 逶 | 草书 | 逶 |

围剿：[wéi jiǎo] 包围起来用武力消灭：但已经使又一部分人很不高兴了，就招来了两标军马的～。——鲁迅《南腔北调集·〈竖琴〉前记》

| 小篆 | 圍 | 隶书 | 围 | 草书 | 圍 |

帷幕：[wéi mù] 悬挂起来用于遮挡的大块布、绸、丝绒等：他底心灵中似乎又揭去了一层～，看见了另一个常人所不能看见的世界。——巴金《灭亡》

| 小篆 | 帷 | 隶书 | 帷 | 草书 | 帷 |

伟岸：[wěi àn] 魁梧；高大。

| 小篆 | 偉 | 隶书 | 伟 | 草书 | 伟 |

苇叶：[wěi yè] 芦苇的叶子。

| 小篆 | 葦 | 隶书 | 苇 | 草书 | 苇 |

慰藉：[wèi jiè] 安慰；抚慰：荷风拂簟（diàn）昭苏我，竹月筛窗～君。——南宋·范成大《次韵耿时举苦热》

| 小篆 | 慰 | 隶书 | 慰 | 草书 | 慰 |

温馨：[wēn xīn] 温和芳香；温暖。（馨，a. 散布很远的香气：～香、如兰之～。b. 喻长存的英名：垂～千祀。c. 助词，作用同"样"：宁～儿，意指"这样的儿子"，后用以赞美孩子或子弟。）

| 小篆 | 溫 | 隶书 | 温 | 草书 | 温 |

屋檐：[wū yán] 房子顶部的边缘部分，即房檐。

| 小篆 | 屋 | 隶书 | 屋 | 草书 | 屋 |

雾霭：[wù ǎi] 雾气：经过一天的旅程，他们来到一片海岸平原，平原的尽头消失在一片蓝色的～中。

小篆	霽	隶书	雾	草书	雾

膝盖：[xī gài] 大腿和小腿的外部关节。

小篆	𦠃	隶书	膝	草书	膝

窸窸窣窣：[xī xī sū sū] 拟声词，形容摩擦等轻微细小的声音。

小篆	—	隶书	窣	草书	—

嬉戏：[xī xì] 游戏；玩耍：～莫相忘。——汉乐府诗《孔雀东南飞》

小篆	嬉	隶书	嬉	草书	嬉

喜鹊：[xǐ què] 一种鸟类，嘴尖，有一长而分叉的尾，体羽大部分为黑色，肩和腹部为白色。旧时民间传说鹊能报喜，故称喜鹊。也叫鹊。

小篆	喜	隶书	喜	草书	喜

镶：[xiāng] 把物体嵌入另一物体内或加在另一物体的周边：～牙、～嵌、～边。

小篆	镶	隶书	镶	草书	镶

镶金：[xiāng jīn] 指金子嵌入另一物体内或围在另一物体的边缘以为装饰。

小篆	金	隶书	金	草书	金

香喷喷：[xiāng pēn pēn] 形容香气扑鼻。

小篆	香	隶书	香	草书	香

潇洒：[xiāo sǎ]（神情、举止、风貌等）自然大方，有韵致，不拘束：衣着～文雅。

小篆	潇	隶书	潇	草书	潇

硝烟：[xiāo yān] 炸药爆炸后产生的烟雾。

小篆	膌	隶书	硝	草书	硝

啸：[xiào] 1. 撮口作声，发出长而清脆的声音：呼～、仰天长～；莫听穿林打叶声，何妨吟～且徐行。——北宋·苏轼《定风波》2.（禽兽）拉长声叫：虎～。3. 泛指发出长而尖厉的声音。

小篆	嘯	隶书	啸	草书	啸

校徽：[xiào huī] 学校徽章的简称，学校成员佩戴在胸前的标明校名的徽章。是一个学校的标志之一。（徽， a. 标志；符号：国～、校～。b. 美好的：～号。）

小篆	校	隶书	校	草书	校

笑靥：[xiào yè] 1. 酒窝儿。2. 笑脸：眼语～近来情，心怀心想甚分明。——南朝·萧统《拟古》

小篆	笑	隶书	笑	草书	笑

榭：[xiè] 1. 建筑在台上的房屋：水～、歌台舞～。2. 古代指无室的厅堂，也为藏乐器的地方或将军习武的处所：将士谋于～。——春秋·左丘明《左传》

小篆	榭	隶书	榭	草书	榭

薪：[xīn] 1. 柴火：～尽火传（柴火烧完，又引燃了后一根柴，火永远不灭。原指人形骸有尽而精神未死，后亦用以喻思想、学问、技艺代代相传。）2. 薪水。3. 姓。

小篆	薪	隶书	薪	草书	薪

兴隆：[xīng lóng] 兴旺昌盛。

小篆	興	隶书	兴	草书	兴

羞：[xiū] 1. 怕别人笑话的心理和表情；难为情，不好意思：害～。2. 使难为情：～一下他。3. 羞耻。4. 感到耻辱：～与为伍。

小篆	羞	隶书	羞	草书	羞

羞涩：[xiū sè] 难为情；态度不自然。（涩，a. 不光滑；不滑溜：轮轴发～。b. 一种使舌头感到不滑润、不好受的滋味：苦～。c. 文字难读难懂；不流畅：晦～、生～。）

小篆	𣵺	隶书	涩	草书	涩

锈：[xiù] 1. 金属表面所生的氧化物：铁～、铜～、～斑。2. 附着在器物表面，像锈一样的物质。3. 生锈。4. 指锈病。

小篆	鏽	隶书	锈	草书	锈

绚丽：[xuàn lì] 灿烂美丽。

小篆	絢	隶书	绚	草书	绚

雪域：[xuě yù] 冰雪常年覆盖的地方。（域，在一定疆界内的地方：～外、异～、疆～。）

小篆	雪	隶书	雪	草书	雪

巡察：[xún chá] 1. 巡视考察；巡行察访。2. 吏役名。

小篆	巡	隶书	巡	草书	巡

驯服：[xùn fú] 1. 顺从。2. 使顺从。（驯，a. 顺从；使顺从：～化、桀骜不～。b. 善良；温顺：～良。）

小篆	馴	隶书	驯	草书	驯

鸦片：[yā piàn] 又称阿片，用作毒品时叫鸦片，通称大烟。

小篆	鴉	隶书	鸦	草书	鸦

殷红：[yān hóng] 发黑的红色：～浅碧旧衣裳，取次梳头暗淡妆。——唐·元稹《莺莺诗》

小篆	殷	隶书	殷	草书	殷

严峻：〔yán jùn〕1. 严厉；严肃。2. 严重。

小篆	嚴	隶书	严	草书	严

奄奄一息：〔yǎn yǎn yī xī〕只剩下微弱的气息。形容呼吸微弱，濒于死亡。 出自明·冯梦龙《警世通言》："此时秀童～，爬走不动了。"

小篆	奄	隶书	奄	草书	奄

厌恶：〔yàn wù〕（对人或事物）产生很大的反感。

小篆	厭	隶书	厌	草书	厌

洋溢：〔yáng yì〕（情绪、气氛等）充分流露。

小篆	洋	隶书	洋	草书	洋

仰俯：〔yǎng fǔ〕1. 头仰起又俯下。指施礼应酬。2. 仰望和俯视。指观览景色。（仰俯之间：在抬头低头的一瞬间，形容时间极短。）

小篆	仰	隶书	仰	草书	仰

吆喝：〔yāo he〕大声喊叫。（多指叫卖东西、赶牲口、呼唤等。）

小篆	吆	隶书	吆	草书	吆

摇晃：〔yáo huàng〕1. 摇摆。2. 摇动。

小篆	摇	隶书	摇	草书	摇

摇曳：〔yáo yè〕摇荡：山月不知心里事，水风空落眼前花，～碧云斜。——唐·温庭筠《梦江南·千万恨》

小篆	曳	隶书	曳	草书	曳

咬文嚼字：[yǎo wén jiáo zì] 指过分地斟酌字句，多用来指死抠字眼，也用来指对文
字的使用反复推敲，十分讲究。

| 小篆 | 𪙤 | 隶书 | 咬 | 草书 | 咬 |

耀：[yào] 1. 光线强烈地照射：～眼、照～。2. 炫耀。3. 光辉；光芒。4. 光荣：荣～。
5. 姓。

| 小篆 | 耀 | 隶书 | 耀 | 草书 | 耀 |

腋：[yè] 胳肢窝，上肢同肩膀相连处靠里凹入的部分：～窝、～下、集～成裘。

| 小篆 | 夜 | 隶书 | 腋 | 草书 | 腋 |

衣衫褴褛：[yī shān lán lǚ] 衣服破破烂烂。出自春秋·左丘明《左传·宣公十二
年》："训之以若敖，蚡冒，筚路蓝缕以启山林。"

| 小篆 | 衣 | 隶书 | 衣 | 草书 | 衣 |

衣裳：[yī shang] 衣服。

| 小篆 | 裳 | 隶书 | 裳 | 草书 | 裳 |

一幢：[yī zhuàng] 量词，指房屋。

| 小篆 | 一 | 隶书 | 一 | 草书 | 一 |

异域：[yì yù] 1. 他乡；外乡。2. 外国。

| 小篆 | 異 | 隶书 | 异 | 草书 | 异 |

盈：[yíng] 1. 充满：充～、沸反～天。2. 多出来；多余：～余、～亏、～利。3. 姓。

| 小篆 | 盈 | 隶书 | 盈 | 草书 | 盈 |

赢：[yíng] 1. 获利：～利。2. 胜（与"输"相对）：赌输～。3. 担负：～粮而景从。——西汉·贾谊《过秦论》

小篆	赢	隶书	赢	草书	赢

萦绕：[yíng rào] 萦回：草堂三间，户外骈植花竹，泉石～。——唐·牛僧孺《玄怪录·张佐》

小篆	萦	隶书	萦	草书	萦

油腻：[yóu nì] 1. 含油很多的食物。2. 含油过多的。3. 网络释义，是对某些中年男子特征的概括描述，这些特征包括不注重身材保养、不修边幅、谈吐粗鲁等。

小篆	油	隶书	油	草书	油

鱼翅：[yú chì] 用鲨鱼的鳍经过加工精制而成的软骨条。

小篆	鱼	隶书	鱼	草书	鱼

燠热：[yù rè] 闷热。（燠，暖、热的意思。）

小篆	燠	隶书	燠	草书	燠

援例：[yuán lì] 引用成例。

小篆	援	隶书	援	草书	援

云雀：[yún què] 鸟，羽毛赤褐色，有黑色斑纹，嘴小而尖，翅膀大，飞得高，叫的声音好听。喜栖息于开阔的环境，故在草原和沿海一带的平原区尤为常见。

小篆	云	隶书	云	草书	云

蕴涵：[yùn hán] 1. 判断中前后两个命题间存在的某一种条件关系。2. 同"蕴含"。

小篆	蕴	隶书	蕴	草书	蕴

攒：[zǎn] 积聚；储蓄：～钱、积～。

　　[cuán] 聚在一起；拼凑。

啧：[zé] 1.争辩：～有烦言。2.形容咂嘴声。3.古同"赜"，深奥。

札幌：[zhá huǎng] 日本地名。

崭新：[zhǎn xīn] 非常新；簇新：～的衣服。

绽：[zhàn] 裂开：～裂、～开、破～（漏洞）、皮开肉～。

战栗：[zhàn lì] 战抖。

着魔：[zháo mó] 入魔：他就像一个～的人，站在门口不动。

斟酌：[zhēn zhuó] 考虑事情、文字等是否可行或是否适当：问开时、晴雨须～。——南宋·刘克庄《贺新郎》（斟，往杯盏里倒酒供饮。）

震颤：[zhèn chàn] 1.颤动：老年期～。2.使颤动：枪炮轰鸣，～着大地。（颤，物体振动：～动、～抖、～音。）

挣扎：［zhēng zhá］用力支撑（或摆脱）：他～着从地上爬起来；拼命～。

| 小篆 | 𤕦 | 隶书 | 挣 | 草书 | 挣 |

掷：［zhì］扔；投；抛：投～、弃～、～远。

| 小篆 | 擲 | 隶书 | 掷 | 草书 | 掷 |

痣：［zhì］人体皮肤所生的斑痕或小疙瘩，多呈青色、红色或黑褐色，没有痛痒等感觉。

| 小篆 | 㾗 | 隶书 | 痣 | 草书 | 痣 |

滞：［zhì］1.停滞；不流通；不灵活：～留、～销、呆～。2.遗落：彼有遗秉，此有～穗。——《诗经·小雅·大田》

| 小篆 | 滯 | 隶书 | 滞 | 草书 | 滞 |

置：［zhì］1.放；摆；搁：安～、～身、～若罔闻。2.设立；布置。3.购置。

| 小篆 | 置 | 隶书 | 置 | 草书 | 置 |

致意：［zhì yì］表示问候之意。

| 小篆 | 致 | 隶书 | 致 | 草书 | 纹 |

肘：［zhǒu］1.上臂与前臂相接处向外凸的部分：胳膊～儿、掣～（捉住其肘，喻阻挠别人做事）。2.肘子。指食品的猪腿上半部。

| 小篆 | 肘 | 隶书 | 肘 | 草书 | 肘 |

皱褶：［zhòu zhě］同"褶皱"。1.由于地壳运动，岩层受到压力而形成的连续弯曲的构造形式。2.皱纹。

| 小篆 | 皺 | 隶书 | 皱 | 草书 | 皱 |

嘱咐：［zhǔ fù］告诉对方记住应该怎么样，不应该怎么样。

| 小篆 | 嘱 | 隶书 | 嘱 | 草书 | 嘱 |

拽：［zhuài］拉：～住、～不动。

　　［zhuāi］1. 用力扔：把球～过来。2. 胳膊有病，活动不灵便。

　　［yè］旧同"曳"。

小篆	搜	隶书	**拽**	草书	拽

赚钱：［zhuàn qián］聚敛财富；挣钱盈利。

小篆	賺	隶书	**赚**	草书	赚

缀：［zhuì］1. 用针线等使连起来：～上几针。2. 组合字句篇章。3. 装饰：点～；饰以
　　文犀，雕以翠绿，～以骊龙之珠，错以荆山之玉。——魏晋·曹植《七启》

小篆	綴	隶书	**缀**	草书	缀

锱铢必较：［zī zhū bì jiào］对很少的钱或很小的事也一定要计较。原形容办事非常认
　　真，一丝不苟，现多形容过于吝啬或气量小。也说锱铢必争或锱铢必计。（锱、
　　铢，都是古代很小的重量单位。）出自战国·荀子《荀子·富国》："割国之锱铢以
　　赂之，则割定而欲无厌。"

小篆	錙	隶书	**锱**	草书	锱

自诩：［zì xǔ］自夸：尼采就～过他是太阳，光热无穷，只是给予，不想取得。——鲁
　　迅《且介亭杂文·拿来主义》

小篆	自	隶书	**自**	草书	自

租赁：［zū lìn］1. 租用。2. 出租。

小篆	組	隶书	**租**	草书	租

镞：［zú］1. 箭头：箭～；秦无亡矢遗～之费，而天下诸侯已困矣。——西汉·贾谊
　　《过秦论》2. 形容箭的锋利轻捷：所为贵～矢者，为其应声而至。——战国·吕不韦
　　《吕氏春秋》

小篆	鏃	隶书	**镞**	草书	镞

第二章　语文基础字词二

哀怨：[āi yuàn] 悲伤而含有怨恨。

小篆	哀	隶书	哀	草书	哀

挨骂：[ái mà] 指某个人做了违背社会公共道德的事情后，所得到的公众谴责和严厉的斥骂。

小篆	挨	隶书	挨	草书	挨

黯然失色：[àn rán shī sè] 暗淡无光，失去原有的光彩。

小篆	黯	隶书	黯	草书	黯

翱翔：[áo xiáng] 指在空中回旋地飞。

小篆	翱	隶书	翱	草书	翔

霸占：[bà zhàn] 倚仗权势占为己有；强行占据。

小篆	霸	隶书	霸	草书	霸

褒姒：［bāo sì］人名，周代幽王的宠妃，有烽火戏诸侯的典故流传。《诗经》有云：
"赫赫宗周，～灭之。"

小篆	褎	隶书	褒	草书	褒

堡垒：［bǎo lěi］1. 在重要地点防御用的坚固建筑物。2. 常用来比喻难以征服的领域
或不容易接受新事物、新思想的人。

小篆	堡	隶书	堡	草书	堡

卑鄙：［bēi bǐ］1.（语言、行为）恶劣；不道德。2. 卑微。

小篆	卑	隶书	卑	草书	卑

悲愤：［bēi fèn］悲痛愤怒。

小篆	悲	隶书	悲	草书	悲

桮杓：［bēi sháo］即杯勺，酒杯和勺子，指酒器。也借指饮酒。（桮，同"杯"；杓，
同"勺"。）

小篆	—	隶书	桮	草书	—

奔驰：［bēn chí］（车、马等）快速地跑。

小篆	奔	隶书	奔	草书	奔

裨益：［bì yì］1. 指益处。2. 使受益。

小篆	裨	隶书	裨	草书	裨

敝帚自珍：［bì zhǒu zì zhēn］破扫帚，自己当宝贝珍惜，比喻东西虽然不大好，可是
自己却很珍惜。出自东汉·刘珍等《东观汉纪·光武帝纪》："家有敝帚，享之千金。"

小篆	敝	隶书	敝	草书	敝

变生肘腋：［biàn shēng zhǒu yè］指事变就发生在极近的地方。（肘腋，胳肢窝。）出自西晋·陈寿《三国志·蜀书·法正传》："主公之在公安也，北畏曹公之强，东惮孙权之逼，近则惧孙夫人生变于肘腋之下。"

小篆	䜌	隶书	变	草书	变

残碑断碣：［cán bēi duàn jié］断成两段（几段）的残缺的石碑。多用来形容描写荒凉破败的景象。出自清·江藩《汉学师承记·阎若璩》："雅好金石文字，遇荒村野寺古碑残碣，埋没榛莽之中者，靡不椎拓。"

小篆	殘	隶书	残	草书	残

苌弘化碧：［cháng hóng huà bì］形容人正直、刚正、忠贞，为正义事业而蒙冤抱恨。出自春秋·庄子《庄子·外物》："人主莫不欲其臣之忠，而忠未必信，故伍员流于江，苌弘死于蜀，藏其血三年而化为碧。"

小篆	萇	隶书	苌	草书	苌

沉默：［chén mò］1. 指人不爱说笑。2. 不说话。

小篆	沉	隶书	沉	草书	沉

沉吟：［chén yín］1. 低声吟咏（文辞、诗句等）。2. （遇到复杂或疑难的事）迟疑不决，低声自语。

小篆	吟	隶书	吟	草书	吟

赤壁：［chì bì］地名，位于湖北省赤壁市西北，相传为中国古代著名的赤壁之战遗址。

小篆	赤	隶书	赤	草书	赤

辞藻：［cí zǎo］诗文中工巧的词语，常指运用的典故和古人诗文中现成的词语：昕风流文辩，收～富逸，梁主及其群臣咸加敬异。——唐·李百药《北齐书·魏收传》

小篆	辭	隶书	辞	草书	辞

伺候：[cì hou] 在人身边供使唤，照料饮食起居。

小篆	伺	隶书	伺	草书	伺

猝然：[cù rán] 突然；出乎意料：～临之而不惊，无故加之而不怒。——北宋·苏

轼《留侯论》

小篆	猝	隶书	猝	草书	猝

促织：[cù zhī] 蟋蟀。

小篆	促	隶书	促	草书	促

摧山坼地：[cuī shān chè dì] 摧毁山脉，裂开大地，形容力量巨大。

小篆	摧	隶书	摧	草书	摧

妲己：[dá jǐ] 人名，商代纣王的宠妃。己姓，字妲，有苏氏部落之女，故也称苏妲己。

小篆	妲	隶书	妲	草书	妲

倒置：[dào zhì] 倒着放，指颠倒事物原有的顺序。

小篆	倒	隶书	倒	草书	倒

杜鹃：[dù juān] 1. 常绿或落叶灌木，叶子椭圆形，花多为红色。2. 这种植物的花。

3. 鸟，身体黑灰色，尾巴有白色斑点，腹部有黑色横纹；初夏时常昼夜不停地叫；

吃毛虫，是益鸟；多数把卵产在别的鸟巢中。也叫杜宇、布谷或子规。

小篆	杜	隶书	杜	草书	杜

端倪：[duān ní] 1. 指事情的头绪或眉目。出自春秋·庄子《庄子·大宗师》："反覆

终始，不知～。"2. 推测出始末：十时顷下山，车行甚急，风景尤觉奇幻，不可

～。——郭沫若《游里加湖》

小篆	端	隶书	端	草书	端

恩怨：［ēn yuàn］恩惠和仇恨（多偏指仇恨）。

小篆	恩	隶书	恩	草书	恩

藩篱：［fān lí］篱笆，比喻界限或屏障：人全失去了理性，在突破了～之后，大家争着来动手了。——丁玲《东村事件》

小篆	藩	隶书	藩	草书	藩

烦恼：［fán nǎo］烦闷苦恼。

小篆	煩	隶书	烦	草书	烦

房檩：［fáng lǐn］架在屋架或山墙上面最高的一根横木。

小篆	房	隶书	房	草书	房

沸腾：［fèi téng］1. 液体达到沸点发生汽化。2. 形容情绪高涨。3. 形容喧闹嘈杂。

小篆	沸	隶书	沸	草书	沸

腐烂：［fǔ làn］1. 机体由于微生物的滋生而破坏。2. 腐败；朽坏。3. （思想）陈旧；（行为）堕落。4. （制度、组织、机构、措施等）混乱、黑暗。

小篆	腐	隶书	腐	草书	腐

甘霖：［gān lín］指长久干旱以后所下的雨：～三尺透，病体十分轻。——元·方回《次韵金汉臣喜雨》

小篆	甘	隶书	甘	草书	甘

膏腴：［gāo yú］肥沃的意思。出自西汉·刘向《战国策·赵策》："今媪尊长安君之位，而封之以～之地。"

小篆	膏	隶书	膏	草书	膏

梗：[gěng] 1. 草本植物的茎或枝。2. 挺着；阻碍。

| 小篆 | 檽 | 隶书 | 梗 | 草书 | 梗 |

罟：[gǔ] 1. 捕鱼的网，引申为法网：岂不怀归？畏此罪～。——《诗经·小雅·小明》2. 用网捕鱼。

| 小篆 | 罟 | 隶书 | 罟 | 草书 | 罟 |

管弦：[guǎn xián] 是指管乐器与弦乐器，有时也泛指乐器。

| 小篆 | 管 | 隶书 | 管 | 草书 | 管 |

规矩：[guī ju] 1. 画圆形和方形的两种工具，借指一定的标准、法则或习惯。2. 合乎标准或常理；（行为）端正老实：钱掌柜，那样正直，那样～，把买卖做赔了。——老舍《老字号》

| 小篆 | 規 | 隶书 | 规 | 草书 | 规 |

癸：[guǐ] 天干的第十位。

| 小篆 | 癸 | 隶书 | 癸 | 草书 | 癸 |

贵贱：[guì jiàn] 1. 指价钱的高低。2. 指地位的高低。3. 口语，表示无论如何。

| 小篆 | 貴 | 隶书 | 贵 | 草书 | 贵 |

海晏堂：[hǎi yàn táng] 中国皇家园林圆明园中的古迹。"海晏"一词取意"河清海晏，国泰民安"。（河，黄河；晏，平静。）"河清海晏"，意指黄河水流澄清，大海风平浪静。此语用以比喻天下太平，有歌颂世界和平的吉祥含义。

| 小篆 | 海 | 隶书 | 海 | 草书 | 海 |

海藻：[hǎi zǎo] 海洋中生长的藻类，如海带、紫菜等。有的可以吃，有的可以做药材。

| 小篆 | 藻 | 隶书 | 藻 | 草书 | 藻 |

酣睡：[hān shuì] 熟睡；沉睡。

小篆	酣	隶书	酣	草书	甜

豪杰：[háo jié] 才能出众的人。

小篆	豪	隶书	豪	草书	豪

衡量：[héng liáng] 1. 比较；评判。2. 斟酌、考虑的意思。

小篆	衡	隶书	衡	草书	衡

洪荒：[hóng huāng] 混沌蒙昧的状态，现在多用来借指太古时代：天地玄黄，宇宙～。——南朝·周兴嗣《千字文》

小篆	洪	隶书	洪	草书	洪

缓和：[huǎn hé] 1. 舒缓。2. 使和缓。

小篆	缓	隶书	缓	草书	缓

墮：[huī] 毁坏：一夫作难而七庙～。——西汉·贾谊《过秦论》

小篆	墮	隶书	墮	草书	墮

混账：[hùn zhàng] 言语行动无理无耻。（骂人的话）

小篆	混	隶书	混	草书	混

激怒：[jī nù] 受到刺激而发怒。

小篆	激	隶书	激	草书	激

礁石：[jiāo shí] 河流、海洋中距水面很近的岩石。

小篆	礁	隶书	礁	草书	礁

嗟悼：[jiē dào] 叹息哀伤：况承归与张，二公迭～。——唐·韩愈《荐士》

小篆	嗟	隶书	嗟	草书	嗟

金樽：[jīn zūn] 中国古代的盛酒器具，酒樽的美称：芳尘凝瑶席，清醑满～。——
南朝·谢灵运《石门新营所住》

小篆	金	隶书	金	草书	金

酒缸：[jiǔ gāng] 盛酒的缸。

小篆	酒	隶书	酒	草书	酒

绝望：[jué wàng] 形容希望断绝；毫无希望。

小篆	絕	隶书	绝	草书	绝

开凿：[kāi záo] 多指开辟、挖掘（河道等）。

小篆	開	隶书	开	草书	开

慷慨激昂：[kāng kǎi jī áng] 形容情绪、语调激动昂扬而充满正气。也说激昂慷慨。

小篆	慷	隶书	慷	草书	慷

啃噬：[kěn shì] 以牙磨碎食物，一点儿一点儿地咬下来。

小篆	啃	隶书	啃	草书	啃

空隙：[kòng xì] 1. 中间空着的不大的地方；尚未占用的不长的时间。2. 空子。

小篆	空	隶书	空	草书	空

窟窿：[kū long] 1. 洞。2. 比喻负债、亏空。

小篆	窟	隶书	窟	草书	窟

夔门：[kuí mén] 地名，在重庆奉节境内，是三峡的门户。（夔，传说中的一种龙形
异兽。）

小篆	夔	隶书	夔	草书	夔

唠叨：[láo dao] 没完没了地说；絮叨。

| 小篆 | 嚛 | 隶书 | 唠 | 草书 | 唠 |

棱角：[léng jiǎo] 1. 物体上两个平面相交而形成的尖角。2. 比喻外露出来的才干。

| 小篆 | 棱 | 隶书 | 棱 | 草书 | 棱 |

冷漠：[lěng mò] 对人、对事冷淡，不关心。

| 小篆 | 冷 | 隶书 | 冷 | 草书 | 冷 |

联络：[lián luò] 彼此交接；接上关系。

| 小篆 | 聯 | 隶书 | 联 | 草书 | 联 |

翎毛：[líng máo] 1. 指羽毛：银钩风不定，触损鹘～。——元·张宪《大都即事》诗之五 2. 指以鸟类为题材的中国画。

| 小篆 | 翎 | 隶书 | 翎 | 草书 | 翎 |

领袖：[lǐng xiù] 国家、政治团体、群众组织等的最高领导人。

| 小篆 | 领 | 隶书 | 领 | 草书 | 领 |

流觞曲水：[liú shāng qū shuǐ] 古代的风俗，夏历三月上旬的巳日，在水滨聚会宴饮，以被除不祥。后泛指在水边宴集。（觞，古代酒器；曲水，弯曲的水道。）出自东晋·王羲之《兰亭集序》："又有清流激湍，映带左右，引以为～。"古人于弯曲的水渠旁集会，在上游放置酒杯，杯随水流，流到谁面前，谁就取杯把酒喝下，叫作流觞。

| 小篆 | 流 | 隶书 | 流 | 草书 | 流 |

戮：[lù] 杀。古义也指合力、联合：～力同心。

| 小篆 | 戮 | 隶书 | 戮 | 草书 | 戮 |

轮廓：[lún kuò] 1. 构成图形或物体的外侧边缘的线条。2. 事物的大致情形。

小篆	輪	隶书	轮	草书	轮

沦落：[lún luò] 1. 流落。2. 没落；衰落。3. 沉沦。

小篆	繪	隶书	沦	草书	沦

马革裹尸：[mǎ gé guǒ shī] 用马皮把尸体包裹起来。指军人战死于沙场，形容为国作战、决心为国捐躯的意志：只解沙场为国死，何须～还。——清·徐锡麟《出塞》

小篆	象	隶书	马	草书	马

脉搏：[mài bó] 1. 动脉的搏动，心脏收缩时，由于输出血液的冲击引起的动脉的跳动，医生可根据脉搏来诊断疾病。2. 比喻社会、生活等发展、变化的情况或趋势。

小篆	脈	隶书	脉	草书	脉

埋怨：[mán yuàn] 因为事情不如意而对自己认为原因所在的人或事物表示不满。

小篆	埋	隶书	埋	草书	埋

弥补：[mí bǔ] 把不够的部分填足。

小篆	彌	隶书	弥	草书	弥

迷茫：[mí máng] 1. 广阔而看不清的样子。2.（神情）迷离恍惚。

小篆	迷	隶书	迷	草书	迷

绵亘：[mián gèn] 接连不断：西边山岭～高峻，成为阻断敌人、保障本境的天险。——吴组缃《山洪》

小篆	綿	隶书	绵	草书	绵

泯灭：[mǐn miè]（形迹、印象等）消失、磨灭。

小篆	泯	隶书	泯	草书	泯

敏锐：[mǐn ruì] 指（感觉）敏捷；（眼光）尖锐。

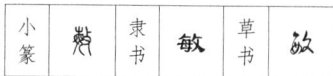

小篆	𢼸	隶书	敏	草书	敏

目眦：[mù zì] 眼眶。出自西汉·司马迁《史记·项羽本纪》："瞋目视项王，头发上指，～尽裂。"

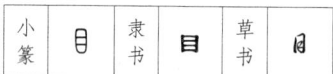

小篆	目	隶书	目	草书	目

南麓：[nán lù] 山南面的山脚。

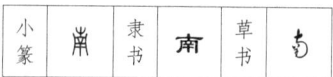

小篆	㯶	隶书	南	草书	南

囊括：[náng kuò] 把全部包罗在内。出自西汉·扬雄《羽猎赋》："野尽山穷，～其雌雄。"

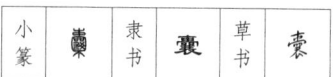

小篆	囊	隶书	囊	草书	囊

逆来顺受：[nì lái shùn shòu] 指对别人的欺负或无礼的待遇采取顺从或忍受的态度。

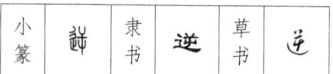

小篆	逆	隶书	逆	草书	逆

嗫嚅：[niè rú] 形容想说话又吞吞吐吐不敢说出来的样子：足将进而趑趄，口将言而～。——唐·韩愈《送李愿归盘谷序》

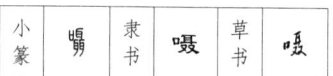

小篆	嗫	隶书	嗫	草书	嗫

镊子：[niè zi] 拔除毛或夹取细小东西的用具，一般用金属制成。

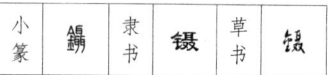

小篆	鑷	隶书	镊	草书	镊

凝固：[níng gù] 1. 由液态变为固态。2. 固定不变；停滞不前。

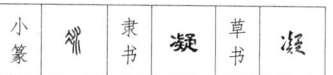

小篆	凝	隶书	凝	草书	凝

凝望：[níng wàng] 目不转睛地看；注目远望。

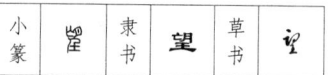

小篆	望	隶书	望	草书	望

徘徊：[pái huái] 1. 在一个地方来回地走。2. 比喻犹豫不决。3. 比喻事物在某个范围内来回波动、起伏。

小篆	𢾾	隶书	徘	草书	徘

彷徨：[páng huáng] 走来走去，犹豫不决，不知道往哪个方向去：就只怕我一走，玉堂立刻要被攻击，因此有些～。——鲁迅《两地书·致许广平六四》

小篆	彷	隶书	彷	草书	彷

赔偿：[péi cháng] 因自己的行为使他人或集体受到损失而给予补偿。

小篆	賠	隶书	赔	草书	赔

媲美：[pì měi] 美的程度差不多；比美：芍药与牡丹～，前人署牡丹以花王，署芍药以花相，冤哉。——清·李渔《闲情偶寄·种植部·芍药》

小篆	媲	隶书	媲	草书	媲

拼搏：[pīn bó] 使出全部力量去搏斗或争取。

小篆	拼	隶书	拼	草书	拼

扑朔迷离：[pū shuò mí lí] 比喻事物错综复杂，难以辨别。出自北朝民歌《木兰诗》："雄兔脚扑朔，雌兔眼迷离。双兔傍地走，安能辨我是雄雌。"这句话的意思是：传统的辨别兔子雄雌的方法是拎着兔子的耳朵把兔子提起来，如四脚乱蹬，称为"扑朔"，是雄兔；如两眼眯起，称为"迷离"，是雌兔。但是兔子跑起来就分辨不清哪个是雄的，哪个是雌的了。

小篆	扑	隶书	扑	草书	扑

凄冷：[qī lěng] 寒冷；凄凉。

小篆	凄	隶书	凄	草书	凄

凄婉：[qī wǎn] 1. 哀伤。2. 悲哀而婉转。

| 小篆 | 婉 | 隶书 | 婉 | 草书 | 婉 |

喊喊喳喳：[qī qī chā chā] 多指细微杂乱的说话声音：说着便叫过一个心腹婆子来，耳根底下～说了几句话。——清·曹雪芹《红楼梦》

| 小篆 | 喊 | 隶书 | 喊 | 草书 | 喊 |

崎岖：[qí qū] 指山路不平，也形容处境艰难。

| 小篆 | 崎 | 隶书 | 崎 | 草书 | 崎 |

绮辉：[qǐ huī] 绮丽的光辉。（绮，有纹彩的丝织品：～罗。）

| 小篆 | 绮 | 隶书 | 绮 | 草书 | 绮 |

千仞：[qiān rèn] 古代八尺或七尺叫作一仞。形容极高极深：海纳百川，有容乃大；壁立～，无欲则刚。——清·林则徐

| 小篆 | 仞 | 隶书 | 千 | 草书 | 千 |

迁徙：[qiān xǐ] 迁移，古义是被征发而远途服役的意思。

| 小篆 | 迁 | 隶书 | 迁 | 草书 | 迁 |

浅尝辄止：[qiǎn cháng zhé zhǐ] 略微尝试一下就停下来。指对知识、问题等不深入钻研。出自清·彭养鸥《黑籍冤魂》："此物非不可尝，苟文人墨客，～，用以悦性陶情，有何不可?"

| 小篆 | 浅 | 隶书 | 浅 | 草书 | 浅 |

强盗：[qiáng dào] 以暴力抢夺别人财物的人。

| 小篆 | 强 | 隶书 | 强 | 草书 | 强 |

敲诈：[qiāo zhà] 依仗势力或用威胁、欺骗手段索取财物。

小篆	𣪏	隶书	敲	草书	敲

荞麦：[qiáo mài] 1. 一年生草本植物。茎赤质柔；叶互生，呈心脏形，有长柄；花色白或淡红；果瘦三角形，有棱；籽实磨成粉可制面食。2. 这种植物的果实。

小篆	蕎	隶书	荞	草书	荞

亲眷：[qīn juàn] 1. 亲戚。2. 眷属。

小篆	亲	隶书	亲	草书	亲

亲戚：[qīn qi] 跟自己家庭有血统或婚姻关系的家庭或它的成员。

小篆	戚	隶书	戚	草书	戚

禽兽：[qín shòu] 鸟和兽，比喻行为卑鄙恶劣、卑劣无耻的人。

小篆	禽	隶书	禽	草书	禽

青冢：[qīng zhǒng] 指汉代王昭君的墓，在今内蒙古自治区。传说当地多白草，而这座坟墓上的草却是青的。可泛指坟墓。

小篆	青	隶书	青	草书	青

逡巡：[qūn xún] 有顾虑而徘徊不前或退却。出自西汉·贾谊《新书·过秦论上》："～而不敢进。"

小篆	逡	隶书	逡	草书	逡

蹂躏：[róu lìn] 践踏，比喻用暴力欺压、摧残、侮辱。

小篆	蹂	隶书	蹂	草书	蹂

瞬息万变：[shùn xī wàn biàn] 形容极短的时间内变化快而多。

小篆	瞬	隶书	瞬	草书	瞬

燧木取火：［suì mù qǔ huǒ］折下燧木枝，钻木取火。

小篆	㸐	隶书	燧	草书	燧

螳螂：［táng láng］昆虫，有的地区也叫刀螂，对农业有益。全身绿色或土黄色，头呈三角形，触角呈丝状，胸部细长，前腿呈镰刀状：莫笑狂夫老更狂，推轮怒臂勇～。——南宋·谢绪《又一首》

小篆	螳	隶书	螳	草书	螳

提醒：［tí xǐng］从旁指点，促使其注意。

小篆	提	隶书	提	草书	提

天涯：［tiān yá］指极远的地方：海内存知己，～若比邻。——唐·王勃《送杜少府之任蜀州》

小篆	天	隶书	天	草书	天

停泊：［tíng bó］（船只）靠岸；停留。

小篆	停	隶书	停	草书	停

头颅：［tóu lú］指人的头。

小篆	頭	隶书	头	草书	头

抟：［tuán］1. 盘旋：鹏之徙于南冥也，水击三千里，～扶摇而上者九万里。——春秋·庄子《逍遥游》2. 同"团"。

小篆	抟	隶书	抟	草书	抟

拖延：［tuō yán］把时间延长，不迅速办理。

小篆	拖	隶书	拖	草书	拖

宛如：［wǎn rú］好像。

小篆	宛	隶书	宛	草书	宛

望帝啼鹃:〔wàng dì tí juān〕相传战国时蜀王杜宇称帝,号望帝,为蜀治水有功,后禅位给臣子,退隐西山,死后化为杜鹃鸟,啼声凄切。后常指悲哀凄惨地啼哭。

小篆	望	隶书	望	草书	望

瓮牖绳枢:〔wèng yǒu shéng shū〕破瓮作窗,绳作门轴,比喻贫穷人家。(牖,窗子;枢,门的转轴。)出自西汉·贾谊《过秦论》:"然而陈涉~之子,氓隶之人,而迁徙之徒也。"

小篆	瓮	隶书	瓮	草书	瓮

沃野:〔wò yě〕肥沃的田野。

小篆	沃	隶书	沃	草书	沃

洿:〔wū〕1. 低洼的地方。2. 掘成水池。

小篆	—	隶书	洿	草书	—

无赖:〔wú lài〕1. 游手好闲、品行不端的人。2. 放刁撒泼,蛮不讲理。

小篆	无	隶书	无	草书	无

无锡:〔wú xī〕地名,在江苏省,被誉为"太湖明珠"。

小篆	锡	隶书	锡	草书	锡

窸窣:〔xī sū〕形容细小的摩擦声音:约有一二十个妇人,衣裙~,渐入堂屋,往那边屋内去了。——清·曹雪芹《红楼梦》

小篆	—	隶书	窸	草书	—

媳妇:〔xí fù〕1. 儿子的妻子,也叫儿媳妇。2. 弟弟或晚辈亲属的妻子(前面加晚辈亲属称呼)。

〔xí fu〕1. 指妻子。2. 泛指已婚的年轻妇女。

小篆	媳	隶书	媳	草书	媳

贤惠：[xián huì] 指妇女心地善良，通情达理，对人和蔼。

小篆	隶书	贤	草书	贤

飨：[xiǎng] 用酒食款待人，泛指请人享受：钟鼓既没，一朝～之。——《诗经·小雅·彤弓》

小篆	隶书	飨	草书	飨

崤函：[xiáo hán] 崤山和函谷。古义多用来比喻险要的关隘。

小篆	隶书	崤	草书	崤

笑柄：[xiào bǐng] 可以拿来取笑的言行。

小篆	隶书	笑	草书	笑

汹涌：[xiōng yǒng]（水）猛烈地向上涌或向前翻滚，形容波浪又大又急。

小篆	隶书	汹	草书	汹

虚设：[xū shè] 机构、职位等形式上虽然存在，实际上不起作用。

小篆	隶书	虚	草书	虚

窈窕：[yǎo tiǎo] 1.（女子）文静而美好；（妆饰、仪容）美好：既含睇兮又宜笑，子慕予兮善～。——战国·屈原《楚辞·九歌·山鬼》2.（宫室、山水）幽深。

小篆	隶书	窈	草书	窈

忧愁：[yōu chóu] 因为遭遇到困难或者不如意的事而苦闷。

小篆	隶书	忧	草书	忧

幽咽：[yōu yè] 1. 形容低微的哭声：夜久语声绝，如闻泣～。——唐·杜甫《石壕吏》2. 形容低微的流水声。

小篆	隶书	幽	草书	幽

游览：[yóu lǎn] 从容行走观看（风景、名胜等）。

| 小篆 | 游 | 隶书 | 游 | 草书 | 游 |

羽扇纶巾：[yǔ shàn guān jīn] 形容文人谋士风度儒雅，也指有军事才能的人。（羽扇，指有羽毛的扇子；纶巾，是配有丝带的头巾，古代名士的服饰。）出自北宋·苏轼《念奴娇·赤壁怀古》词："遥想公瑾当年，小乔初嫁了，雄姿英发。～，谈笑间，樯橹灰飞烟灭。"

| 小篆 | 羽 | 隶书 | 羽 | 草书 | 羽 |

冤魂：[yuān hún] 指死得冤枉的人的魂灵（迷信）。

| 小篆 | 冤 | 隶书 | 冤 | 草书 | 冤 |

远瀛观：[yuǎn yíng guàn] 北京长春园远瀛观，建筑物名。

| 小篆 | 远 | 隶书 | 远 | 草书 | 远 |

蘸：[zhàn] 把东西放在液体、粉状物或糊状物里沾一下就拿出来。

| 小篆 | 蘸 | 隶书 | 蘸 | 草书 | 蘸 |

遮断：[zhē duàn] 隔断视线，使看不见。

| 小篆 | 遮 | 隶书 | 遮 | 草书 | 遮 |

振奋：[zhèn fèn] 1. 振作奋发。2. 使振奋。

| 小篆 | 振 | 隶书 | 振 | 草书 | 振 |

卮：[zhī] 古代盛酒的器皿：头上花枝照酒～，酒～中有好花枝。——北宋·邵雍《插花吟》

| 小篆 | 卮 | 隶书 | 卮 | 草书 | 卮 |

彘：[zhì] 猪。

| 小篆 | 彘 | 隶书 | 彘 | 草书 | 彘 |

资格：[zī gé] 1. 从事某种活动所应具备的条件、身份等。2. 由从事某种工作或活动的时间长短所形成的身份。

小篆	�	隶书	资	草书	资

紫藤萝：[zǐ téng luó] 优良的观花藤本植物，缠绕茎，羽状复叶，小叶长椭圆形。春季开花，花淡紫色，具有优美的姿态和迷人的风采。

小篆	紫	隶书	紫	草书	紫

鲰：[zōu] 1. 小鱼。2. 形容小。古义多指人的渺小浅陋：～生。

小篆	鲰	隶书	鲰	草书	鲰

俎：[zǔ] 1. 古代祭祀时盛牛羊等祭品的器具。2. 古代切割肉类用的砧板。3. 姓。

小篆	俎	隶书	俎	草书	俎

第三章　语文基础字词三

暧昧：[ài mèi] 1.（态度、用意）含糊；不明朗：态度～。2.（行为）不光明正

大；不可告人：关系～。

小篆	曃	隶书	暧	草书	暧

谙：[ān] 熟悉：不～、～熟；江南好，风景旧曾～。——唐·白居易《忆江南》

小篆	諳	隶书	谙	草书	谙

鹌鹑：[ān chún] 鸟，头小，尾巴短，羽毛赤褐色，不善飞。

小篆	鵪	隶书	鹌	草书	鹌

安辑：[ān jí] 1.犹安抚。2.安定；使安定：策入秣陵，～居民；移兵至泾县来捉太

史慈。——明·罗贯中《三国演义》

小篆	宯	隶书	安	草书	安

跋涉：[bá shè] 爬山蹚水，形容旅途艰苦：长途～。（跋，在山上行走；涉，蹚水过河。）

小篆	跋	隶书	跋	草书	跋

拔擢：[bá zhuó] 提拔：过蒙～，宠命优渥。——西晋·李密《陈情表》

小篆		隶书	拔	草书	拔

掰开：[bāi kāi] 裂开；打开；剥开。

小篆		隶书	掰	草书	掰

斑斓：[bān lán] 1. 灿烂多彩：五彩～。2. 也作斒斓。

小篆		隶书	斑	草书	斑

抱薪救火：[bào xīn jiù huǒ] 抱着柴草去救火。比喻用错误的方法去消除祸害，反而使祸害扩大：以地事秦，犹～，薪不尽，火不灭。——北宋·苏洵《六国论》

小篆		隶书	抱	草书	抱

荸荠：[bí qi] 古称凫茈 [fú zǐ]，又称乌芋。有些地区叫地栗、地梨、马蹄。1. 多年生草本植物，通常栽培在水里，地下茎扁圆形，皮红褐色或黑褐色，肉白色，可以吃，也可以制成淀粉。2. 这种植物的地下茎。

小篆		隶书	荸	草书	荸

毕毕剥剥：[bì bì bō bō] 拟声词。指火燃烧声、心跳声等：忽听得外面～的响声，林冲看见，原来是草料场着火了。——明·施耐庵《水浒传》

小篆		隶书	毕	草书	毕

弊端：[bì duān] 由于工作上有漏洞而发生的损害公益的事情。

小篆		隶书	弊	草书	弊

庇护：[bì hù] 袒护；保护。

小篆		隶书	庇	草书	庇

庇佑：[bì yòu] 保佑：行不上半里多路，看见一所古庙，林冲顶礼道："神明～，改
　　日来烧纸钱。"——明·施耐庵《水浒传》

小篆	偑	隶书	佑	草书	佑

濒临：[bīn lín] 紧接；临近。

小篆	瀕	隶书	濒	草书	濒

鬓：[bìn] 鬓角：纵使相逢应不识，尘满面，～如霜。——北宋·苏轼《江城子·乙
　　卯正月二十日夜记梦》

小篆	鬢	隶书	鬓	草书	鬓

搏斗：[bó dòu] 1. 徒手或用刀、棒等激烈地对打。2. 比喻激烈的斗争。

小篆	搏	隶书	搏	草书	搏

不更事：[bù gēng shì] 形容缺乏经验或不懂人情世故。（更，经历。）

小篆	不	隶书	不	草书	不

不经之谈：[bù jīng zhī tán] 荒诞的、没有证据的话。（经，正常。）

小篆	經	隶书	经	草书	经

采撷：[cǎi xié] 1. 采摘。2. 采集：愿君多～，此物最相思。——唐·王维《相思》

小篆	采	隶书	采	草书	采

菜圃：[cài pǔ] 菜园。

小篆	菜	隶书	菜	草书	菜

蔡襄：[cài xiāng] 北宋著名书法家、政治家、茶学家。书法上与苏轼、黄庭坚、米
　　芾并称"宋四家"。

小篆	蔡	隶书	蔡	草书	蔡

苍劲：［cāng jìng］1.（树木）苍老挺拔。2.（书法、绘画）老练而雄健有力：他的字写得～有力。

| 小篆 | 蒼 | 隶书 | 苍 | 草书 | 苍 |

草芥：［cǎo jiè］比喻最微小的、无价值的东西：子孙视之不甚惜，举以予人，如弃～。——北宋·苏洵《六国论》（芥，小草。）

| 小篆 | 草 | 隶书 | 草 | 草书 | 芽 |

草窠：［cǎo kē］方言，草丛：他果然躺在～里，肚里的五脏已经都给吃空了。——鲁迅《祝福》

| 小篆 | 窠 | 隶书 | 窠 | 草书 | 窠 |

参差：［cēn cī］1.长短、高低、大小不齐；不一致：水平～不齐；～荇菜，左右流之。窈窕淑女，寤寐求之。——《诗经·周南·关雎》2.大约；几乎。3.错过；蹉跎：佳期～。

| 小篆 | 参 | 隶书 | 参 | 草书 | 参 |

岔道：［chà dào］岔路。

| 小篆 | 岔 | 隶书 | 岔 | 草书 | 岔 |

颤动：［chàn dòng］短促而频繁地振动。

| 小篆 | 顫 | 隶书 | 颤 | 草书 | 颤 |

颤抖：［chàn dǒu］哆嗦；发抖。

| 小篆 | 抖 | 隶书 | 抖 | 草书 | 抖 |

忏悔：［chàn huǐ］1. 认识了过去的错误或罪过而感觉痛心。2. 向神佛表示悔过，请

求宽恕。

| 小篆 | 懺 | 隶书 | 忏 | 草书 | 忏 |

嘲讽：［cháo fěng］嘲笑讽刺。

| 小篆 | 嘲 | 隶书 | 嘲 | 草书 | 嘲 |

宸：［chén］1. 屋宇；深邃的房屋。2. 封建时代指帝王住的地方，引申为王位、帝王

的代称。

| 小篆 | 宸 | 隶书 | 宸 | 草书 | 宸 |

尘芥：［chén jiè］尘土和小草，比喻轻微的事物。

| 小篆 | 塵 | 隶书 | 尘 | 草书 | 尘 |

尘嚣：［chén xiāo］人世间的纷扰喧嚣。

| 小篆 | 嚣 | 隶书 | 嚣 | 草书 | 嚣 |

沉溺：［chén nì］陷入不良的境地（多指生活习惯方面），不能自拔。

| 小篆 | 沉 | 隶书 | 沉 | 草书 | 沉 |

陈抟老祖：［chén tuán lǎo zǔ］字图南，号扶摇子，赐号"白云先生"，北宋著名的

道家学者。

| 小篆 | 陳 | 隶书 | 陈 | 草书 | 陈 |

螭：［chī］1. 古代传说中没有角的龙，古代建筑或工艺品上常用它的形状作装饰。

2. 同"魑"。

| 小篆 | 螭 | 隶书 | 螭 | 草书 | 螭 |

持盾执笏：[chí dùn zhí hù] 拿着盾牌和笏板。（执笏，古时臣下朝见君王或臣僚相见时，手持玉石、象牙或竹、木的手板为礼。）

小篆	𧛔	隶书	持	草书	持

敕造：[chì zào] 奉帝王命令建造。

小篆	𢾭	隶书	敕	草书	敕

踌躇：[chóu chú] 1. 犹豫：望西都，意～。——元·张养浩《山坡羊·潼关怀古》 2. 停留；徘徊不前。3. 得意的样子。

小篆	𨄔	隶书	踌	草书	踌

出屉：[chū tì] 出笼。

小篆	𣏚	隶书	出	草书	出

怆然：[chuàng rán] 悲伤的样子：前不见古人，后不见来者。念天地之悠悠，独～而涕下。——唐·陈子昂《登幽州台歌》

小篆	𢥠	隶书	怆	草书	怆

吹嘘：[chuī xū] 夸大地或无中生有地说自己或别人的优点；夸张地宣扬。

小篆	吹	隶书	吹	草书	吹

糍粑：[cí bā] 把糯米蒸熟捣碎后做成的食品。

小篆	糍	隶书	糍	草书	糍

葱茏：[cōng lóng]（草木）青翠茂盛。

小篆	𦸚	隶书	葱	草书	葱

粗糙：[cū cāo] 1.（质料）不精细；不光滑。2.（工作等）草率；不细致。

小篆	粗	隶书	粗	草书	粗

蹙：[cù] 1. 紧迫。2. 皱（眉头）；收缩：两弯似～非～罥（juàn）烟眉，一双似喜非

喜含情目。——清·曹雪芹《红楼梦》

小篆	蹙	隶书	蹙	草书	蹙

数罟：[cù gǔ] 细密的渔网：～不入洿（wū）池，鱼鳖不可胜食也。——战国·孟

子《孟子·梁惠王上·寡人之于国也》（数，密；罟，网。）

小篆	數	隶书	数	草书	数

氽：[cuān] 烹调方法，把食物放到沸水里稍微一煮。

小篆	氽	隶书	氽	草书	氽

翠幄：[cuì wò] 青绿色的帐幕。

小篆	翠	隶书	翠	草书	翠

皴法：[cūn fǎ] 国画画山石时的一种技法。

小篆	皴	隶书	皴	草书	皴

忖度：[cǔn duó] 推测；揣度。

小篆	忖	隶书	忖	草书	忖

蹉跎：[cuō tuó] 光阴白白地过去：佳期～。

小篆	蹉	隶书	蹉	草书	蹉

打搅：[dǎ jiǎo] 1. 扰乱。2. 客套话，打扰。

小篆	打	隶书	打	草书	打

殆尽：[dài jìn] 几乎罄（qìng）尽。（殆，危险；几乎；差不多。）

小篆	殆	隶书	殆	草书	殆

淡然：〔dàn rán〕形容不经心、不在意。

小篆	隶书	草书
淡	淡	淡

铛：〔dāng〕形容撞击金属器物的声音：钟敲得～～响。

〔chēng〕烙饼用的平底锅：饼～。

小篆	隶书	草书
鐺	铛	铛

嫡亲：〔dí qīn〕血统最接近的（亲属）。

小篆	隶书	草书
嫡	嫡	嫡

颠覆：〔diān fù〕1.翻倒。2.采取阴谋手段从内部推翻合法的政府。

小篆	隶书	草书
顛	颠	颠

玷辱：〔diàn rǔ〕使蒙受耻辱。

小篆	隶书	草书
玷	玷	玷

雕梁画栋：〔diāo liáng huà dòng〕指房屋的华丽的彩绘装饰，常用来形容建筑富丽堂皇。

小篆	隶书	草书
雕	雕	雕

笃诚：〔dǔ chéng〕诚笃：齐圣广渊，明允～，天下之民，谓之八恺。——春秋·左丘明《左传·文公十八年》

小篆	隶书	草书
篤	笃	笃

笃嗜：〔dǔ shì〕非常喜爱。

小篆	隶书	草书
嗜	嗜	嗜

杜撰：〔dù zhuàn〕没有根据地编造；虚构。

小篆	隶书	草书
杜	杜	杜

钝响：[dùn xiǎng] 沉重的响声。

小篆	鈍	隶书	钝	草书	钝

踱步：[duó bù] 表示慢慢地行走，速度不快：只有他还住在这里，独自一人在雅致的房间里来回～。——波兰·雅·伊瓦什凯维奇《肖邦故园》

小篆	躑	隶书	踱	草书	踱

度长絜大：[duó cháng xié dà] 比量长短大小：试使山东之国与陈涉～，比权量力，则不可同年而语矣。——西汉·贾谊《过秦论》

小篆	度	隶书	度	草书	度

厄运：[è yùn] 困苦的遭遇，不幸的命运：～在同一条路上漫游，时而降临于这个人，时而降临于另一个人。——古希腊·埃斯库罗斯《被缚的普罗米修斯》

小篆	厄	隶书	厄	草书	厄

方剂：[fāng jì] 中医指根据临床需要，选择适当药物及其用量，指明制法和用法的规范化药方。

小篆	方	隶书	方	草书	方

放诞无礼：[fàng dàn wú lǐ] 形容虚妄离奇，不合情理。

小篆	放	隶书	放	草书	放

诽谤：[fěi bàng] 无中生有，说人坏话，毁人名誉；诬蔑。

小篆	誹	隶书	诽	草书	诽

沸反盈天：[fèi fǎn yíng tiān] 沸腾翻滚的声浪响彻天空。形容人声喧闹，乱成一片：你自己荐她来，又合伙劫她去，闹得～的，大家看了成个什么样子？——鲁迅《祝福》（沸，滚翻；盈，充满。）

小篆	沸	隶书	沸	草书	沸

粉妆玉琢：［fěn zhuāng yù zhuó］白粉装饰的，白玉雕成的。形容女子妆饰得漂亮或小孩长得白净。也用来形容雪景。

小篆	粉	隶书	粉	草书	粉

风尘仆仆：［fēng chén pú pú］形容奔波忙碌，旅途劳顿。（风尘，旅途中的辛苦；仆仆，行途劳累。）

小篆	鳳	隶书	风	草书	凤

风魔：［fēng mó］同"疯魔"。1. 疯。2. 入迷；入魔。3. 使入迷。

小篆	魔	隶书	魔	草书	魔

丰盈：［fēng yíng］1.（身体）丰满：～以庄姝兮，苟温润之玉颜。——战国·宋玉《神女赋》2. 富裕；丰富：甘露降，风雨时至，农夫登，年谷～，众人喜之。——西汉·刘向《战国策·赵策》

小篆	豐	隶书	丰	草书	丰

敷衍：［fū yǎn］1. 叙述并发挥。也作敷演。2. 做事不负责或待人不恳切，只做表面上的应付。3. 勉强维持。

小篆	敷	隶书	敷	草书	敷

符箓：［fú lù］道士所画的一种图形或线条，声称能驱使鬼神，给人带来祸福。

小篆	符	隶书	符	草书	符

浮想联翩：［fú xiǎng lián piān］许许多多的联想不断涌现出来。（浮想，头脑里涌现出来的感想；联翩，鸟飞的样子，比喻连续不断。）

小篆	浮	隶书	浮	草书	浮

黼黻：[fǔ fú] 1. 泛指礼服上所绣的华美花纹。2. 绣有华美花纹的礼服：座上珠玑昭日月，堂前～焕烟霞。——清·曹雪芹《红楼梦》3. 借指爵禄。4. 借指辞藻，华美的文辞。

小篆	黼黻	隶书	黼黻	草书	黼黻

负疚：[fù jiù] 自己觉得抱歉，对不起人。

小篆	負	隶书	负	草书	负

阜盛：[fù shèng] 丰盛；兴盛：进了城，从纱窗中瞧了一瞧，其街市之繁华，人烟之～，向非别处可见。——清·曹雪芹《红楼梦》

小篆	阜	隶书	阜	草书	阜

高亢：[gāo kàng] 1.（声音）高而洪亮。2.（地势）高。3. 高傲。

小篆	高	隶书	高	草书	高

更胜一筹：[gèng shèng yī chóu] 技艺或技能超过别人。（筹，计数的用具；胜，超过。）

小篆	更	隶书	更	草书	更

篝火：[gōu huǒ] 原指用笼子罩着的火，现借指在空旷处或野外架木柴、树枝燃烧的火堆。

小篆	篝	隶书	篝	草书	篝

觚：[gū] 1. 古代一种盛酒的器具。2. 古代写字用的多棱形木简。3. 棱角。

小篆	觚	隶书	觚	草书	觚

辜负：[gū fù] 对不住（别人的好意、期望或帮助）。

小篆	辜	隶书	辜	草书	辜

乖张：[guāi zhāng] 1. 怪僻，不讲情理：行为偏僻性～， 那管世人诽谤。——清·曹雪芹《红楼梦》2. 不顺。

小篆	𠂢	隶书	乖	草书	乖

观：[guān] 1. 看：～看、走马～花、坐井～天。2. 景象或样子：奇～、改～。3. 对事物的认识或看法：乐～、悲～、世界～。

[guàn] 1. 道教的庙宇：道～、白云～。2. 姓。

小篆	觀	隶书	观	草书	观

盥：[guàn] 1. 洗（手、脸）。2. 洗手洗脸用的器皿。

小篆	盥	隶书	盥	草书	盥

鹳：[guàn] 鸟，外形像白鹤，嘴长而直，羽毛灰色、白色或黑色。生活在水边，吃鱼、虾等。种类很多，如白鹳、黑鹳等。

小篆	鸛	隶书	鹳	草书	鹳

咣：[guāng] 形容撞击震动的声音。

小篆	咣	隶书	咣	草书	咣

圭臬：[guī niè] 1. 圭表。 2. 借指准则或法度。

小篆	圭	隶书	圭	草书	圭

诡秘：[guǐ mì]（行动、态度等）隐秘不易捉摸：行踪～。

小篆	諝	隶书	诡	草书	诡

酣眠：[hān mián] 熟睡。

小篆	酣	隶书	酣	草书	酣

寒暄：[hán xuān] 见面时谈天气冷暖之类的应酬话。

小篆	寒	隶书	寒	草书	寒

憾事：[hàn shì] 认为不完美或因为不满足而感到遗憾的事情。

小篆	憾	隶书	憾	草书	憾

和煦：[hé xù] 温暖。

小篆	和	隶书	和	草书	和

黑咕隆咚：[hēi gu lóng dōng] 形容没有光亮，漆黑一片。

小篆	黑	隶书	黑	草书	黑

横亘：[héng gèn]（桥梁、山脉等）横跨；横卧：大桥～在广阔的水面上；两县交界的地方～着一座大山。

小篆	横	隶书	横	草书	横

红缯：[hóng zēng] 泛指丝织品：壳如～，膜如紫绡，瓤肉莹白如冰雪，浆液甘酸如醴酪。——唐·白居易《荔枝图序》

小篆	红	隶书	红	草书	红

槲：[hú] 落叶乔木，叶子倒卵形，花黄褐色，结坚果，球形，木材坚硬。树皮可制栲胶。叶子和果实可入药。

小篆	槲	隶书	槲	草书	槲

狐裘：[hú qiú] 用狐皮制的外衣。

小篆	狐	隶书	狐	草书	狐

胡诌：[hú zhōu] 随口瞎编。

小篆	胡	隶书	胡	草书	胡

花蒂：[huā dì] 花或瓜果跟枝茎相连的部分。

| 小篆 | 𦺇 | 隶书 | 花 | 草书 | 花 |

花卉：[huā huì] 1. 花草。2. 以花草为题材的中国画。

| 小篆 | 卉 | 隶书 | 卉 | 草书 | 卉 |

坏痞：[huài pǐ] 恶棍；流氓无赖。

| 小篆 | 壞 | 隶书 | 坏 | 草书 | 坏 |

荒诞：[huāng dàn] 极不真实；极不近情理。

| 小篆 | 荒 | 隶书 | 荒 | 草书 | 荒 |

荒诞不经：[huāng dàn bù jīng] 荒唐离奇，不合情理。（荒诞，荒唐离奇、极不真实；不经，不合常理。）

| 小篆 | 誕 | 隶书 | 诞 | 草书 | 诞 |

惶惑：[huáng huò] 疑惑畏惧。

| 小篆 | 惶 | 隶书 | 惶 | 草书 | 惶 |

惶急：[huáng jí] 恐惧慌张。

| 小篆 | 急 | 隶书 | 急 | 草书 | 急 |

惶恐：[huáng kǒng] 惊慌害怕：～滩头说～，零丁洋里叹零丁。人生自古谁无死？留取丹心照汗青。——南宋·文天祥《过零丁洋》

| 小篆 | 恐 | 隶书 | 恐 | 草书 | 恐 |

恍然：[huǎng rán] 形容忽然醒悟：～大悟。

| 小篆 | 恍 | 隶书 | 恍 | 草书 | 恍 |

恢宏：［huī hóng］同"恢弘"。1. 宽阔；广大。2. 发扬。

小篆	隸书	恢	草书	恢

灰烬：［huī jìn］物品燃烧后的灰和烧剩下的东西：青林一～，云气无处所。——唐·杜甫《火》

小篆	隸书	灰	草书	灰

麾下：［huī xià］1. 将帅的部下：八百里分～炙，五十弦翻塞外声。——南宋·辛弃疾《破阵子·为陈同甫赋壮词以寄之》2. 敬词，称将帅。

小篆	隸书	麾	草书	麾

诙谐：［huī xié］说话有风趣，引人发笑。

小篆	隸书	诙	草书	诙

贿赂：［huì lù］1. 用财物买通别人。2. 用来买通别人的财物。

小篆	隸书	贿	草书	贿

赍发：［jī fā］资助；赠予；派遣。（赍，怀着、抱着；把东西送给人。）

小篆	隸书	赍	草书	赍

瘠薄：［jí bó］（土地）缺少植物生长所需的养分、水分；不肥沃。

小篆	隸书	瘠	草书	瘠

脊鳍：［jǐ qí］背鳍。

小篆	隸书	脊	草书	脊

给予：［jǐ yǔ］给。也作给予。

小篆	隸书	给	草书	给

洎：[jì] 到；及：自古～今、～乎近世；～牧以谗诛，邯郸为郡，惜其用武而不终也。——北宋·苏洵《六国论》

| 小篆 | 洎 | 隶书 | 洎 | 草书 | 洎 |

髻：[jì] 在头顶或脑后盘成各种形状的头发。

| 小篆 | 髻 | 隶书 | 髻 | 草书 | 髻 |

罽：[jì] 用毛做成的毡子一类的东西。

| 小篆 | — | 隶书 | 罽 | 草书 | — |

祭祀：[jì sì] 旧俗备供品向神佛或祖先行礼，表示尊崇并求护佑。

| 小篆 | 祭 | 隶书 | 祭 | 草书 | 祭 |

甲胄：[jiǎ zhòu] 盔甲。

| 小篆 | 甲 | 隶书 | 甲 | 草书 | 甲 |

监：[jiān] 1. 从旁察看；监视：～工、～考。2. 牢狱：收～、探～。

　　[jiàn] 1. 古代官府名：国子～、～生。2. 姓。

| 小篆 | 监 | 隶书 | 监 | 草书 | 监 |

简洁：[jiǎn jié]（说话、行为等）简明扼要，没有多余的内容。

| 小篆 | 简 | 隶书 | 简 | 草书 | 简 |

简捷：[jiǎn jié] 1. 直截了当。也作简截。2. 简便快捷。

| 小篆 | 捷 | 隶书 | 捷 | 草书 | 捷 |

间或：[jiàn huò] 偶尔；有时候。

| 小篆 | 间 | 隶书 | 间 | 草书 | 间 |

僵持：[jiāng chí] 相持不下。

小篆	僵	隶书	僵	草书	僵

绛囊：[jiàng náng] 1. 红色口袋。2. 喻草木之红色花果。

小篆	絳	隶书	绛	草书	绛

侥幸：[jiǎo xìng] 由于偶然的原因而得到成功或免去灾害：今番～得见先生矣。——明·罗贯中《三国演义》

小篆	僥	隶书	侥	草书	侥

接壤：[jiē rǎng] 交界。

小篆	接	隶书	接	草书	接

解：[jiě] 1. 分开。2. 把束缚着或系着的东西打开：～开、～甲归田。3. 解除。4. 解释。5. 了解；明白。

　　[jiè] 解送。

　　[xiè] 1. 懂得；明白。2. 旧时指杂技表演的各种技艺，特指骑在马上表演的技艺。3. 姓。

小篆	解	隶书	解	草书	解

解剖：[jiě pōu] 1. 为了研究人体或动植物体各器官的生理构造，用特制的刀、剪把人体或动植物体剖开。2. 比喻分析、剖析。

小篆	剖	隶书	剖	草书	剖

浸：[jìn] 1. 泡在液体里。2. 液体渗入或渗出。3. 逐渐。

小篆	浸	隶书	浸	草书	浸

惊惶：[jīng huáng] 惊慌。

小篆	驚	隶书	惊	草书	惊

荆棘：[jīng jí] 泛指山野丛生的带刺的小灌木。

小篆	蒶	隶书	荆	草书	刟

旌旗：[jīng qí] 各种旗子：此去泉台招旧部，～十万斩阎罗。——陈毅《梅岭三章·其一》

小篆	旌	隶书	旌	草书	㧾

炯炯有神：[jiǒng jiǒng yǒu shén] 形容人的眼睛明亮有神。（炯炯，明亮的样子。）

小篆	炯	隶书	炯	草书	炯

迥然不同：[jiǒng rán bù tóng] 形容差别很大，很不相同。（迥然，相差很远的样子。）

小篆	迥	隶书	迥	草书	迥

酒馔：[jiǔ zhuàn] 1. 犹酒食。2. 借指酒席。

小篆	酒	隶书	酒	草书	泛

咎由自取：[jiù yóu zì qǔ] 遭受责备、惩处或祸害是自己造成的。（咎，过失；罪过。）

小篆	咎	隶书	咎	草书	咎

岨：[jū] 带土的石山。

　　[qū] 义同"岨 [jū]"

小篆	—	隶书	岨	草书	—

狙击：[jū jī] 埋伏在隐蔽地点伺机袭击敌人。

小篆	狙	隶书	狙	草书	狙

罥：[juàn] 挂。

小篆	—	隶书	罥	草书	—

眷恋：[juàn liàn]（对自己喜爱的人或事物）深切地留恋。

小篆	眷	隶书	眷	草书	眷

蕨麻：[jué má] 原名人参果，是蔷薇科，委陵菜属多年生草本。

小篆	蕨	隶书	蕨	草书	蕨

君子坦荡荡，小人长戚戚：[jūn zǐ tǎn dàng dàng，xiǎo rén cháng qī qī] 出自《论语·述而》。君子心胸开阔，神定气安。小人斤斤计较，患得患失。

小篆	君	隶书	君	草书	君

坎坷：[kǎn kě] 1. 道路、土地坑坑洼洼。2. 形容经历曲折，不得志。

小篆	坎	隶书	坎	草书	坎

裉：[kèn] 上衣靠腋下的接缝部分。

小篆	裉	隶书	裉	草书	裉

扣人心弦：[kòu rén xīn xián] 形容诗文、表演等感染力强，牵动人心。（扣，敲击。）

小篆	扣	隶书	扣	草书	扣

枯燥：[kū zào] 单调，没有趣味。

小篆	枯	隶书	枯	草书	枯

窥探：[kuī tàn] 暗中察看。

小篆	窥	隶书	窥	草书	窥

愧杀：[kuì shā] 表示很惭愧：美国包着纸的橘子遇到北平带霜儿的玉李，还不～。——老舍《想北平》

小篆	愧	隶书	愧	草书	愧

醪糟：[láo zāo] 江米酒：～蛋花（一道美食，主要食材是醪糟和鸡蛋）。

小篆	醪	隶书	醪	草书	醪

烙印：[lào yìn] 1. 在牲畜或器物上烫的火印，作为标记，比喻不易磨灭的痕迹。 2. 用火烧铁在牲畜或器物上烫成痕迹，比喻深刻地留下印象。

小篆	烙	隶书	烙	草书	烙

棱角：[léng jiǎo] 1. 棱和角：河沟里的石头多半没有～。2. 比喻显露出来的锋芒：他很有心计，但表面不露～。

小篆	棱	隶书	棱	草书	棱

冷酷：[lěng kù]（待人）冷淡苛刻：～无情。

小篆	冷	隶书	冷	草书	冷

醴酪：[lǐ lào] 一种以麦芽糖调制的杏仁麦粥。一直到隋唐时，都还是寒食节的主要食品。

小篆	醴	隶书	醴	草书	醴

历尽沧桑：[lì jìn cāng sāng] 经历了极多的世事变化。（历，经历；沧桑，沧海桑田的缩语。）

小篆	歷	隶书	历	草书	历

立锥之地：[lì zhuī zhī dì] 插锥子的一点儿小地方。形容极小的一块地方（多用在"无"后）。

小篆	立	隶书	立	草书	立

奁：[lián] 古代妇女梳妆用的镜匣：带湖吾甚爱，千丈翠～开。——南宋·辛弃疾《水调歌头》

小篆	奩	隶书	奁	草书	奁

敛声屏气：[liǎn shēng bǐng qì] 不出声，屏住呼吸。形容精神集中。

小篆	𤾊	隶书	敛	草书	敛

两颊：[liǎng jiá] 脸的两侧。

小篆	兩	隶书	两	草书	两

潦倒：[liáo dǎo] 颓丧；失意：艰难苦恨繁霜鬓，～新停浊酒杯。——唐·杜甫《登高》

小篆	潦	隶书	潦	草书	潦

寥寥无几：[liáo liáo wú jǐ] 非常稀少，没有几个。形容数量极少。（寥寥，形容数量少。）

小篆	寥	隶书	寥	草书	寥

伶仃孤苦：[líng dīng gū kǔ] 孤单困苦，无依无靠。（伶仃，孤独、没有依靠。）

小篆	伶	隶书	伶	草书	伶

菱角：[líng jiao] 菱的通称。1. 一年生草本植物，生在池沼中，根生在泥里，浮在水面的叶子略呈三角形，花白色。果实的硬壳大都有角，绿色或褐色，果肉可以吃。2. 这种植物的果实。

小篆	菱	隶书	菱	草书	菱

玲珑剔透：[líng lóng tī tòu] 形容器物精致，孔穴清晰，结构奇巧（多指镂空的工艺品和供玩赏的太湖石等）：当我们踏上～的小桥，落叶在脚下踩得沙沙响。——波兰·雅·伊瓦什凯维奇《肖邦故园》2. 形容人聪明伶俐。（玲珑，精巧；剔透，孔穴明晰。）

小篆	玲	隶书	玲	草书	玲

伶俜：[líng pīng] 孤独；孤单：昼夜勤作息，～萦（yíng）苦辛。——汉乐府诗《孔雀东南飞》

小篆	伶	隶书	伶	草书	伶

掳掠：[lǔ lüè] 掳夺：奸淫～。

小篆	攎	隶书	掳	草书	掳

缕：[lǚ] 1.线：千丝万～、不绝如～。2.一条一条，详详细细。3.用于细长而软的东西。

小篆	縷	隶书	缕	草书	缕

麻痹：[má bì] 1.身体某一部分的感觉能力和运动功能丧失，由神经系统的病变而引起。2.失去警惕性；疏忽。

小篆	痲	隶书	麻	草书	麻

马厩：[mǎ jiù] 饲养马的房子。

小篆	馬	隶书	马	草书	马

芒刺：[máng cì] 1.草木茎叶、果壳上的小刺：～在我眼，焉能待高秋。——唐·杜甫《除草》2.比喻隐患：～在背（像芒和刺扎在背上一样，形容坐立不安。也说如芒在背。）3.比喻言辞尖刻。

小篆	芒	隶书	芒	草书	芒

邙山：[máng shān] 山名，位于河南省洛阳市北，上有道教名观上清宫，相传老子曾在邙山炼丹。

小篆	邙	隶书	邙	草书	邙

魅力：[mèi lì] 很能吸引人的力量。

小篆	魅	隶书	魅	草书	魅

焖：[mèn] 紧盖锅盖，用微火把食物煮熟或炖熟。

小篆	焖	隶书	焖	草书	焖

朦胧：[méng lóng] 1.月光不明。2.不清楚；模糊。

小篆	朦	隶书	朦	草书	朦

萌蘖：[méng niè] 本指事物的萌芽，后比喻事物的开端：激扬新文化之波澜，灌溉新思想之～。（萌，生芽、发芽；蘖，树木砍去后又长出来的新芽。）

| 小篆 | 𦽕 | 隶书 | 萌 | 草书 | 萌 |

梦寐以求：[mèng mèi yǐ qiú] 睡梦中都想着寻找，形容迫切地期望着。出自《诗经·关雎》："窈窕淑女，寤寐求之。"（寐，睡梦中。）

| 小篆 | 夢 | 隶书 | 梦 | 草书 | 梦 |

弥望：[mí wàng] 充满视野：曲曲折折的荷塘上面，～的是田田的叶子。——朱自清《荷塘月色》

| 小篆 | 彌 | 隶书 | 弥 | 草书 | 弥 |

渺茫：[miǎo máng] 1.因遥远而模糊不清：微风过处，送来缕缕清香，仿佛远处高楼上～的歌声似的。——朱自清《荷塘月色》2.因没有把握而难以预期。

| 小篆 | 渺 | 隶书 | 渺 | 草书 | 渺 |

泯灭：[mǐn miè] （形迹、印象等）消灭：最是楚宫俱～，舟人指点到今疑。——唐·杜甫《咏怀古迹》之二

| 小篆 | 泯 | 隶书 | 泯 | 草书 | 泯 |

冥想：[míng xiǎng] 深沉地思索和想象。

| 小篆 | 冥 | 隶书 | 冥 | 草书 | 冥 |

命途多舛：[mìng tú duō chuǎn] 平生经历坎坷，多灾多难：由于他半世坎坷，～，也由于关山阻隔，有国难投。——波兰·雅·伊瓦什凯维奇《肖邦故园》

| 小篆 | 命 | 隶书 | 命 | 草书 | 命 |

谬：[miù] 1.错误；差错：～奖、～论。2.姓。

| 小篆 | 謬 | 隶书 | 谬 | 草书 | 谬 |

谬种：[miù zhǒng] 1. 荒谬错误的言论、学术流派等。2. 坏东西；坏蛋（骂人的话）。

小篆	𥙊	隶书	种	草书	种

磨砺：[mó lì] 摩擦使锐利，比喻磨炼：宝剑锋从～出，梅花香自苦寒来。

小篆	䃺	隶书	磨	草书	磨

嬷嬷：[mó mo] 1. 称呼年老的妇女。 2. 奶妈。

小篆	㜺	隶书	嬷	草书	嬷

模样：[mú yàng] 1. 人的长相或装束打扮的样子。2. 表示约略的情况（只用于时间、年岁）。3. 形势；趋势；情况。

小篆	模	隶书	模	草书	模

攮：[nǎng]（用刀）刺。

小篆	攮	隶书	攮	草书	攮

恼火：[nǎo huǒ] 生气。

小篆	㛴	隶书	恼	草书	恼

内帏：[nèi wéi] 内室，女子的居处。

小篆	內	隶书	内	草书	内

黏合：[nián hé] 用黏性的东西使两个或几个物体粘在一起。

小篆	黏	隶书	黏	草书	黏

袅娜：[niǎo nuó] 1. 草木柔软细长。2. 女子姿态优美。

小篆	裊	隶书	袅	草书	袅

孽根祸胎：[niè gēn huò tāi] 灾祸的根源，旧指坏的儿子。

小篆	孼	隶书	孽	草书	孽

嗫嚅：[niè rú]形容想说话而又吞吞吐吐不敢说出来的样子。

小篆	嗫	隶书	嗫	草书	嗫

傩：[nuó]旧时迎神赛会，驱逐疫鬼。

小篆	傩	隶书	傩	草书	傩

耙：[pá]1. 耙子。2. 用耙子聚拢和散开柴草、谷物等或平整土地。

[bà]1. 碎土、平地的农具，它的用处是把耕过的地里的大土块弄碎弄平。2. 用耙弄碎土块。

小篆	耙	隶书	耙	草书	耙

鞶：[pán]1. 大带子。2. 小囊。

小篆	—	隶书	鞶	草书	—

磐石：[pán shí]厚而大的石头：君当作～，妾当作蒲苇，蒲苇纫如丝，～无转移。——汉乐府诗《孔雀东南飞》

小篆	磐	隶书	磐	草书	磐

炮烙：[páo luò]相传为商代的一种酷刑。用炭火烧热铜柱，让罪人在上面爬，人掉到炭火中被烧死。也叫炮格。

小篆	炮	隶书	炮	草书	炮

彭殇：[péng shāng]长寿和短命：故知一死生为虚诞，齐～为妄作。——东晋·王羲之《兰亭集序》（彭，彭祖，古代传说中的长寿之人；殇，夭折，未成年而死。）

小篆	彭	隶书	彭	草书	彭

皮囊：[pí náng]皮制的口袋，多比喻人的躯体（含贬义）。

小篆	皮	隶书	皮	草书	皮

僻静：［pì jìng］（地方）偏僻清静。

小篆	㑛	隶书	僻	草书	僻

瓢：［piáo］用来舀水或撮取面粉等的器具，多用对半剖开的匏（páo）瓜做成，也有用木头挖成的。

小篆	瓢	隶书	瓢	草书	瓢

颦：［pín］皱眉：一～一笑。

小篆	顰	隶书	颦	草书	颦

贫瘠：［pín jí］（土地）薄，不肥沃。

小篆	貧	隶书	贫	草书	贫

聘礼：［pìn lǐ］1. 订婚时，男家向女家下的彩礼。2. 聘请人做事时表示敬意的礼物。

小篆	聘	隶书	聘	草书	聘

婆娑：［pó suō］1. 盘旋舞动的样子。2. 枝叶扶疏的样子：杨柳～、树影～。3. 眼泪下滴的样子：泪眼～。

小篆	婆	隶书	婆	草书	婆

歧途：［qí tú］歧路，比喻错误的道路：受人蒙骗，误入～。

小篆	歧	隶书	歧	草书	歧

绮靡：［qǐ mǐ］1. 美好；艳丽。2. 侈丽；浮华。3. 风格浮艳柔弱。

小篆	綺	隶书	绮	草书	绮

乾坤：［qián kūn］《易经》的乾卦和坤卦，借指天地、阴阳或江山、局面等：扭转～。

小篆	乾	隶书	乾	草书	乾

缱绻：[qiǎn quǎn] 形容情投意合，难舍难分；缠绵。

小篆	繾	隶书	缱	草书	缱

嵌进：[qiàn jìn] 把物体镶嵌进去。

小篆	嵌	隶书	嵌	草书	嵌

戕害：[qiāng hài] 严重损害；伤害：没有爱的阅读，没有敬重的知识，没有心的教养，是～性灵的最严重的罪过之一。——瑞士·赫尔曼·黑塞《获得教养的途径》

小篆	戕	隶书	戕	草书	戕

强弩之末：[qiáng nǔ zhī mò] 强弩射出的箭，到最后力量弱了，连鲁缟（薄绸子）都穿不透，比喻起初很强后来变得很微弱的力量。出自东汉·班固《汉书·韩安国传》："强弩之末，力不能入鲁缟。"

小篆	强	隶书	强	草书	强

侵扰：[qīn rǎo] 侵犯骚扰。

小篆	侵	隶书	侵	草书	侵

茕茕孑立：[qióng qióng jié lì] 一个人孤零零站在那里，形容孤单，无依无靠：～，形影相吊。——西晋·李密《陈情表》（茕茕，孤独的样子；孑，孤单。）

小篆	茕	隶书	茕	草书	茕

缺憾：[quē hàn] 不够完美，令人感到遗憾的地方。

小篆	缺	隶书	缺	草书	缺

逡巡：[qūn xún] 有所顾虑而徘徊或不敢前进：秦人开关延敌，九国之师，～而不敢进。——西汉·贾谊《过秦论》

小篆	逡	隶书	逡	草书	逡

饶舌：[ráo shé] 1. 唠叨；多嘴。2. 一种带有节奏与押韵的说唱方式。

小篆	饒	隶书	饶	草书	饶

日啖：[rì dàn] 每天吃：～荔枝三百颗，不辞长作岭南人。——北宋·苏轼《惠州一绝》

小篆	日	隶书	日	草书	日

日削月割：[rì xuē yuè gē] 每日每月割让土地。形容一味割地求和：～，以趋于亡。——北宋·苏洵《六国论》

小篆	削	隶书	削	草书	削

柔媚：[róu mèi] 1. 柔和可爱。2. 温柔和顺，讨人喜欢。

小篆	柔	隶书	柔	草书	柔

飒：[sà] 形容风、雨声：秋风～～。

小篆	飒	隶书	飒	草书	飒

瑟瑟：[sè sè] 1. 形容轻微的声音：浔阳江头夜送客，枫叶荻花秋～。——唐·白居易《琵琶行（并序）》2. 形容颤抖：～发抖。

小篆	瑟	隶书	瑟	草书	瑟

讪讪：[shàn shàn] 形容不好意思、难为情的样子：朴斋不好意思，方～的走开。——清·韩邦庆《海上花列传》

小篆	讪	隶书	讪	草书	讪

上阕：[shàng què] 一首词的一段亦称一阕，前一段称"上阕"，后一段称"下阕"。

小篆	上	隶书	上	草书	上

赦：[shè] 赦免。

小篆	赦	隶书	赦	草书	赦

深奥：［shēn ào］（道理、含义）高深不易了解。

小篆	隷书	深	草书	深

深山野墺：［shēn shān yě ào］荒僻的大山深处。

小篆	隷书	山	草书	山

深邃：［shēn suì］1. 深。2. 深奥。

小篆	隷书	邃	草书	邃

神谕：［shén yù］神的指示。

小篆	隷书	神	草书	神

牲醴：［shēng lǐ］1. 祭祀用的牲口和甜酒。2. 宴飨（xiǎng）用的牲和醴。

小篆	隷书	牲	草书	牲

嗜好：［shì hào］特殊的爱好（多指不良的）。

小篆	隷书	嗜	草书	嗜

嗜杀：［shì shā］喜好杀戮（lù）。

小篆	隷书	杀	草书	余

瘦削：［shòu xuē］形容身体或脸很瘦。

小篆	隷书	瘦	草书	瘦

书籍：［shū jí］书。

小篆	隷书	书	草书	书

朔风：［shuò fēng］北风。

小篆	隷书	朔	草书	朔

丝绦：[sī tāo] 丝编的带子或绳子：碧玉妆成一树高，万条垂下绿～。——唐·贺知章《咏柳》

小篆	絲	隶书	**丝**	草书	丝

悚然：[sǒng rán] 害怕的样子。

小篆	㦦	隶书	**悚**	草书	悚

送灶：[sòng zào] 传统节日民俗和民间宗教活动之一。

小篆	讃	隶书	**送**	草书	送

簌簌：[sù sù] 1. 形容风吹叶子等的声音。2. 形容眼泪等纷纷落下的样子。3. 形容肢体发抖的样子。

小篆	簌	隶书	**簌**	草书	簌

夙愿：[sù yuàn] 一向怀着的愿望。也作宿愿。

小篆	㑴	隶书	**夙**	草书	夙

隧道：[suì dào] 在山中、地下或海底开凿或挖掘成的通路。

小篆	隧	隶书	**隧**	草书	隧

碎琼乱玉：[suì qióng luàn yù] 指地上的雪：雪地里踏着～，迤逦背着北风而行。——明·施耐庵《水浒传》（琼，美玉。）

小篆	㱿	隶书	**碎**	草书	碎

榫头：[sǔn tou] 竹、木、石制器物或构件上利用凹凸方式相接处凸出的部分：椅子上的～脱下来了。

小篆	榫	隶书	**榫**	草书	榫

琐碎：[suǒ suì] 细小而繁多：中国画重传神，故必删除～而特写其主题，以求印象的强明。——丰子恺《中国画与西洋画》

小篆	瓊	隶书	琐	草书	琐

台矶：[tái jī] 台阶。

小篆	𩇔	隶书	台	草书	台

坍塌：[tān tā]（山坡、河岸、建筑物或堆积的东西）倒下来。

小篆	坍	隶书	坍	草书	坍

谈笑风生：[tán xiào fēng shēng] 形容谈话谈得高兴而有风趣。

小篆	談	隶书	谈	草书	谈

忐忑不安：[tǎn tè bù ān] 心神极为不安。

小篆	忐	隶书	忐	草书	忐

陶冶：[táo yě] 烧造陶器和冶炼金属，比喻给人的思想、性格以有益的影响。

小篆	陶	隶书	陶	草书	陶

天赋：[tiān fù] 1. 自然赋予；生来就具备。2. 天资。

小篆	兲	隶书	天	草书	天

天籁：[tiān lài] 自然界的声音，如风声、鸟声、流水声等。

小篆	籟	隶书	籁	草书	籁

天理昭然：[tiān lǐ zhāo rán] 迷信说法，认为天能分辨善恶，主持公道，会给善恶以相应的报应。

小篆	理	隶书	理	草书	理

通衢：[tōng qú] 四通八达的道路；大道。

小篆	䚶	隶书	通	草书	通

彤云：[tóng yún] 1. 红霞。2. 下雪前密布的阴云。

小篆	彤	隶书	彤	草书	彤

推崇：[tuī chóng] 十分推重：～备至。

小篆	推	隶书	推	草书	推

褪色：[tuì sè] 布匹、衣服等的颜色逐渐变淡：这种布下水后～。

小篆	褪	隶书	褪	草书	褪

吞噬：[tūn shì] 1. 吞食。2. 并吞。

小篆	吞	隶书	吞	草书	吞

瓦砾：[wǎ lì] 破碎的砖头、瓦片：～堆（形容建筑物被破坏后的景象）。

小篆	员	隶书	瓦	草书	瓦

纨绔：[wán kù] 细绢做的裤子，泛指富家子弟的华美衣着，也借指富家子弟："寄言～与膏粱：莫效此儿形状。"——清·曹雪芹《红楼梦》

小篆	纨	隶书	纨	草书	纨

绾：[wǎn] 把长条形的东西盘绕起来打成结。

小篆	绾	隶书	绾	草书	绾

望洋兴叹：[wàng yáng xīng tàn] 本义指在伟大事物面前感叹自己的渺小，今多指要做一件事而力量不够，感到无可奈何。（望洋，抬头向上看的样子。）

小篆	望	隶书	望	草书	望

葳蕤：[wēi ruí] 形容枝叶繁盛：妾有绣腰襦，～自生光。——汉乐府诗《孔雀东南
　飞》

小篆	蕤	隶书	葳	草书	葳

桅杆：[wéi gān] 1. 船上挂帆的杆子。2. 轮船上悬挂信号、装设天线、支撑观测台
　的高杆。

小篆	橨	隶书	桅	草书	桅

蜼：[wěi] 长尾猿。

小篆	—	隶书	蜼	草书	—

慰勉：[wèi miǎn] 安慰勉励。

小篆	慰	隶书	慰	草书	慰

尉佗：[wèi tuó] 也作尉他，即赵佗。秦朝人，奉秦始皇命令征岭南，攻取桂林郡、
　象郡，后自立为南越王，治理当时的南越近八十年，为开发岭南、维护多民族国
　家统一做出了贡献。

小篆	尉	隶书	尉	草书	尉

蓊蓊郁郁：[wěng wěng yù yù] 树木茂郁的样子。

小篆	蓊	隶书	蓊	草书	蓊

无常：[wú cháng] 1. 时常变化；变化不定。2. 鬼名，迷信的人认为人将死时常有
　"无常鬼"来勾魂。 3. 委婉的说法，指人死。

小篆	無	隶书	无	草书	无

无动于衷：[wú dòng yú zhōng] 心里一点儿不受感动；一点儿也不动心。指对令人
　感动或应该关注的事情毫无反应或漠不关心。

小篆	動	隶书	动	草书	动

无聊赖：[wú liáo lài] 没有凭借或依赖，指十分无聊或潦倒失意：惟朕一身，独
～。——唐·房玄龄等《晋书·慕容德载记》

小篆	聊	隶书	聊	草书	聊

庑：[wǔ] 正房对面和两侧的小屋子。

小篆	廡	隶书	庑	草书	庑

五更天：[wǔ gēng tiān] 1. 旧时从黄昏到拂晓一夜间分为五更。2. 指第五更。语出
"三更灯火五更鸡"，形容人读书用功。

小篆	𝕏	隶书	五	草书	五

妩媚：[wǔ mèi] 形容女子、花木等姿态美好可爱。

小篆	嫵	隶书	妩	草书	妩

雾缭烟绕：[wù liáo yān rào] 形容一种朦胧的、看不清东西的感觉。同"烟雾缭绕"。

小篆	霿	隶书	雾	草书	雾

兀自：[wù zì] 仍旧；还是。

小篆	兀	隶书	兀	草书	兀

熙熙攘攘：[xī xī rǎng rǎng] 形容人来人往，非常热闹。出自西汉·司马迁《史记·
货殖列传》："天下熙熙，皆为利来；天下攘攘，皆为利往。"（熙熙，和乐的样子；
攘攘，纷乱的样子。）

小篆	熙	隶书	熙	草书	熙

洗漱：[xǐ shù] 洗脸漱口。

小篆	洗	隶书	洗	草书	洗

狭隘: [xiá ài] 1. 宽度小。2. 范围小。3. (心胸、气量、见识等) 局限在一个小范围里;不宽广;不宏大。

小篆	狹	隶书	狭	草书	狭

遐想: [xiá xiǎng] 悠远地思索或想象:~联翩、闭目~。

小篆	遐	隶书	遐	草书	遐

纤丽: [xiān lì] 1. 纤细秀美。2. 精细华丽。3. 指艺术风格上的细巧华美。

小篆	纖	隶书	纤	草书	纤

衔: [xián] 1. 马嚼子。2. 用嘴含。3. 存在心里。4. 接受;奉。5. 相连接。6. 行政、军事、教学或科研等系统中人员的等级或称号:官~、头~。

小篆	衔	隶书	衔	草书	衔

逍遥: [xiāo yáo] 没有什么约束,自由自在:何时杖策相随去,任性~不学禅。——北宋·苏轼《寄净慈本长老》

小篆	逍	隶书	逍	草书	逍

小厮: [xiǎo sī] 未成年的男性仆从 (多见于早期白话)。

小篆	小	隶书	小	草书	小

小幺儿: [xiǎo yāo r] 1. 旧称官府中供奔走的小差役。2. 少年男仆。3. 现在通常指家中最小的孩子。

小篆	幺	隶书	幺	草书	幺

孝悌: [xiào tì] 孝敬父母,友爱兄弟:谨庠序之教,申之以~之义,颁白者不负戴于道路矣。——战国·孟子《孟子·梁惠王上·寡人之于国也》(孝,对父母还报的爱;悌,兄弟姊妹的友爱。)

小篆	孝	隶书	孝	草书	孝

心荡神驰：[xīn dàng shén chí] 心神飘荡，不能控制自己。

小篆	㿱	隶书	心	草书	心

心扉：[xīn fēi] 人的内心。

小篆	扉	隶书	扉	草书	扉

馨香：[xīn xiāng] 1. 芳香，比喻德化远播。2. 烧香的香味。

小篆	馨	隶书	馨	草书	馨

歆享：[xīn xiǎng] 1. 旧指鬼神享受祭品、香火。2. 神灵享受供物：只觉得天地圣众～了牲醴和香烟，都醉醺醺地在空中蹒跚，预备给鲁镇人们以无限的幸福。——鲁迅《祝福》

小篆	歆	隶书	歆	草书	歆

欣悦：[xīn yuè] 欣喜，欢悦：他露出了～的笑容。

小篆	欣	隶书	欣	草书	欣

新正：[xīn zhēng] 农历的正月。

小篆	新	隶书	新	草书	新

形骸：[xíng hái] 人的形体：或因寄所托，放浪～之外。——东晋·王羲之《兰亭集序》

小篆	形	隶书	形	草书	形

修禊：[xiū xì] 古代中原民族消灾祈福礼仪：永和九年，岁在癸丑，暮春之初，会于会稽山阴之兰亭，～事也。——东晋·王羲之《兰亭集序》

小篆	修	隶书	修	草书	修

臭迹：[xiù jì]（动物的）气味痕迹。

小篆	臭	隶书	臭	草书	臭

喧阗：[xuān tián] 声音大而杂；喧闹：归来车马已喧阗。——北宋·苏轼《谢赐燕并御书进》

小篆	喧	隶书	喧	草书	喧

雪橇：[xuě qiāo] 用狗、鹿、马等拉着在冰雪上滑行的一种没有轮子的交通工具。

小篆	雪	隶书	雪	草书	雪

熏：[xūn] 1.（烟、气等）接触物体，使变颜色或沾上气味。2. 熏制（食品）。3. 和暖：～风。

[xùn]（煤气）使人窒息中毒。

小篆	熏	隶书	熏	草书	熏

驯熟：[xùn shú] 1. 驯顺。2. 熟练；纯熟。

小篆	驯	隶书	驯	草书	驯

丫鬟：[yā huan] 婢女。也作丫环。

小篆	丫	隶书	丫	草书	丫

烟霭：[yān ǎi] 云雾。

小篆	烟	隶书	烟	草书	烟

湮没：[yān mò] 埋没：～无闻。

小篆	湮	隶书	湮	草书	湮

掩面涕泣：[yǎn miàn tí qì] 捂着脸哭，比喻人遇到极其难过的事时哭。

小篆	掩	隶书	掩	草书	掩

俨然：[yǎn rán] 1. 形容庄严：望之～。2. 形容齐整：屋舍～。3. 形容很像：这孩子说起话来，～是个大人。

小篆	俨	隶书	俨	草书	俨

谚语：[yàn yǔ] 在民间流传的固定语句，用简单通俗的话反映出深刻的道理。如"风后暖，雪后寒"，"三个臭皮匠，赛过诸葛亮"，"三百六十行，行行出状元"。

小篆		隶书	谚	草书	谚

央浼：[yāng měi] 恳求；请求。

小篆		隶书	央	草书	央

养尊处优：[yǎng zūn chǔ yōu] 生活在尊贵、优裕的环境中（多含贬义）。

小篆		隶书	养	草书	养

怏怏：[yàng yàng] 形容不满意或不高兴的神情：袁绍～而别。——明·罗贯中《三国演义》

小篆		隶书	怏	草书	怏

一瞥：[yī piē] 1. 用眼一看，也指极短的时间。2. 一眼看到的概况（多用于文章标题）。

小篆	一	隶书	一	草书	一

依稀：[yī xī] 模模糊糊：～可辨。

小篆		隶书	依	草书	依

彝：[yí] 1. 古代盛酒的器具，也泛指祭器。2. 法度；常规。3. 彝族。

小篆		隶书	彝	草书	彝

迤逦：[yǐ lǐ] 1. 曲折连绵。2. 一路走去，绕来绕去：一地里投奔人不着，～不想来到沧州。——明·施耐庵《水浒传》

小篆		隶书	迤	草书	迤

以逸待劳：[yǐ yì dài láo] 作战的时候采取守势，养精蓄锐，等待来攻的敌人疲劳后再出击。

小篆		隶书	以	草书	以

邑：[yì] 1. 城市。2. 古时县的别称。

小篆	邑	隶书	邑	草书	邑

翌年：[yì nián] 次年，第二年。

小篆	翌	隶书	翌	草书	翌

银镯：[yín zhuó] 银制的戴在手腕上的环形装饰品。

小篆	銀	隶书	银	草书	银

喁：[yóng] 鱼口向上，露出水面。

[yú] 应和的声音。

喁喁 [yóng yóng] 众人景仰归向的样子。

喁喁 [yú yú] 1. 随声附和。2. 形容说话的声音（多用于小声说话）：～私语。

小篆	喁	隶书	喁	草书	喁

甬道：[yǒng dào] 1. 大的院落或墓地中间对着厅堂、坟墓等主要建筑物的路，多用砖石砌成，也叫甬路。2. 走廊；过道。

小篆	甬	隶书	甬	草书	甬

永诀：[yǒng jué] 永别。

小篆	永	隶书	永	草书	永

黝：[yǒu] 黑；黑暗：～黑、黑～～。

小篆	黝	隶书	黝	草书	黝

有条不紊：[yǒu tiáo bù wěn] 形容说话、做事有条有理，丝毫不乱。（紊，乱。）

小篆	有	隶书	有	草书	有

囿：[yòu] 1. 围起来的养动物的园林：苑～。2. 局限；拘泥：～于成见。

小篆	囿	隶书	囿	草书	囿

怨府：［yuàn fǔ］大家怨恨的对象。

小篆	怨	隶书	怨	草书	怨

晕眩：［yūn xuàn］眩晕；头脑发晕。也形容身体乏力。

小篆	暈	隶书	晕	草书	晕

匀调：［yún tiáo］1. 均匀；适当。2. 犹匀称。谓各部分搭配得很合适。

小篆	匀	隶书	匀	草书	匀

錾：［zàn］1. 在砖石上凿；在金银上刻。2. 錾子；錾刀。

小篆	錾	隶书	錾	草书	錾

造诣：［zào yì］学问、艺术等所达到的程度。

小篆	造	隶书	造	草书	造

渣滓：［zhā zǐ］1. 物品提出精华后剩下的东西。2. 比喻品质恶劣、对社会起破坏作用的人，如盗贼、骗子、流氓：社会～。

小篆	渣	隶书	渣	草书	渣

蘸酒：［zhàn jiǔ］在酒里蘸一下就拿出来。

小篆	蘸	隶书	蘸	草书	蘸

战战兢兢：［zhàn zhàn jīng jīng］1. 形容因害怕而微微发抖的样子。2. 形容小心谨慎的样子。

小篆	戰	隶书	战	草书	战

胀死：［zhàng sǐ］撑死。

小篆	脹	隶书	胀	草书	胀

朝：[zhāo] 1. 早晨：～阳、～思暮想、～秦暮楚（喻反复无常）。2. 日；天：今～、明～。

　　[cháo] 1. 朝廷，也指当政的地位（跟"野"相对）。2. 朝代。3. 一个君主的统治时期。4. 朝见；朝拜。5. 面对着；向。6. 表示动作的方向。7. 姓。

小篆	𣍘	隶书	朝	草书	胡

着：[zhe] 1. 表示动作的持续。2. 表示状态的持续。3. 用在动词或表示程度的形容词后面，加强命令或嘱咐的语气。4. 加在某些词后面，构成介词。

　　[zhāo] 1. 下棋时下一子或走一步叫一着。2. 同"招"。3. 放；搁进去。4. 用于应答，表示同意。

　　[zháo] 1. 接触；挨上。2. 感受；受到。3. 燃烧，也指灯发光（跟"灭"相对）。4. 用在动词后，表示已经达到目的或有了结果。5. 入睡。

　　[zhuó] 1. 穿（衣）。2. 接触；挨上。3. 使接触别的事物；使附着在别的物体上。4. 着落。5. 派遣。6. 公文用语，表示命令的口气。

小篆	䔙	隶书	着	草书	着

针灸：[zhēn jiǔ] 针法和灸法的合称。针法是把毫针按一定穴位刺入患者体内，用捻、提等手法来治疗疾病；灸法是把燃烧着的艾绒按一定穴位熏灼皮肤，利用热的刺激来治疗疾病。

小篆	鍼	隶书	针	草书	针

狰狞：[zhēng níng]（面目）凶恶。

小篆	猙	隶书	狰	草书	狰

怔怔：[zhèng zhèng] 形容发愣的样子。

小篆	㤝	隶书	怔	草书	怔

支吾：[zhī wu] 说话含混躲闪；用含混的话搪塞。

小篆	𠦬	隶书	支	草书	支

咫尺：[zhǐ chǐ] 比喻很近的距离：天威不违颜～。——春秋·左丘明《左传·僖公九年》

小篆	㕟	隶书	咫	草书	咫

窒息：[zhì xī] 因外界氧气不足或呼吸系统发生障碍而呼吸困难甚至停止呼吸。

小篆	窒	隶书	窒	草书	窒

中人：[zhōng rén] 1. 为双方介绍买卖、调解纠纷等并做见证的人。2. 在身材、相貌、智力等方面居于中等的人。

小篆	中	隶书	中	草书	中

周正：[zhōu zhèng] 端正：模样～。

小篆	周	隶书	周	草书	周

珠玑：[zhū jī] 1. 珠子。2. 比喻优美的文章或词句：满腹～（形容人很有文才）、口吐～（形容说话有文采）、字字～（比喻说话、文章的词句十分优美）。

小篆	珠	隶书	珠	草书	珠

朱拓：[zhū tà] 用银朱等红颜料从碑刻上拓印下来的文字或图形。

小篆	朱	隶书	朱	草书	朱

竹篁：[zhú huáng] 同"竹黄"。一种工艺品。把竹筒去青、煮、晒、压平后，里面向外胶合或镶嵌在木胎上，然后磨光，刻上人物、山水、花鸟等。产品以果盒、文具盒等为主。

小篆	竹	隶书	竹	草书	竹

煮熟：[zhǔ shú] 食物烧煮到可吃的程度。

小篆	煮	隶书	煮	草书	煮

箸：[zhù] 筷子。

小篆	箸	隶书	箸	草书	箸

贮藏：［zhù cáng］储藏。

小篆	𧶠	隶书	贮	草书	贮

啭：［zhuàn］鸟婉转地叫。

小篆	囀	隶书	啭	草书	啭

撰文：［zhuàn wén］写文章。

小篆	譔	隶书	撰	草书	撰

桌帏：［zhuō wéi］也称桌围，围在桌子边的装饰物，多以布或绸缎做成。

小篆	桌	隶书	桌	草书	桌

孜孜以求：［zī zī yǐ qiú］比喻不知疲倦地探求，含褒义。指人学习的态度好，认真。

小篆	孜	隶书	孜	草书	孜

紫檀：［zǐ tán］1. 常绿乔木，羽状复叶，小叶卵形，花黄色，结荚果。木材坚硬，红棕色，木纹美观，可用来制作贵重家具或乐器等。原产印度尼西亚、马来西亚等地。2. 这种植物的木材。

小篆	紫	隶书	紫	草书	紫

紫绡：［zǐ xiāo］紫色的生丝或生丝织品：壳如红缯，膜如～。——唐·白居易《荔枝图序》（绡，生丝或生丝织品。）

小篆	綃	隶书	绡	草书	绡

棕褐：［zōng hè］一种颜色。

小篆	棕	隶书	棕	草书	棕

攥住：［zuàn zhù］用手紧紧抓着、握住或抓稳某物。

小篆	攥	隶书	攥	草书	攥

提高篇

第四章　拓展字词

腌臜：[ā za] 1.脏；不干净：屋里太～了，快打扫一下。2.指（心里）别扭，不痛

快：事情没办成，～透了。3.糟践；使难堪：别～人了。

小篆	腌	隶书	**腌**	草书	腌

哀悼：[āi dào] 悲痛地悼念（死者）：为～汶川地震遇难的人们，学校的国旗徐徐下

降至一半。

小篆	哀	隶书	**哀**	草书	哀

哀号：[āi háo] 悲哀地号哭。也作哀嚎。

小篆	號	隶书	**号**	草书	号

哀伤：[āi shāng] 悲伤。

小篆	傷	隶书	**伤**	草书	伤

爱慕：[ài mù] 1.由于喜欢或敬重而愿意接近。2.因喜爱而向往。

小篆	愛	隶书	**爱**	草书	爱

氨基酸：[ān jī suān] 分子中同时含有氨基和羧基的有机化合物，是组成蛋白质的基本单位。

小篆	氨	隶书	氨	草书	氨

安慰：[ān wèi] 1. 使心情安适。2. 因精神上得到满足而心情安适。

小篆	安	隶书	安	草书	安

安逸：[ān yì] 安闲舒适。

小篆	逸	隶书	逸	草书	逸

肮脏：[āng zāng] 1. 脏；不干净。2.（思想、行为等）卑鄙、丑恶。（"肮"和"脏"各自的词义原先没有不洁净这个义项。"肮"本义是咽喉，"脏"本义是身体内部器官的总称，"肮脏"古义有两个意思，一是高亢刚直的样子，一是身躯肥胖的样子。）

小篆	肮	隶书	肮	草书	肮

懊悔：[ào huǐ] 做错了事或说错了话，心里自恨不应该这样。出自明·冯梦龙《醒世恒言·卖油郎独占花魁》："九妈见了这锭大银，已自不忍释手，又恐怕他一时高兴，日后没了本钱，心中～，也要尽他一句才好。"

小篆	懊	隶书	懊	草书	懊

奥秘：[ào mì] 深奥的尚未被认识的秘密：成功的～在于目标的坚定。

小篆	奥	隶书	奥	草书	奥

芭蕉：[bā jiāo] 大蕉的统称。1. 多年生草本植物，叶子大，花白色，果实似香蕉，可以吃。2. 这种植物的果实。

尽日高斋无一事，～叶上独题诗。——唐·韦应物《闲居寄诸弟》

流光容易把人抛，红了樱桃，绿了～。——南宋·蒋捷《一剪梅·舟过吴江》

窗前谁种～树？阴满中庭。阴满中庭，叶叶心心，舒卷有余情。——南宋·李清照《添字采桑子·窗前谁种芭蕉树》

小篆	芭	隶书	芭	草书	芭

跋扈：[bá hù] 专横暴戾，欺上压下：这位是～将军。——南朝·范晔《后汉书·梁
　　冀传》

小篆	跊	隶书	跋	草书	跋

白暨豚：[bái jì tún] 哺乳动物，生活在淡水中，比海里的鲸小，身体呈纺锤形，背
　　部浅灰蓝色，腹部白色，有背鳍，是我国特有的珍贵动物。也叫白鳍豚。

小篆	白	隶书	白	草书	白

白术：[bái zhú] 多年生草本植物，叶柄长，花紫红色。根状茎肥大，可入药。

小篆	术	隶书	术	草书	术

板胡：[bǎn hú] 胡琴的一种，琴筒呈半球形，口上蒙着薄板，发音高亢。

小篆	版	隶书	板	草书	板

板栗：[bǎn lì] 栗子。

小篆	栗	隶书	栗	草书	栗

棒槌：[bàng chui] 1.捶打用的木棒（多用来洗衣服）。2.指外行（多用于戏曲界）。

小篆	棒	隶书	棒	草书	棒

宝藏：[bǎo zàng] 储藏的珍宝或财富。多指矿产。

小篆	宝	隶书	宝	草书	宝

暴殄天物：[bào tiǎn tiān wù] 任意糟蹋东西。（殄，灭绝；天物，指自然界的鸟兽
　　草木等。）

小篆	暴	隶书	暴	草书	暴

悲怆：[bēi chuàng] 悲伤：秋雨来临，仿佛云在落泪，风在哭泣，大地万物处于～
　　之中。

小篆	悲	隶书	悲	草书	悲

悲痛：［bēi tòng］伤心：归来～不能食，壁上遗墨如栖鸦。——北宋·苏舜钦《哭曼卿》

小篆	慟	隶书	痛	草书	痛

背篓：［bēi lǒu］背在背上装东西的篓子。

小篆	背	隶书	背	草书	背

杯盘狼藉：［bēi pán láng jí］杯盘等放得乱七八糟，形容宴饮后桌上凌乱的样子。

小篆	杯	隶书	杯	草书	杯

卑微：［bēi wēi］地位低下：伟大的需要使人崇高，～的需要使人沉沦。——德·歌德

小篆	卑	隶书	卑	草书	卑

蹦跳：［bèng tiào］跳跃。

小篆	蹦	隶书	蹦	草书	蹦

彼此：［bǐ cǐ］1.那个和这个；双方。2.客套话，表示大家一样（常叠用作答话）。

小篆	彼	隶书	彼	草书	彼

匕首：［bǐ shǒu］短剑或狭长的短刀。

小篆	匕	隶书	匕	草书	匕

毕竟：［bì jìng］表示追根究底所得出的结论，强调事实或原因：～西湖六月中，风光不与四时同。——南宋·杨万里《晓出净慈寺送林子方》

小篆	毕	隶书	毕	草书	毕

闭塞：［bì sè］1.堵塞：天地不通，～而成冬。——《礼记·月令》2.交通不便；偏僻；风气不开。3.消息不灵通。

小篆	闭	隶书	闭	草书	闭

编码：[biān mǎ] 1. 用预先规定的方法将文字、数字或其他对象编成代码，或将信息、数据转换成规定的电脉冲信号。广泛使用在计算机、电视、遥控和通信等方面。2. 用预先规定的方法编成的代码；由信息、数据转换成的规定的电脉冲信号。

小篆	編	隶书	编	草书	编

变幻多姿：[biàn huàn duō zī] 意思是千变万化，变幻无常：假如我是个诗人，我就要写出一首长诗，来描绘她们的～的旋舞。——冰心《观舞记》

小篆	𦱤	隶书	变	草书	变

辫子：[biàn zi] 1. 把头发分股交叉编成的条条儿。据考古材料证实，周代已有梳发辫的习尚，并有双辫和单辫之分。2. 像辫子的东西。3. 比喻把柄。

小篆	辮	隶书	辫	草书	辫

标志：[biāo zhì] 也作标识。1. 表明特征的记号或事物。2. 表明某种特征：伟大人物的最明显的～，就是他坚强的意志。——美国·爱迪生

小篆	標	隶书	标	草书	标

标致：[biāo zhì] 相貌、姿态美丽（多用于女子）：她梳了一个流行的发型，看起来越发～了。

小篆	致	隶书	致	草书	致

别墅：[bié shù] 在郊区或风景区建造的供休养或居住用的园林住宅：幽静的山林里，一套欧式～映入人们的眼帘。

小篆	別	隶书	别	草书	别

冰雹：[bīng báo] 空中降下来的冰块，呈球形或不规则形，多在晚春和夏季午后伴同雷阵雨出现，给农作物带来很大危害。通称雹子，也叫雹：秋风来万壑，蝘蜥吐～。雷吼弹丸飞，四海洰阴浊。——南宋·何梦桂《和虑可庵悲秋十首》

小篆	冰	隶书	冰	草书	冰

槟榔：[bīng láng] 1. 常绿乔木，果实可以吃，也供药用，生长在热带地区。2. 这种植物的果实：可怜赫赫丹阳尹，数颗～尚系怀。——南宋·陆游《读史》

小篆	檳	隶书	槟	草书	槟

病毒：[bìng dú] 1. 比病菌更小的病原体，多用电子显微镜才能看见。没有细胞结构，但有遗传、变异等生命特征，一般能通过能阻挡细菌的过滤器，所以也叫滤过性病毒。天花、麻疹、牛瘟等就是由不同的病毒引起的。2. 指计算机病毒。

小篆	病	隶书	病	草书	病

菠菜：[bō cài] 一年生或两年生草本植物，叶子略呈三角形，根略带红色，是常见蔬菜。有的地区叫菠薐菜。

小篆	菠	隶书	菠	草书	菠

菠萝：[bō luó] 也叫凤梨。1. 多年生草本植物，叶子大，边缘锯齿形，花紫色，果实密集在一起，外部呈鳞片状，果肉味甜酸，有很浓的香味。产于热带地区，我国广东、广西、海南、云南、福建、台湾等地都有出产。2. 这种植物的果实。

小篆	蘿	隶书	萝	草书	萝

玻璃：[bō li] 1. 一种质地硬而脆的透明物体，没有一定的熔点。一般用石英砂、石灰石、纯碱等混合后，在高温下熔化、成型、冷却后制成：一掬木犀花，泛泛～盏。——南宋·洪适《生查子》2. 指某些像玻璃的塑料。

小篆	玻	隶书	玻	草书	玻

波斯菊：[bō sī jú] 一种一年或多年生草本观赏植物，花红色或白色。

小篆	波	隶书	波	草书	波

驳斥：[bó chì] 反驳错误的言论或意见：在这次访谈中，霍金还～了死亡之后生命依然存在的理念。

小篆	駁	隶书	驳	草书	驳

博学多识：[bó xué duō shí] 学问广博，见识丰富：书籍使一些人～，但也使一些食而不化的人疯疯癫癫。

小篆	博	隶书	**博**	草书	博

薄荷：[bò he] 多年生草本植物，茎叶有清凉的香气，可入药，提炼出的芳香化合物可用于医药、食品等方面：～花开蝶翅翻，风枝露叶弄秋妍。——南宋·陆游《题画薄荷扇》

小篆	薄	隶书	**薄**	草书	薄

哺乳：[bǔ rǔ] 用乳汁喂；喂奶：燕子尚知道反哺老燕，羊儿还知道跪谢～恩，何况我们是万灵之长的人类。

小篆	哺	隶书	**哺**	草书	哺

不朽：[bù xiǔ] 永不磨灭（多用于抽象事物）：这是～的荣誉。

小篆	不	隶书	**不**	草书	不

擦拭：[cā shì] 用布、手巾等摩擦使干净。

小篆	擦	隶书	**擦**	草书	擦

蚕豆：[cán dòu] 也叫胡豆。1. 一年生或两年生草本植物，花白色有紫斑，结荚果。种子供食用：～花开映女桑，方茎碧叶吐芬芳。——清·汪士慎《蚕豆花香图》2. 这种植物的荚果或种子。

小篆	蚕	隶书	**蚕**	草书	蚕

惭愧：[cán kuì] 1. 因为自己有缺点、做错了事或未尽到责任而感到不安：～梦魂无远近，不辞风雪到长滩。——唐·元稹《长滩梦李绅》2. 谦词，多用于受到别人的称赞表示不敢当。

小篆	惭	隶书	**惭**	草书	惭

苍茫：[cāng máng] 空旷辽远，没有边际：怅寥廓，问～大地，谁主沉浮？——毛泽东《沁园春·长沙》

小篆	蒼	隶书	苍	草书	苍

苍穹：[cāng qióng] 天空：雨到临川愧罔功，只凭心事对～。江乡又喜今年熟，一笑归田作好冬。——南宋·赵时焕《疏山》

小篆	窮	隶书	穹	草书	穹

藏污纳垢：[cáng wū nà gòu] 比喻包容坏人坏事。也说藏垢纳污。

小篆	藏	隶书	藏	草书	藏

嘈杂：[cáo zá]（声音）杂乱；喧闹：夜晚的海边十分宁静，没有～的说话声。

小篆	嘈	隶书	嘈	草书	嘈

草菅人命：[cǎo jiān rén mìng] 把人命看得和野草一样，指任意残杀人民：所以说为官做吏的人，千万不要～，视同儿戏！——明·凌濛初《初刻拍案惊奇》

小篆	菅	隶书	草	草书	草

草莓：[cǎo méi] 1. 多年生草本植物，植株矮，有匍匐茎，叶子椭圆形，花白色。花托红色，肉质，多汁，味道酸甜，可以吃。2. 这种植物的花托和种子。

小篆	莓	隶书	莓	草书	莓

测量：[cè liáng] 用仪器确定空间、时间、温度、速度、功能等有关数值：人的生活像广阔的海洋一样深，在它未经～的深度中保存着无数的奇迹。——俄国·别林斯基。

小篆	測	隶书	测	草书	测

策略：[cè lüè] 1. 根据形势发展而制订的行动方针和斗争方式。2. 讲究斗争艺术；注意方式方法：成大事者，处变有～，忍辱能负重，遇危而不惊，受屈不发怒。

小篆	策	隶书	策	草书	策

层峦叠嶂：[céng luán dié zhàng] 形容山峰多而险峻：方丈檐间，~，奔腾飞动，近者数十里，远者数百里，争奇竞秀。——南宋 · 陆九渊《与王谦仲书》（层峦，重重叠叠的山岭；叠嶂，重叠的山峰。）

小篆	層	隶书	层	草书	层

插科打诨：[chā kē dǎ hùn] 指戏曲演员在演出中穿插些滑稽的谈话和动作来引人发笑：事情出了岔子的时候，~，轻松地把责任卸在别人头上。——丁玲《太阳照在桑干河上》

小篆	插	隶书	插	草书	插

刹那：[chà nà] 极短的时间：愁恨僧只长，欢荣~促。——唐 · 白居易《和梦游春》

小篆	刹	隶书	刹	草书	刹

诧异：[chà yì] 觉得奇怪：他这是怎么啦？人们很~，都静下来，望着他。——何士光《乡场上》

小篆	詫	隶书	诧	草书	诧

拆散：[chāi sǎn] 使成套的物件分散。

[chāi sàn] 使家庭、集体等分散：谁教你抛弃了旧侣，~了阵字。——闻一多《孤雁》

小篆	拆	隶书	拆	草书	拆

柴扉：[chái fēi] 用散碎木柴、树枝等做成的简陋的门：

应怜屐齿印苍苔，小扣~久不开。——南宋 · 叶绍翁《游园不值》

还闻稚子说，有客款~。——南朝 · 范云《赠张徐州稷》

城郭休过识者稀，哀猿啼处有~。——唐 · 李商隐《访隐者不遇成二绝》

小篆	柴	隶书	柴	草书	柴

柴胡：[chái hú] 多年生草本植物，叶子条形，花小，黄色，果实椭圆形，根可入药。

小篆	胡	隶书	胡	草书	胡

豺狼：[chái láng] 豺和狼，比喻凶狠残忍的人：欲悲闻鬼叫，我哭～笑。——《天安门诗抄·扬眉剑出鞘》

小篆	豺	隶书	豺	草书	豺

掺和：[chān huo] 1. 掺杂混合在一起。2. 参加进去（多指搅乱、添麻烦）：这牲口交到我手归我管，我的事儿不用你～。——杜澎《双窝车》

小篆	掺	隶书	掺	草书	掺

蟾蜍：[chán chú] 1. 两栖动物，身体表面有许多疙瘩，内有毒腺，能分泌黏液，吃昆虫、蜗牛等小动物，对农业有益。通称癞蛤蟆或疥蛤蟆。2. 传说月亮里面有三条腿的蟾蜍，因此，古代诗文里常用来指月亮。

小篆	蟾	隶书	蟾	草书	蟾

蟾宫折桂：[chán gōng zhé guì] 攀折月宫桂花，科举时代称考取进士。在中国封建社会科举场，每年秋闱大比刚好在八月，所以人们将科举应试得中者称为"月中折桂"或"蟾宫折桂"。（蟾宫，月宫。）

小篆	宫	隶书	宫	草书	宫

缠绕：[chán rào] 1. 条状物回旋地束缚在别的物体上。2. 纠缠；搅扰：正因为他想得太多，晚上不是失眠便是被噩梦～。——姚雪垠《长夜》

小篆	缠	隶书	缠	草书	缠

蝉蜕：[chán tuì] 1. 蝉的幼虫变为成虫时蜕下的壳，可入药。2. 比喻解脱。

小篆	蝉	隶书	蝉	草书	蝉

猖狂：[chāng kuáng] 狂妄而放肆：子系中山狼，得志便～。——清·曹雪芹《红楼梦》

小篆	猖	隶书	猖	草书	猖

菖蒲：[chāng pú] 多年生草本植物，生长在水边，叶子形状像剑，肉穗花序，花黄绿色，地下根状茎淡红色。根状茎可做香料，也可入药。

小篆	䔒	隶书	菖	草书	菖

长臂猿：[cháng bì yuán] 类人猿的一种，因前臂特别长而得名。能用双臂钩住树枝，交替向前运动。中国产的有黑长臂猿、白眉长臂猿和白掌长臂猿，都是国家一级保护动物。

小篆	長	隶书	长	草书	长

长途跋涉：[cháng tú bá shè] 远距离的翻山渡水。形容路途遥远，行路辛苦。（跋，在山上行走；涉，蹚水过河。）

小篆	途	隶书	途	草书	途

潮汐：[cháo xī] 1. 由于月球和太阳的引力而产生的水位定期涨落的现象：门前石岸立精铁，～洗尽莓苔昏。——北宋·苏辙《和子瞻雪浪斋》2. 特指海潮。

小篆	潮	隶书	潮	草书	潮

嘲笑：[cháo xiào] 用言辞笑话对方：当她没有把粉擦好而被人家～的时候，她仍旧一点儿也不发急。——老舍《四世同堂》

小篆	嘲	隶书	嘲	草书	嘲

沉淀：[chén diàn] 1. 溶液中难溶解的固体物质从溶液中析出。2. 从溶液中析出的难溶解的固体物质。3. 凝聚；积累。

小篆	沉	隶书	沉	草书	沉

沉湎：[chén miǎn] 沉溺：时秦哀公～于酒，不恤国事。——明·冯梦龙《东周列国志》

小篆	湎	隶书	湎	草书	湎

称职：[chèn zhí] 1. 思想水平和工作能力都能胜任所担任的职务。2. 行为与某种身份应尽的责任相符：处事勤敏，号为～。——唐·李百药《北齐书·颜之推传》

小篆	偁	隶书	称	草书	称

惩罚：[chéng fá] 处罚：坏人都得到应有的～，好人也踏上幸福的道路。——杨朔《渔笛》

小篆	懲	隶书	惩	草书	惩

城隍：[chéng huáng] 1. 城墙和护城河，也可单指城墙或护城河。2. 又称城隍神、城隍爷。是中国宗教文化中普遍崇祀的重要神祇之一，迷信传说中指主管某个城的神。

小篆	城	隶书	城	草书	城

程序：[chéng xù] 1. 事情进行的先后次序。2. 计算机程序。

小篆	程	隶书	程	草书	程

逞能：[chěng néng] 显示自己能干：（花荣）看着卢俊义喝道："卢员外休要～，先教你看花荣神箭！"——明·施耐庵《水浒传》

小篆	逞	隶书	逞	草书	逞

秤砣：[chèng tuó] 秤锤。称物品时用来使秤平衡的金属物，呈锤、砣状。

小篆	秤	隶书	秤	草书	秤

蚩尤：[chī yóu] 传说中的古代九黎族首领。

小篆	蚩	隶书	蚩	草书	蚩

驰骋：[chí chěng]（骑马）奔驰：天下之至柔，～天下之至坚。——春秋·老子《道德经》

小篆	驰	隶书	驰	草书	驰

迟钝：[chí dùn]（感官、思想、行动等）反应慢，不灵敏：我们投进了它的怀里去的时候，它就发出了一阵厌烦的～的低微声音来。——冯雪峰《月灾》

小篆	𨒅	隶书	迟	草书	迟

翅膀：[chì bǎng] 1. 翅的通称。2. 翼的通称。3. 物体上形状或作用像翅膀的部分。

小篆	翄	隶书	翅	草书	翅

叱咤风云：[chì zhà fēng yún] 形容声势威力很大。出自唐·骆宾王《讨武檄文》："喑呜则山岳崩颓，叱咤则风云变色。"

小篆	叱	隶书	叱	草书	叱

抽抽噎噎：[chōu chōu yē yē] 抽泣：半日方～的说道："你从此可都改了罢！"——清·曹雪芹《红楼梦》

小篆	抽	隶书	抽	草书	抽

抽搐：[chōu chù] 也说抽搦。肌肉不随意地收缩的症状，多见于四肢和颜面。

小篆	搐	隶书	搐	草书	搐

抽屉：[chōu ti] 桌子、柜子等家具中可以抽拉的盛放东西的部分，常作匣形。

小篆	屜	隶书	屉	草书	屉

筹划：[chóu huà] 1. 想办法；定计划：诸葛亮胸藏百汇，善于～，在隆中就已经定下了三分天下之计。2. 筹措。

小篆	籌	隶书	筹	草书	筹

丑陋：[chǒu lòu] 1.（相貌或样子）难看。2.（思想、行为等）丑恶；卑劣。

小篆	醜	隶书	丑	草书	丑

出版：［chū bǎn］把书刊、图画、音像制品等编印或制作出来，向公众发行。

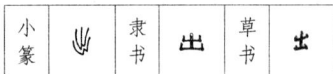

小篆	隶书	草书
出	出	出

畜生：［chù sheng］泛指禽兽（常用作骂人的话）。也作畜牲。

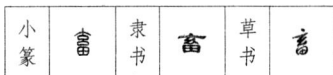

小篆	隶书	草书
畜	畜	畜

川芎：［chuān xiōng］多年生草本植物，羽状复叶，花白色，果实椭圆形。生长在四川、云南等地。根状茎入药。也叫芎䓖。

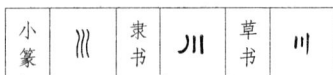

小篆	隶书	草书
川	川	川

传输：［chuán shū］输送（信息、能量等）。

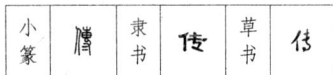

小篆	隶书	草书
傳	传	传

传统：［chuán tǒng］1. 世代相传、具有特点的社会因素，如文化、道德、思想、制度等。2. 世代相传或相沿已久并具有特点的。3. 守旧；保守。

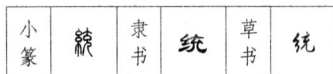

小篆	隶书	草书
統	统	统

疮痂：［chuāng jiā］疮口表面所结的痂。

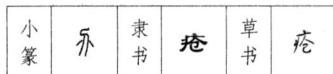

小篆	隶书	草书
疮	疮	疮

捶打：［chuí dǎ］用拳头或器物撞击物体；砸。

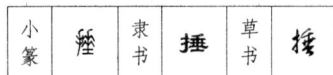

小篆	隶书	草书
捶	捶	捶

垂柳：［chuí liǔ］落叶乔木，树枝细长下垂，叶子条状披针形，春季开花，木材用途较广：垂杨～绾芳年，飞絮飞花媚远天。——明·杨慎《咏柳》

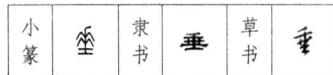

小篆	隶书	草书
垂	垂	垂

绰号：［chuò hào］外号。

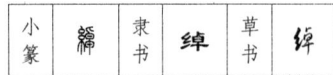

小篆	隶书	草书
綽	绰	绰

辍学：[chuò xué] 中途停止上学。

小篆	輟	隶书	輟	草书	辍

祠堂：[cí táng] 1. 在封建宗法制度下，同族的人共同祭祀祖先的房屋。2. 社会公众或某个阶层为共同祭祀某个人而修建的房屋：丞相～何处寻？锦官城外柏森森。映阶碧草自春色，隔叶黄鹂空好音。——唐·杜甫《蜀相》

小篆	祠	隶书	祠	草书	祠

磁铁：[cí tiě] 也叫磁石、吸铁石。用钢或合金钢经过磁化制成的磁体，有的用磁铁矿加工制成。多为条形或马蹄形，一端是南极，一端是北极。

小篆	磁	隶书	磁	草书	磁

慈禧太后：[cí xǐ tài hòu] 又称"西太后""那拉太后"。清末同治、光绪两朝实际的统治者。咸丰帝妃，同治帝母。满族。叶赫那拉氏。

小篆	慈	隶书	慈	草书	慈

雌雄：[cí xióng] 1. 雌性和雄性：雄兔脚扑朔，雌兔眼迷离；双兔傍地走，安能辨我是～？——北朝民歌《木兰诗》2. 借指胜负或高下。

小篆	雌	隶书	雌	草书	雌

刺猬：[cì wei] 哺乳动物，头小，四肢短，爪锐利，身上有硬刺，受惊时身体蜷缩成一团。昼伏夜出，吃昆虫、鼠、蛇等，对农业有益。

小篆	刺	隶书	刺	草书	刺

撺掇：[cuān duo] 从旁鼓动人（做某事）；怂恿。

小篆	撺	隶书	撺	草书	撺

篡夺：[cuàn duó] 用不正当的手段夺取（地位或权力）：曹操再老谋深算，怎知道他的江山被司马家～。

小篆	篡	隶书	篡	草书	篡

挫折：[cuò zhé] 1. 压制；阻碍；使削弱或停顿。2. 失败；失利。

| 小篆 | 𢶏 | 隶书 | 挫 | 草书 | 挫 |

搭讪：[dā shàn] 为了想跟人接近或把尴尬的局面敷衍过去而找话说。

| 小篆 | 搭 | 隶书 | 搭 | 草书 | 搭 |

打牙祭：[dǎ yá jì] 原指每逢月初、月中吃一顿有荤菜的饭，后来泛指偶尔吃一顿丰盛的饭。

| 小篆 | 扐 | 隶书 | 打 | 草书 | 打 |

大名鼎鼎：[dà míng dǐng dǐng] 形容名气很大，极其有名：这便是你从前的乡邻，现在的房客，～的傅彩云。——清·曾朴《孽海花》

| 小篆 | 大 | 隶书 | 大 | 草书 | 大 |

大厦：[dà shà] 高大的房屋，今多用于高楼名。

| 小篆 | 厦 | 隶书 | 厦 | 草书 | 厦 |

呆板：[dāi bǎn] 死板；不灵活：海是动的，山是静的；海是活泼的，山是～的。——冰心《三寄小读者》

| 小篆 | 呆 | 隶书 | 呆 | 草书 | 呆 |

怠慢：[dài màn] 1. 冷淡。2. 客套话，表示招待不周："僧主道：'不敢，不敢。～，～。'"——明·吴承恩《西游记》

| 小篆 | 怠 | 隶书 | 怠 | 草书 | 怠 |

玳瑁：[dài mào] 爬行动物，外形像龟，四肢呈桨状，前肢稍长，尾短小，甲壳黄褐色，有黑斑，很光润，性暴烈，吃鱼、软体动物、海藻等，生活在热带和亚热带海中。

| 小篆 | 玳 | 隶书 | 玳 | 草书 | 玳 |

袋鼠：[dài shǔ] 哺乳动物，前肢短小，后肢粗大，善于跳跃，尾巴粗大，能支持身体。雌的腹部有皮质的育儿袋。吃青草、野菜等。种类很多。生活在大洋洲。

小篆	𢃇	隶书	袋	草书	袋

丹顶鹤：[dān dǐng hè] 鹤的一种，羽毛白色，翅膀大，末端黑色，覆在短尾上面，能高飞，头顶朱红色，颈和腿很长，常涉水吃鱼、虾等。叫的声音高而响亮。也叫仙鹤。

小篆	丹	隶书	丹	草书	丹

殚精竭虑：[dān jīng jié lǜ] 用尽精力，费尽心思。

小篆	殫	隶书	殚	草书	殚

诞生：[dàn shēng]（人）出生：他的～意味着一个新生命的降临，一个新希望被点燃。

小篆	誕	隶书	诞	草书	诞

淡雅：[dàn yǎ] 素净雅致；素淡典雅。

小篆	淡	隶书	淡	草书	淡

当归：[dāng guī] 多年生草本植物，羽状复叶，花白色，果实长椭圆形。直根肥大，可入药。

小篆	當	隶书	当	草书	当

当之无愧：[dāng zhī wú kuì] 完全够条件接受某种荣誉，没有惭愧的地方。

小篆	之	隶书	之	草书	之

党参：[dǎng shēn] 多年生草本植物，叶子卵形，花黄绿色，根可入药。原多产于上党（今山西长治一带）。

小篆	黨	隶书	党	草书	党

倒数：[dào shù] 如果两个数的乘积为1，其中一个数就叫作另一个数的倒数。

小篆	倒	隶书	倒	草书	倒

倒影：[dào yǐng] 倒立的影子：分行接绮树，～入清漪。——唐·王维《柳浪》

小篆	景	隶书	影	草书	影

低沉：[dī chén] 1.天色阴暗，云层厚而低。2.（声音）低。3.（情绪）低落。

小篆	低	隶书	低	草书	低

地毯：[dì tǎn] 铺在地上的毯子。

小篆	地	隶书	地	草书	地

颠倒：[diān dǎo] 1.上下、前后跟原有的或应有的位置相反：淋漓身上衣，～笔下字。——唐·韩愈《醉后》2.使颠倒。3.错乱。

小篆	顛	隶书	颠	草书	颠

颠茄：[diān qié] 多年生草本植物，叶子卵形，花暗紫色，结浆果，黑紫色。根和叶可以入药。

小篆	茄	隶书	茄	草书	茄

点缀：[diǎn zhuì] 1.加以衬托或装饰，使原有事物更加美好：雪里已知春信至，寒梅～琼枝腻。——南宋·李清照《渔家傲》2.装点门面；应景；凑数。

小篆	點	隶书	点	草书	点

奠基：[diàn jī] 奠定建筑物的基础。

小篆	奠	隶书	奠	草书	奠

惦念：[diàn niàn] 惦记：公子照常读书，也就无可～了。——清·文康《儿女英雄传》

小篆	惦	隶书	惦	草书	惦

凋敝：[diāo bì] 1. 残缺破败。2.（生活）困苦；（事业）衰败：天子从北来，长驱振
～。——唐·杜甫《送樊侍御赴汉中判官》

小篆	𤈷	隶书	凋	草书	凋

凋零：[diāo líng] 1.（草木）凋谢零落：芳菲今日～尽，却送秋声到客衣。——
元·王翰《题败荷》2. 衰落。

小篆	霝	隶书	零	草书	零

貂熊：[diāo xióng] 也叫狼獾。哺乳动物，身体和四肢粗短像熊，尾巴长，尾毛蓬
松，全身棕黑色。生活在寒带地区。能爬树，会游泳，性情凶暴，力气大，吃兔、
鹿、松鼠等，夏天还捕食鱼类。

小篆	貂	隶书	貂	草书	貂

叮嘱：[dīng zhǔ] 再三嘱咐。

小篆	叮	隶书	叮	草书	叮

顶礼膜拜：[dǐng lǐ mó bài] 形容对人特别崇敬（多用于贬义）：又添一个青年女
子，～，行状举止，仿佛慧娘。——清·俞万春《荡寇志》

小篆	頂	隶书	顶	草书	顶

东施效颦：[dōng shī xiào pín] 美女西施病了，皱着眉头，按着心口。同村的丑女人
看见了，觉得姿态很美，也学她的样子，却丑得可怕（见于春秋·庄子《庄子·天
运》）。后人把这个丑女人称作东施。"东施效颦"比喻盲目模仿，效果很坏。

小篆	東	隶书	东	草书	东

斗笠：[dǒu lì] 遮阳光和雨的帽子，有很宽的边，用竹篾夹油纸或竹叶等制成。

小篆	斗	隶书	斗	草书	斗

陡峭：[dǒu qiào]（山势等）坡度很大，直上直下。

小篆	陡	隶书	陡	草书	陡

抖擞：［dǒu sǒu］振作：我劝天公重～，不拘一格降人才。——清·龚自珍《己亥杂诗》

小篆	我	隶书	抖	草书	抖

豆豉：［dòu chǐ］食品，把黄豆或黑豆泡透蒸熟或煮熟，经过发酵而成。有咸淡两种，都可放在菜里调味，淡豆豉也可入药。

小篆	豆	隶书	豆	草书	豆

豆蔻：［dòu kòu］1. 白豆蔻的果实和种子的俗称。2. 中国古代年岁的别称，女孩十三岁称作豆蔻：娉娉袅袅十三余，～梢头二月初。——唐·杜牧《赠别二首》

小篆	蔻	隶书	蔻	草书	蔻

独具慧眼：［dú jù huì yǎn］能看到别人看不到的东西，形容眼光敏锐，见解高超。

小篆	獨	隶书	独	草书	独

妒忌：［dù jì］忌妒：椒兰争～，绛灌共谗诌。——唐·韩愈《陪杜侍御游湘西寺》

小篆	妒	隶书	妒	草书	妒

端午：［duān wǔ］也叫端阳、端五。我国传统节日，农历五月初五日。相传古代诗人屈原在这天投江自杀，后人为了纪念他，把这天当作节日，有吃粽子、赛龙舟等风俗：轻汗微微透碧纨，明朝～浴芳兰。——北宋·苏轼《浣溪沙·端午》

年年～风兼雨，似为屈原陈昔冤。——南宋·赵蕃《端午三首》

小篆	端	隶书	端	草书	端

对称：［duì chèn］指图形或物体对某个点、直线或平面而言，在大小、形状和排列上具有一一对应关系。如人体、船、飞机的左右两边，在外观上都是对称的。

小篆	對	隶书	对	草书	对

墩布：［dūn bù］拖把。擦地板的工具。

小篆	墩	隶书	墩	草书	墩

腭裂：[è liè] 先天性畸形，常与唇裂同时出现。患者的腭部部分或全部裂开，饮食不方便，说活不清楚。

小篆	𦙷	隶书	腭	草书	腭

鳄鱼：[è yú] 鳄的俗称。爬行动物，头扁平，四肢短，尾巴长，皮肤硬。善游泳，性凶恶。

小篆	鱷	隶书	鳄	草书	鳄

耳熟能详：[ěr shú néng xiáng] 听的次数多了，熟悉得能详尽地说出来：春卷、馄饨、麻菇鸡片，西人已经～。——林语堂《说纽约的饮食起居》

小篆	耳	隶书	耳	草书	耳

尔虞我诈：[ěr yú wǒ zhà] 彼此猜疑，互相欺骗。也说尔诈我虞。

小篆	爾	隶书	尔	草书	尔

发酵：[fā jiào] 1. 复杂的有机化合物在微生物的作用下分解成比较简单的物质。发面、酿酒等都是发酵的应用。2. 比喻事态持续发展。

小篆	䤖	隶书	发	草书	发

发泄：[fā xiè] 尽量发出（情欲或不满情绪等）：知识和感情都是要往外～的东西。——老舍《四世同堂》

小篆	洩	隶书	泄	草书	泄

翻来覆去：[fān lái fù qù] 1. 来回翻身。2. 一次又一次；多次重复：横说也如此，竖说也如此，～说都如此。——南宋·朱熹《朱子全书》

小篆	翻	隶书	翻	草书	翻

翻译：[fān yì] 1. 把一种语言文字的意义用另一种语言文字表达出来（也指方言与民族共同语、方言与方言、古代语与现代语之间一种用另一种表达）；把代表语言文字的符号或数码用语言文字表达出来。2. 做翻译工作的人。

小篆	譯	隶书	译	草书	诠

番茄：[fān qié] 也叫西红柿。1. 一年生草本植物，全株有软毛，花黄色。结浆果，球形或扁圆形，红或黄色，是常见蔬菜。2. 这种植物的果实。

小篆	番	隶书	番	草书	番

繁文缛节：[fán wén rù jié] 烦琐而不必要的礼节，也泛指烦琐多余的事项。

小篆	繁	隶书	繁	草书	繁

繁衍：[fán yǎn] 逐渐增多或增广：子孙～，皆至显达，当时莫与为比焉。——唐·令狐德棻《周书·于谨传》

小篆	衍	隶书	衍	草书	衍

繁殖：[fán zhí] 生物产生新的个体，以传代。

小篆	殖	隶书	殖	草书	殖

烦躁：[fán zào] 烦闷急躁：吴荪甫忽然～起来，用劲地摇一摇头。——茅盾《子夜》

小篆	烦	隶书	烦	草书	烦

反驳：[fǎn bó] 说出自己的理由，来否定别人跟自己不同的理论或意见。

小篆	反	隶书	反	草书	反

反刍：[fǎn chú] 1. 偶蹄类的某些动物把粗粗咀嚼后咽下的食物再返回到嘴里细细咀嚼，然后再咽下。2. 比喻对过去的事物反复地追忆、回味。

小篆	刍	隶书	刍	草书	刍

范畴：[fàn chóu] 1. 人的思维对客观事物的普遍本质的概括和反映。各门学科都有自己的一些基本范畴，如化合、分解等，是化学的范畴；商品价值、抽象劳动、具体劳动等，是政治经济学的范畴；本质和现象、形式和内容、必然性和偶然性等，是唯物辩证法的基本范畴。2. 类型；范围。

小篆	範	隶书	范	草书	范

范围：[fàn wéi] 1. 周围界限。2. 限制；概括。

小篆	圍	隶书	围	草书	围

泛滥：[fàn làn] 1. 江河湖泊的水溢出，四处流淌：天在旋转着，地在震荡着，洪水～着。——瞿秋白《乱弹·世纪末的悲哀》2. 比喻坏的事物不受限制地流行。

小篆	氾	隶书	泛	草书	泛

方兴未艾：[fāng xīng wèi ài] 事物正在兴起、发展，一时不会终止：我们的友谊，源远流长；我们的事业，～！——冰心《十亿人民的心愿》

小篆	方	隶书	方	草书	方

翡翠：[fěi cuì] 1. 鸟，嘴长而直，有蓝色和绿色的羽毛，飞得很快，生活在水边。2. 玉石，绿色、蓝绿色或白色中带绿色斑纹，也有红色、紫色或无色的，可做装饰品：芙蓉幕里千场醉，～岩前半日闲。——唐·赵嘏《翡翠岩》

小篆	翡	隶书	翡	草书	翡

痱子：[fèi zi] 皮肤病，暑天皮肤上起的一种白色或红色小疹，很刺痒，常由出汗多、皮肤不清洁引起。

小篆	痱	隶书	痱	草书	痱

分道扬镳：[fēn dào yáng biāo] 指分道而行，比喻因目标不同而各奔各的前程或各干各的事情。

小篆	分	隶书	分	草书	分

分歧：[fēn qí] 1.（思想、意见、记载等）不一致；有差别。2. 思想、意见、记载等不一致的地方。

小篆	𡵢	隶书	歧	草书	歧

分外：[fèn wài] 1. 超过平常；特别；格外：人逢喜事精神爽，月到中秋～明。——明·冯梦龙《醒世恒言·施泽润滩阙遇友》2. 本分以外的。

小篆	𡚖	隶书	外	草书	外

纷至沓来：[fēn zhì tà lái] 纷纷到来，连续不断地到来。

小篆	紛	隶书	纷	草书	纷

坟墓：[fén mù] 埋葬死人的穴和上面的坟头：大者，亲戚～之所在也。——春秋·管仲《管子·九变》

小篆	墳	隶书	坟	草书	坟

焚烧：[fén shāo] 烧毁；烧掉：～其祖庙，攘杀其牺牲。——战国·墨子《墨子·天志》

小篆	焚	隶书	焚	草书	焚

风流：[fēng liú] 1. 有功绩而又有风采的；英俊杰出的：数～人物，还看今朝。——毛泽东《沁园春·雪》2. 指有才学而不拘礼法。3. 指跟男女之间情爱有关的。4. 轻浮放荡。

小篆	風	隶书	风	草书	风

风骚：[fēng sāo] 1. 风指《诗经》中的《国风》，骚指屈原的《离骚》，后用来泛指文学。2. 在文坛居于领袖地位或在某方面领先叫领风骚：惜秦皇汉武，略输文采；唐宗宋祖，稍逊～。——毛泽东《沁园春·雪》3. 指妇女举止轻佻。

小篆	騷	隶书	骚	草书	骚

风俗：[fēng sú] 社会上长期形成的风尚、礼节、习惯等的总和。

小篆	俗	隶书	俗	草书	俗

峰峦：[fēng luán] 山峰和山峦：～如聚，波涛如怒，山河表里潼关路。——元·张养浩《山坡羊·潼关怀古》

小篆	峰	隶书	峰	草书	峰

讽刺：[fěng cì] 用比喻、夸张等手法对人或事物进行揭露、批评或嘲笑。

小篆	讽	隶书	讽	草书	讯

孵化：[fū huà] 昆虫、鱼类、鸟类或爬行动物的卵在一定的温度和其他条件下变成幼虫或幼体。

小篆	孵	隶书	孵	草书	孵

茯苓：[fú líng] 寄生在松树根上的真菌，形状像甘薯，外皮黑褐色，里面白色或粉红色，可入药：二十年中饵～，致书半是老君经。东都旧住商人宅，南国新修道士亭。——唐·贾岛《赠牛山人》

小篆	茯	隶书	茯	草书	茯

俘虏：[fú lǔ] 1. 打仗时捉住（敌人）。2. 打仗时捉住的敌人。

小篆	俘	隶书	俘	草书	俘

芙蓉：[fú róng] 荷花。芙蓉花。中国的锦葵植物，花美丽，白色或粉红色，在夜间变深红色。洪兴祖补注："《本草》云：其叶名荷，其华未发为菡萏，已发为芙蓉。"製芰荷以为衣兮，集～以为裳。——战国·屈原《楚辞·离骚》

当轩对樽酒，四面～开。——唐·王维《临湖亭》

三径林香穿竹树，一池波影漾～。——清·唐孙华《晚秋狮子林小集》诗之一

小篆	芙	隶书	芙	草书	美

辐射：[fú shè] 1. 从中心向各个方向沿着直线伸展出去。2. 指热辐射。光线、无线电波等电磁波的传输也叫辐射。

小篆	輻	隶书	辐	草书	辐

斧钺：[fǔ yuè] 斧和钺，古代兵器，用于斩刑。借指重刑：大刑用甲兵，其次用～，中刑用刀锯，其次用钻凿。——东汉·班固《汉书·刑法志》

小篆	𣂴	隶书	斧	草书	斧

覆盖：[fù gài] 1. 遮盖。2. 指地面上的植物，对于土壤有保护作用。

小篆	覆	隶书	覆	草书	覆

概率：[gài lǜ] 某种事件在同一条件下可能发生也可能不发生，表示发生的可能性大小的量叫作概率。例如在一般情况下，一个鸡蛋孵出的小鸡是雌性或雄性的概率都是1/2。旧称几率、或然率。

小篆	𣝓	隶书	概	草书	概

干涸：[gān hé]（河流、池塘等）没有水：罗布泊～之后，周边生态环境马上发生变化，草本植物全部枯死。——吴刚《罗布泊，消逝的仙湖》

小篆	乾	隶书	干	草书	干

干扰：[gān rǎo] 1. 扰乱；打扰。2. 某些电磁振荡对无线电设备正常接收信号造成妨碍。主要由接收设备附近的电气装置引起。日光、磁暴等天文、气象上的变化也会引起干扰。

小篆	擾	隶书	扰	草书	扰

坩埚：[gān guō] 熔化金属或其他物质的器皿，一般用黏土、石墨等耐火材料制成。化学实验用的坩埚，用瓷土、铂或镍等材料制成。

小篆	坩	隶书	坩	草书	坩

柑橘：[gān jú] 果树的一类，指柑、橘、柚、橙等。

小篆	柑	隶书	柑	草书	柑

感慨：[gǎn kǎi] 有所感触而慨叹：燕赵古称多～悲歌之士。——唐·韩愈《送董邵南序》

小篆	感	隶书	感	草书	感

感染：[gǎn rǎn] 1. 病原体侵入机体，在机体内生长繁殖引起病变；受到传染。2. 通过语言或行为引起别人相同的思想感情。

小篆	染	隶书	染	草书	染

钢盔：[gāng kuī] 士兵、消防队员等戴的帽子，金属制成，用来保护头部。

小篆	鋼	隶书	钢	草书	钢

高锰酸钾：[gāo měng suān jiǎ] 无机化合物，化学式$KMnO_4$。暗紫红色或黑色的细长结晶，稀溶液紫红色，医药上用作消毒剂。

小篆	高	隶书	高	草书	高

镐头：[gǎo tou] 镐。刨土用的工具。

小篆	鎬	隶书	镐	草书	镐

戈壁：[gē bì] 地面几乎被粗沙、砾石所覆盖，植物稀少的荒漠地带：有生以来，我第一次见到这浩瀚无垠的～。

小篆	戈	隶书	戈	草书	戈

疙瘩：[gē da] 1. 皮肤上突起的或肌肉上结成的小硬块。2. 小球形或块状的东西。3. 比喻不易解决的问题。4. 用于球形或块状的东西。5. 麻烦；别扭。也作疙疸、圪垯。

小篆	疙	隶书	疙	草书	疙

隔代遗传：[gé dài yí chuán] 指一家三代人中，第一代和第三代出现类似的表型，而第二代则未出现该表型的现象。

小篆	隔	隶书	隔	草书	隔

隔膜：[gé mó] 1. 隔阂。2. 情意不相通，彼此不了解。3. 不通晓；外行。

小篆	膜	隶书	膜	草书	膜

更衣：[gēng yī] 1. 换衣服。2. 婉辞，指上厕所。

小篆	更	隶书	更	草书	更

恭喜：[gōng xǐ] 客套语，祝贺人家的喜事。

小篆	恭	隶书	恭	草书	恭

沟壑：[gōu hè] 山沟：山陵起伏森林茂，～纵横雨露多。——续范亭《南泥湾概况》

小篆	沟	隶书	沟	草书	沟

佝偻：[gōu lóu] 脊背向前弯曲：他～着身子，很吃力地背着脏兮兮的尼龙袋从我们面前走过。

小篆	佝	隶书	佝	草书	佝

勾销：[gōu xiāo] 取消；抹掉：一个天真的，发自内心的笑，仿佛把以前的困苦全一笔～。——老舍《骆驼祥子》

小篆	勾	隶书	勾	草书	勾

勾当：[gòu dàng] 事情，今多指坏事情：你一九三三年曾经被捕叛变，接着你又混入党内，为敌人做了一系列血腥～。——杨沫《青春之歌》

小篆	当	隶书	当	草书	当

孤陋寡闻：〔gū lòu guǎ wén〕知识浅陋，见闻不广：倘若说这是芝麻，不是脏东西，不等于骂中堂大人～，没有见识吗？——冯骥才《俗世奇人》

小篆	孤	隶书	孤	草书	孤

古朴：〔gǔ pǔ〕朴素而有古代的风格：远处一座座造型～、色彩和谐的小屋，一派美丽动人的田园风光！

小篆	古	隶书	古	草书	古

雇佣：〔gù yōng〕用货币购买劳动：他特地让～的老妈子回乡去和家人团聚。——罗广斌、杨益言《红岩》

小篆	雇	隶书	雇	草书	雇

瓜瓤：〔guā ráng〕瓜皮里包着种子的肉。

小篆	瓜	隶书	瓜	草书	瓜

剐蹭：〔guǎ cèng〕物体表面被硬物划破或擦伤：行车上路，难免发生～。

小篆	剐	隶书	剐	草书	剐

光绪：〔guāng xù〕清德宗（爱新觉罗·载湉）年号（1875—1908年）。

小篆	光	隶书	光	草书	光

广袤无垠：〔guǎng mào wú yín〕形容广阔得望不到边际；辽阔无边：～的草原上，总会看到牧民们放羊的身影。

小篆	广	隶书	广	草书	广

闺阁：〔guī gé〕闺房：君家～不曾难，常将歌舞借人看。——唐·乔知之《绿珠篇》

小篆	闺	隶书	闺	草书	闺

轨道：[guǐ dào] 1. 用钢轨铺成的供火车、有轨电车等行驶的路线。2. 天体在宇宙间运行的路线。也叫轨迹。3. 物体运动的路线，多指有一定规则的，如原子内电子的运动和人造卫星的运行都有一定的轨道。4. 比喻应遵循的规则、程序。

小篆	軌	隶书	轨	草书	轨

桂圆：[guì yuán] 也叫龙眼。1. 常绿乔木，花黄白色，果实球形，外皮黄褐色，味甜，可吃可入药。2. 这种植物的果实。

小篆	桂	隶书	桂	草书	桂

桂枝：[guì zhī] 中药名。即肉桂。果实长形，稍弯，味香甜。产在热带或亚热带地方：天上若无修月户，～撑损向西轮。——北宋·米芾《中秋登楼望月》

小篆	枝	隶书	枝	草书	枝

过滤：[guò lǜ] 使流体通过滤纸或其他多孔材料，把所含的固体颗粒或有害成分分离出去：固体被～掉了，只有液体流进了容器。

小篆	過	隶书	过	草书	过

过瘾：[guò yǐn] 满足某种特别深的癖好，泛指满足爱好：这部电影惊心动魄的战斗场面，让观众看了直呼～。

小篆	癮	隶书	瘾	草书	瘾

哈密瓜：[hā mì guā] 甜瓜的一大类，品种很多，果实较大，果肉香甜，多栽培于新疆哈密一带。2. 这种植物的果实。

小篆	哈	隶书	哈	草书	哈

海豹：[hǎi bào] 哺乳动物，头圆，四肢扁平像鳍，趾间有蹼，尾巴短，毛灰黄色，带棕黑色斑点。生活在温带和寒带沿海。

小篆	海	隶书	海	草书	海

海归：[hǎi guī] 1. 在海外留学或工作一段时间后归国，多指回国创业或求职。2. 指在海外留学或工作后归国的人员。

小篆	𣣏	隶书	归	草书	归

海葵：[hǎi kuí] 腔肠动物。形状像圆筒，内外皆无骨骼。上端有几圈像花瓣那样的触手，颜色鲜艳。固定在海底岩石上，有的依附在寄居蟹所寄居的螺壳上，跟寄居蟹过共生生活。以小鱼等为食物。

小篆	葵	隶书	葵	草书	葵

海鸥：[hǎi ōu] 鸟，头和颈部褐色，翅膀外缘白色，内缘灰色，躯干白色，爪黑色。常成群在海上或内陆河流附近飞翔。

小篆	鷗	隶书	鸥	草书	鸥

海参：[hǎi shēn] 棘皮动物，身体略呈圆柱形，柔软，口和肛门生在两端，口的周围有触手。生活在海底，吃藻类和小动物。种类很多，常见的有刺参、乌参、梅花参等。有的是珍贵的食品。

小篆	参	隶书	参	草书	参

海狮：[hǎi shī] 哺乳动物，四肢呈鳍状，尾短，身上的毛很粗。雄兽颈部有长毛，略像狮子。生活在海中，吃鱼、乌贼、贝类等。

小篆	獅	隶书	狮	草书	狮

海棠：[hǎi táng] 1. 落叶小乔木，叶子卵形或椭圆形，花白色或淡粉红色。果实球形，黄色或红色，味酸甜。2. 这种植物的果实。

试问卷帘人，却道～依旧。知否？知否？应是绿肥红瘦。——南宋·李清照《如梦令》

～开后春谁主，日日催花雨。——南宋·李弥逊《虞美人》

小篆	棠	隶书	棠	草书	棠

海豚：［hǎi tún］哺乳动物，身体纺锤形，长达两米多，鼻孔长在头顶上，喙细长，前肢呈鳍状，背鳍三角形。背部青黑色，腹部白色。生活在海洋中，吃鱼、乌贼、虾等。

小篆	𧱸	隶书	豚	草书	豚

害臊：［hài sào］害羞：你竟然堕落到说谎这样的地步，自己应该感到～。

小篆	害	隶书	害	草书	害

函数：［hán shù］在某一变化过程中，两个变量 x、y，对于 x 的每一个值，y 都有唯一的值和它对应，y 就是 x 的函数。这种关系一般用 $y=f(x)$ 来表示。其中 x 叫作自变量，y 叫作因变量。

小篆	𢎅	隶书	函	草书	函

含羞草：［hán xiū cǎo］多年生草本植物，羽状复叶有长柄，小叶密生，条状长圆形，花淡红色。叶子被触动时，小叶合拢，叶柄下垂。可供观赏，全草入药。

小篆	含	隶书	含	草书	含

汗水涔涔：［hàn shuǐ cén cén］形容汗水流淌；汗水不断往下流。

小篆	汗	隶书	汗	草书	汗

浩荡：［hào dàng］1. 水势大。2. 形容广阔或壮大：～沙鸥久倦飞，摧颓栎马不胜鞿。——南宋·范成大《有怀石湖旧隐》

小篆	浩	隶书	浩	草书	浩

浩瀚：［hào hàn］1. 水势盛大。2. 形容广大或繁多：～襟怀扬子水，光辉旗帜井冈山。——林伯渠《答横槊将军》

小篆	瀚	隶书	瀚	草书	瀚

浩瀚无垠：［hào hàn wú yín］水势盛大没有边际。

小篆	无	隶书	无	草书	无

河堤：[hé dī] 沿河道两岸用土或石垒成似墙的构筑，防止河水溢出河床：～柳新翠，苑树花先发。——唐·宋之问《龙门应制》

小篆	隶书	草书
泑	河	河

荷尔蒙：[hé ěr méng] 激素的旧称：有些孩子一直长不高，因为他们身上缺少一种特殊的～。

小篆	隶书	草书
蔣	荷	荷

核苷酸：[hé gān suān] 化学名词，可作药用。

小篆	隶书	草书
欁	核	核

核桃：[hé tao] 也叫胡桃。1. 核桃树，落叶乔木，核果球形。木材坚韧，可以做器物，果仁可以吃，可以榨油，也可以入药。2. 这种植物的果实。

小篆	隶书	草书
桃	桃	桃

合欢：[hé huān] 1.（相爱的男女）欢聚。2. 落叶乔木，树皮灰色，羽状复叶，小叶白天张开，夜间合拢。花萼和花瓣黄绿色，花丝粉红色，荚果扁平。木材可用来做家具等。也叫马缨花。

惆怅彩云飞，碧落知何许？不见～花，空倚相思树。——清·纳兰性德《生查子》

小篆	隶书	草书
合	合	合

饸饹：[hé le] 食品，用饸饹床子（做饸饹的专用工具，底有漏孔）把和好的荞麦面、高粱面等轧成长条，煮着吃。也作合饹、河漏。

小篆	隶书	草书
—	饸	—

和睦：[hé mù] 相处融洽友爱；不争吵：兄弟敦～，朋友笃信诚。——唐·陈子昂《座右铭》

小篆	隶书	草书
昢	和	和

褐斑病：[hè bān bìng] 一种真菌病害。可以侵染所有草坪草，其中尤以冷季型草坪禾草受害最重，造成草坪植株死亡，使草坪形成大面积秃斑。

小篆	褟	隶书	褐	草书	褐

黑痣：[hēi zhì] 皮肤的黑色或棕色斑点或乳头状突起，由黑色素细胞聚集而成。

小篆	黑	隶书	黑	草书	黑

烘托：[hōng tuō] 1. 国画的一种画法，用水墨或淡的色彩点染轮廓外部，使物像鲜明：它们的确把主要想表达的事物～出来了。——秦牧《艺海拾贝·变形》2. 写作时先从侧面描写，然后再引出主题，使要表现的事物鲜明突出。3. 陪衬，使明显突出。

小篆	烘	隶书	烘	草书	烘

红薯：[hóng shǔ] 甘薯的通称。

小篆	红	隶书	红	草书	红

红蜘蛛：[hóng zhī zhū] 螨科动物，害虫。主要危害茄科、葫芦科、豆科、百合科等多种蔬菜作物。

小篆	蜘	隶书	蜘	草书	蜘

红装素裹：[hóng zhuāng sù guǒ] 衣着淡雅的妇女。也形容雪后天晴，红日和白雪相映衬的景色：须晴日，看～，分外妖娆。——毛泽东《沁园春·雪》

小篆	裹	隶书	装	草书	裝

喉咙：[hóu lóng] 咽和喉。

小篆	喉	隶书	喉	草书	喉

厚实：[hòu shi] 1. 厚。2. 宽厚结实。3.（学问等）深厚扎实。4. 丰富；富裕：你家的储备真～。

小篆	厚	隶书	厚	草书	厚

呼啸：［hū xiào］发出高而长的声音：深林参天不见日，满壑～谁识名。——北宋·
梅尧臣《和永叔啼鸟》

小篆	呼	隶书	呼	草书	呼

蝴蝶：［hú dié］昆虫，翅膀阔大，颜色美丽，静止时四翅竖立在背部，腹部瘦长。吸
花蜜。种类很多，有的幼虫吃农作物，是害虫，有的幼虫吃蚜虫，是益虫。简称蝶。

小篆	胡	隶书	蝴	草书	蝴

弧度：［hú dù］平面角的单位，符号rad。圆心角所对的弧长和半径相等，这个角就
是1弧度角。旧称弳。

小篆	弧	隶书	弧	草书	弧

弧形：［hú xíng］是圆或椭圆一部分的形状。任何一个从直线或水平上的偏离或弯
曲，使其表现为一个圆弧或椭圆弧的形状：海的尽头，露出一个～的鲜艳的红光，
慢慢升起，猛地一下子像是从海底跳了上来。

小篆	形	隶书	形	草书	形

葫芦丝：［hú lú sī］是云南少数民族乐器。

小篆	葫	隶书	葫	草书	葫

湖泊：［hú pō］湖的总称。

小篆	湖	隶书	湖	草书	湖

猢狲：［hú sūn］猴子，特指猕猴。

小篆	猢	隶书	猢	草书	猢

瓠瓜：［hù guā］1.一年生草本植物，茎蔓生，叶心脏形，花白色。果实细长，圆筒
形，表皮淡绿色，果肉白色，嫩时可作蔬菜。2.这种植物的果实。也叫瓠子，有
的地区叫蒲瓜。

小篆	瓠	隶书	瓠	草书	瓠

花椒：〔huā jiāo〕1. 落叶灌木或小乔木，枝上有刺，羽状复叶。果实球形，暗红色，种子黑色，可作调味的香料，叶可入药。2. 这种植物的果实或种子。

小篆	隶书	草书
花（小篆）	花	花

花圃：〔huā pǔ〕栽培花草等的园地：尚有俸钱沽美酒，自栽～趁新阳。——北宋·欧阳修《答端明王尚书见寄兼简景仁文裕二侍郎》

小篆	隶书	草书
圃（小篆）	圃	圃

花团锦簇：〔huā tuán jǐn cù〕形容五彩缤纷、十分华丽的景象：真是个～！那一片富丽妖娆，真胜似天堂月殿，不亚于仙府瑶宫。——明·吴承恩《西游记》

小篆	隶书	草书
团（小篆）	团	团

花纹：〔huā wén〕各种条纹和图形。

小篆	隶书	草书
纹（小篆）	纹	纹

华尔兹：〔huá'ěr zī〕现代舞的一种，起源于奥地利民间。3/4拍，中慢板。用圆舞曲伴奏，舞时两人成对旋转，舞姿舒缓、典雅。也叫慢三步。

小篆	隶书	草书
华（小篆）	华	华

滑稽：〔huá jī〕（在古书中念gǔ jī）1. 形容言语、动作引人发笑：言谈举止来得～可笑，却给人的感觉又像那样忠诚可靠。——曹禺《王昭君》2. 曲艺的一种，流行于上海、杭州、苏州等地，和北方相声相近。

小篆	隶书	草书
滑（小篆）	滑	滑

滑翔：〔huá xiáng〕某些物体不依靠动力，而利用空气的浮力和重力的相互作用在空中飘行。

小篆	隶书	草书
翔（小篆）	翔	翔

槐树：[huái shù] 落叶乔木，羽状复叶，花淡黄色，结荚果，圆筒形。花可制黄色染料。

小篆	槐	隶书	槐	草书	槐

缓冲：[huǎn chōng] 使冲突缓和。

小篆	繡	隶书	缓	草书	缓

幻觉：[huàn jué] 视觉、听觉、触觉等方面，没有外在的刺激而出现的虚假的感觉。患有某种精神病或在催眠状态中的人常出现幻觉：他今天多次出现～。

小篆	幻	隶书	幻	草书	幻

幻想：[huàn xiǎng] 1. 以社会或个人的理想和愿望为依据，对还没有实现的事物有所想象。2. 幻想出的情景。

小篆	想	隶书	想	草书	想

幻影：[huàn yǐng] 幻想中的景象：心知所见皆～，敢以耳目烦神工。——北宋·苏轼《海市》

小篆	景	隶书	影	草书	影

荒谬：[huāng miù] 极端错误；非常不合情理：兼其人物凡猥，学术～。——北宋·苏辙《论冬温无冰札子》

小篆	荒	隶书	荒	草书	荒

黄柏：[huáng bò] 落叶乔木，树皮淡灰色，羽状复叶，小叶卵形或卵状披针形，花小，黄绿色，果实黑色。木材坚硬，木纹美观，用来做家具等，茎可制黄色染料。树皮和果实可入药。也作黄檗、黄波椤。

小篆	黄	隶书	黄	草书	黄

黄连：[huáng lián] 多年生草本植物，有三片小叶的复叶，花小，黄绿色。根状茎味苦，黄色，可入药。

小篆	蓮	隶书	连	草书	连

黄芩：[huáng qín] 多年生草本植物，叶子披针形，花淡紫色。根黄色，可入药。

小篆	芩	隶书	芩	草书	芩

黄曲霉毒素：[huáng qū méi dú sù] 黄曲霉菌产生的毒素，能使人或动物中毒，并有致癌作用。

小篆	曲	隶书	曲	草书	曲

蝗虫：[huáng chóng] 昆虫，口器坚硬，前翅狭窄而坚韧，后翅宽大而柔软，后肢很发达，善于跳跃，多数善于飞行。主要危害禾本科植物，是农业害虫。种类很多，有的地区叫蚂蚱。

小篆	蝗	隶书	蝗	草书	蝗

恍惚：[huǎng hū] 1. 精神不集中；神志不清：我这几天有些神思～。——欧阳予倩《木兰从军》 2. （记得、听得、看得）不真切；不清楚。

小篆	恍	隶书	恍	草书	恍

辉煌：[huī huáng] 1. 光辉灿烂：勋业～欣共举，名花灿烂喜连枝。——朱德《寄东北诸将》 2. （成绩等）显著；卓著。

小篆	辉	隶书	辉	草书	辉

灰烬：[huī jìn] 物品燃烧后的灰和烧剩下的东西：宁可化成～，也不弯下脊梁。

小篆	灰	隶书	灰	草书	灰

灰心：[huī xīn] （因遭到困难、失败）意志消沉：我曾有过～的日子，于今一想，顿感愧悔无穷。——郭小川《秋歌》

小篆	心	隶书	心	草书	心

茴香：[huí xiāng] 多年生草本植物，叶子分裂成丝状，花黄色。茎叶供食用，果实长椭圆形，可以做调味料。果实、根、茎、叶都可入药。

小篆	茴	隶书	茴	草书	茴

晦暗：[huì àn] 昏暗；暗淡：～了又明晰、明晰了又～、尔后最终永远明晰了的大彻大悟！——刘成章《安塞腰鼓》

小篆	晦	隶书	晦	草书	晦

昏暗：[hūn àn] 1. 光线不足；暗。2. 昏庸愚昧：蜀主刘禅～，边城外破，士女内震，其亡可必矣。——明·罗贯中《三国演义》

小篆	昏	隶书	昏	草书	昏

昏迷：[hūn mí] 1. 因大脑功能严重受损而长时间失去知觉。2. 昏暗糊涂。

小篆	迷	隶书	迷	草书	迷

火铳：[huǒ chòng] 旧式管形火器，用火药引燃发射铁弹丸、铅弹丸等。

小篆	火	隶书	火	草书	火

霍乱：[huò luàn] 1. 急性肠道传染病，病原体是霍乱弧菌。症状是腹泻，呕吐，大便很稀，像米泔水，四肢痉挛冰冷，休克。患者因脱水而眼窝凹陷，手指、脚趾干瘪。2. 中医泛指有剧烈吐泻、腹痛等症状的胃肠疾患。

小篆	霍	隶书	霍	草书	霍

藿香：[huò xiāng] 多年生草本植物，叶子长心脏形，花蓝紫色。茎和叶有香气，可入药。

小篆	藿	隶书	藿	草书	藿

饥肠辘辘：[jī cháng lù lù] 形容非常饥饿：至此无不～。——高阳《玉座珠帘》（辘辘，形容肚子饥饿时发出的声音。）

小篆	饥	隶书	饥	草书	饥

肌肤：[jī fū] 肌肉和皮肤。

小篆	𦙲	隶书	肌	草书	肌

肌腱：[jī jiàn] 连接肌肉与骨骼的结缔组织，白色，质地坚韧。

小篆	牒	隶书	腱	草书	腱

鸡冠花：[jī guān huā] 1. 一年生草本植物，叶子长椭圆形或披针形，穗状花序，形状像鸡冠，通常红色，也有紫色、黄色的，供观赏。花和种子可入药。2. 这种植物的花。

小篆	雞	隶书	鸡	草书	鸡

鸡肋：[jī lèi] 鸡的肋骨，吃着没有多少肉，扔了又可惜。比喻没有多大价值、多大意思的事物或事情：半世功名一～，生平道路九羊肠。——南宋·杨万里《晓过皂口岭》

小篆	肋	隶书	肋	草书	肋

鸡毛掸子：[jī máo dǎn zi] 一种用以掸去器物上灰尘的器具。用许多鸡毛粘扎在藤条或细竹竿上而成。

小篆	毛	隶书	毛	草书	毛

鸡血藤：[jī xuè téng] 一种中药植物，种子药用，有补肝肾、益精壮阳、止泻的功能。

小篆	血	隶书	血	草书	血

机械：[jī xiè] 1. 利用力学原理组成的各种装置。杠杆、滑轮以及枪炮等都是机械。2. 方式拘泥死板，没有变化；不是辩证的：写文章办事按一个格式，非常～。

小篆	機	隶书	机	草书	机

畸形：[jī xíng] 1. 生物体某部分发育不正常。2. 泛指事物发展不正常，偏于某一方面。

小篆	畸	隶书	畸	草书	畸

基因：[jī yīn] 生物体遗传的基本单位，存在于细胞的染色体上，呈线状排列。

小篆	蕡	隶书	基	草书	基

嫉妒：[jí dù] 忌妒：不过一般小人总有～贤者的心思，因此有些不满意他的人便造

了不少的谣言来毁谤他。——巴金《灭亡》

小篆	嫉	隶书	嫉	草书	嫉

脊梁：[jǐ liáng] 1. 脊背。2. 脊柱。3. 比喻在国家、民族或团体中起中坚作用的人。

小篆	𦟎	隶书	脊	草书	脊

脊椎：[jǐ zhuī] 1. 脊柱。2. 椎骨。

小篆	椎	隶书	椎	草书	椎

荠菜：[jì cài] 一年生或两年生草本植物，叶子羽状分裂，裂片有缺刻，花白色。嫩

株、嫩叶可作蔬菜，全草入药。

～绿平齐女墓，梨花雪压伍胥潮，柳枝和恨一条条。——清·陈维崧《浣溪沙·

雨中由枫桥至玉齐门》

小篆	薺	隶书	荠	草书	荠

忌讳：[jì huì] 1. 因风俗习惯或个人原因等，对某些言语或举动有所顾忌，积久成为

禁忌。2. 对某些可能产生不良后果的事力求避免。3. 因风俗习惯或个人原因而形

成的禁忌。

小篆	忌	隶书	忌	草书	忌

家眷：[jiā juàn] 指妻子儿女等（有时专指妻子）。

小篆	家	隶书	家	草书	家

嘉陵江：[jiā líng jiāng] 长江上游支流。在中国四川省东部。

小篆	嘉	隶书	嘉	草书	嘉

夹竹桃：[jiā zhú táo] 一种观赏植物，有毒。

小篆	夹	隶书	夹	草书	夹

假设：[jiǎ shè] 1. 姑且认定。2. 虚构。3. 科学研究上对客观事物的假定的说明，经过实践证明，就成为理论。

小篆	假	隶书	假	草书	假

甲烷：[jiǎ wán] 最简单的有机化合物，化学式 CH_4。无色无味的可燃气体。是天然气的主要成分。用作燃料和化工原料。

小篆	甲	隶书	甲	草书	甲

甲胄：[jiǎ zhòu] 盔甲。

小篆	胄	隶书	胄	草书	胄

嫁接：[jià jiē] 把要繁殖的植物的枝或芽接到另一种植物体上，使它们结合在一起，成为一个独立生长的植株。嫁接能保持植物原有的某些特性，是常用的改良品种的方法。

小篆	嫁	隶书	嫁	草书	嫁

监控：[jiān kòng] 1. 监测和控制（机器、仪表的工作状态或某些事物的变化等）。2. 监督控制；监视并控制。

小篆	监	隶书	监	草书	监

歼灭：[jiān miè] 消灭（敌人）。

小篆	歼	隶书	歼	草书	歼

减数分裂：[jiǎn shù fēn liè] 细胞分裂方式，生物细胞中染色体数目减半的分裂方式。

小篆	减	隶书	减	草书	减

鉴定：[jiàn dìng] 1. 鉴别和评定（人的优缺点）。2. 评定人的优缺点的文字。3. 辨别并确定事物的真伪、优劣等：这衣服的剪裁式样，要是给话剧团管道具的专家见了，准会～出它是哪一年的时装。——茅盾《委屈》

小篆	鑒	隶书	鉴	草书	鉴

间歇：[jiàn xiē] 动作、变化等隔一定时间就停息一会儿。

小篆	閒	隶书	间	草书	间

豇豆：[jiāng dòu] 1. 一年生草本植物，有的有攀缘茎，有的植株矮小。荚果为圆筒形，种子呈肾脏形。嫩荚是常见蔬菜。2. 这种植物的荚果或种子。

小篆	豇	隶书	豇	草书	豇

糨糊：[jiàng hu] 用面粉等做成的可以粘贴东西的糊状物。

小篆	糨	隶书	糨	草书	糨

犟嘴：[jiàng zuǐ] 顶嘴；强辩：时不时嘴一噘，身子狠狠一扭，背转过去，～。——康濯《灾难的明天》

小篆	犟	隶书	犟	草书	犟

焦炭：[jiāo tàn] 一种固体燃料，质硬，多孔，发热量高。用烟煤高温干馏而成。多用于冶炼。

小篆	焦	隶书	焦	草书	焦

搅拌：[jiǎo bàn] 用棍子等在混合物中转动、和弄，使均匀。

小篆	攪	隶书	搅	草书	搅

脚踝：[jiǎo huái] 小腿与脚之间左右两侧的突起部分。

小篆	脚	隶书	脚	草书	脚

矫健：［jiǎo jiàn］强壮有力：马走在花海中，显得格外～。——碧野《天山景物记》

| 小篆 | 犞 | 隶书 | 矫 | 草书 | 矫 |

矫揉造作：［jiǎo róu zào zuò］把弯的弄直，把直的弄弯，来制造器物。形容过分做作，极不自然：他们原是好好妇人，却要装作男人，可谓～了。——清·李汝珍《镜花缘》

| 小篆 | 楺 | 隶书 | 揉 | 草书 | 揉 |

皎洁：［jiǎo jié］（月亮等）明亮而洁白：月色是这样的～，夜是这样的静默。——茅盾《一个女性》

| 小篆 | 晈 | 隶书 | 皎 | 草书 | 皎 |

侥幸：［jiǎo xìng］意外获得成功或免除灾害：心存～。

| 小篆 | 僥 | 隶书 | 侥 | 草书 | 侥 |

教诲：［jiào huì］教训；教导。

| 小篆 | 斆 | 隶书 | 教 | 草书 | 教 |

接触：［jiē chù］1. 挨上；碰着。2.（人跟人）接近并发生交往或冲突。

| 小篆 | 㙇 | 隶书 | 接 | 草书 | 接 |

接穗：［jiē suì］嫁接植物时用来接在砧木上的枝或芽。

| 小篆 | 襨 | 隶书 | 穗 | 草书 | 穗 |

桔梗：［jié gěng］多年生草本植物，叶子卵形或卵状披针形，花暗蓝色或暗紫白色。供观赏。根可入药。

| 小篆 | 桔 | 隶书 | 桔 | 草书 | 桔 |

拮据：[jié jū] 缺少钱，境况窘迫：听说她的经济很～，债务也不能清理。——冰心《两个家庭》

小篆	秸	隶书	拮	草书	拮

截取：[jié qǔ] 从中取（一段或一部分）：能达到像他这样的调和谐整地～自然的地步的，却也不多。——郁达夫《十三夜》

小篆	戳	隶书	截	草书	截

解决：[jiě jué] 1. 处理问题使有结果：两顿饭，一个住处，～了天大的问题。——老舍《月牙儿》2. 消灭（坏人）。

小篆	解	隶书	解	草书	解

芥菜：[jiè cài] 1. 一年生或两年生草本植物，开黄色小花，果实细长。种子黄色，有辣味，磨成粉末，叫芥末，用作调味品。芥菜变种很多，形态各异，按用途分为叶用芥菜（如雪里蕻），茎用芥菜（如青菜头）和根用芥菜（如大头菜）等。2. 特指大叶芥，一年生草本植物，是叶用芥菜的一种，叶子大，表面多皱纹，叶脉显著，是常见蔬菜。

小篆	芥	隶书	芥	草书	芥

芥蓝：[jiè lán] 一年生或两年生草本植物，叶柄长，叶子卵形，花白色或黄色。嫩叶和菜薹可以吃，是常见蔬菜。

小篆	藍	隶书	蓝	草书	蓝

借鉴：[jiè jiàn] 跟别的人或事物对照，以便取长补短或吸取教训。

小篆	借	隶书	借	草书	借

界限：[jiè xiàn] 不同事物的分界。

小篆	畍	隶书	界	草书	界

界线：〔jiè xiàn〕1. 两个地区分界的线。2. 不同事物的分界。3. 某些事物的边缘。

小篆	綫	隶书	线	草书	线

金箍棒：〔jīn gū bàng〕《西游记》中孙悟空的兵器。

小篆	金	隶书	金	草书	全

金橘：〔jīn jú〕1. 常绿灌木或小乔木，叶子披针形或长圆形，开白色小花。果实小，长圆形，果皮金黄色，有特殊的香气，味酸甜，可以吃。2. 这种植物的果实。

小篆	橘	隶书	橘	草书	橘

金銮殿：〔jīn luán diàn〕唐代宫内有金銮殿，后来小说戏曲中泛称皇帝接受朝见的殿。

小篆	鑾	隶书	銮	草书	銮

金丝猴：〔jīn sī hóu〕哺乳动物，身体瘦长，毛灰黄色，面孔蓝色，鼻孔向上，尾巴长，背部有金黄光亮的长毛。生活在高山的大树上，是我国特有的珍贵动物。

小篆	絲	隶书	丝	草书	丝

金银花：〔jīn yín huā〕学名忍冬，因其花初开为白色，后转为黄色，因此得名金银花；又因为一蒂二花，两条花蕊探在外，成双成对，形影不离，故有"鸳鸯藤"之称。半常绿灌木，花、茎、叶都可入药。

小篆	銀	隶书	银	草书	银

金盏菊：〔jīn zhǎn jú〕金盏花。一年或两年生草本植物。叶子互生，披针形，头状花序，花冠乳黄色或橘红色。全草和花可入药，有利尿、发汗、兴奋、通经等作用。

小篆	琖	隶书	盏	草书	盏

禁锢：〔jìn gù〕1. 封建时代统治集团禁止异己的人做官或不许他们参加政治活动。2. 关押；监禁。3. 束缚；强力限制：云彩在天空中，人在地面上——思想被事实～住，便是一切苦痛的根源。——冰心《繁星》

小篆	禁	隶书	禁	草书	禁

噤若寒蝉：[jìn ruò hán chán] 像深秋的蝉那样不再鸣叫，形容不敢作声：他的话完

了，台下有几个人拼命地高声鼓掌，而更多的人却～、面面相觑。——杨沫《青春

之歌》

小篆	𠹬	隶书	噤	草书	噤

惊讶：[jīng yà] 感到很奇怪；惊异：意外的～使我不自觉地把语音特别提高。——

杨朔《潼关之夜》

小篆	𢥠	隶书	惊	草书	惊

警惕：[jǐng tì] 对可能发生的危险情况或错误倾向保持敏锐的感觉：郭祥向战士们交

代了任务，～地望着周围的一切。——魏巍《东方》

小篆	警	隶书	警	草书	警

痉挛：[jìng luán] 肌肉紧张，不由自主地收缩。多由中枢神经系统受刺激引起。

小篆	痙	隶书	痉	草书	痉

静谧：[jìng mì] 安静：一切都是那么～美好，一切都浸润在生命的芬芳与光泽

里。——映子《爱如茉莉》

小篆	靜	隶书	静	草书	静

纠纷：[jiū fēn] 争执的事情：据说是为了一只家鸽，惹起非用武力解决不可的

～。——老舍《茶馆》

小篆	紏	隶书	纠	草书	纠

纠葛：[jiū gé] 纠缠不清的事情；纠纷：只为了一点儿小～，他便匿名向小报投稿，

诬陷老朋友去了。——鲁迅《后记》

小篆	葛	隶书	葛	草书	葛

九曲连环：[jiǔ qū lián huán] 本意指黄河的地理、自然特征（黄河有九个重大的弯）。现在是形容很曲折、复杂的情况，也可以形容河流弯曲：浊流宛转，结成～。——光未然《黄河颂》

小篆	几	隶书	九	草书	九

鞠躬尽瘁：[jū gōng jìn cuì] 出自三国·诸葛亮《后出师表》："鞠躬尽力，死而后已"（"力"选本多作"瘁"）。指小心谨慎，贡献出全部力量。

小篆	鞠	隶书	鞠	草书	鞠

拘泥：[jū nì] 1. 固执；不知变通。2. 拘束；不自然：晚间吃酒，大家取乐，不可～。——清·曹雪芹《红楼梦》

小篆	拘	隶书	拘	草书	拘

居心叵测：[jū xīn pǒ cè] 存心险恶，不可推测：混入神团，～，乘火打劫，抢劫民财。——老舍《神拳》

小篆	居	隶书	居	草书	居

踽踽独行：[jǔ jǔ dú xíng] 孤零零地独自走着，形容非常孤独：他成了一个～，形单影只，自言自语，孤苦伶仃的畸零人。——徐迟《哥德巴赫猜想》

小篆	踽	隶书	踽	草书	踽

咀嚼：[jǔ jué] 1. 用牙齿磨碎食物。2. 比喻对事物反复体会：这首诗中，诗句的意境很耐人～。

小篆	咀	隶书	咀	草书	咀

沮丧：[jǔ sàng] 灰心失望：孙吉人这话刚出口，王和甫就很～地摇头。——茅盾《子夜》

小篆	沮	隶书	沮	草书	沮

噘嘴：[juē zuǐ] 翘起嘴唇，表示生气或不满。

小篆	噘	隶书	噘	草书	噘

诀别：[jué bié] 分别（多指不易再见的离别）：看着三轮车远去，也绝没有想到那竟是永远的～。——史铁生《秋天的怀念》

小篆	䛐	隶书	诀	草书	诀

攫取：[jué qǔ] 掠夺；获取：人们从生活这同一源泉里却～了怎样不同的东西。——张洁《谁生活得更美好》

小篆	攫	隶书	攫	草书	攫

均衡：[jūn héng] 平衡。

小篆	均	隶书	均	草书	均

咖啡：[kā fēi] 1. 常绿小乔木或灌木，叶子长卵形，先端尖，花白色，有香气，结浆果，深红色，内有两颗种子。2. 炒熟的咖啡种子制成的粉末。3. 用咖啡种子的粉末制成的饮料。

小篆	咖	隶书	咖	草书	咖

开拓：[kāi tuò] 1. 开辟；扩展：帝国主义要～殖民地，需要地质学家当急先锋。——徐迟《地质之光》2. 采掘矿物前进行的修建巷道等工序的总称。

小篆	开	隶书	开	草书	开

凯歌：[kǎi gē] 得胜时所唱的歌：可上九天揽月，可下五洋捉鳖，谈笑～还。——毛泽东《水调歌头·重上井冈山》

小篆	凯	隶书	凯	草书	凯

看护：[kān hù] 1. 护理。2. 护士的旧称。

小篆	看	隶书	看	草书	看

亢奋：[kàng fèn] 极度兴奋：她那被银灰色围脖衬托着的脸上泛出～的红光。——刘心武《没有讲完的课》

小篆	亣	隶书	亢	草书	亢

溘然长逝：[kè rán cháng shì] 忽然死去：乃归未及一月，竟～，年仅逾弱冠耳。——梁启超《饮冰室诗话》

小篆	溘	隶书	溘	草书	溘

空旷：[kōng kuàng] 地方广阔，没有树木、建筑物等：秋之气清以肃，氛雾收而天高，田禾毕登，原野～。——清·吴敏树《九日鹿角登高》

小篆	空	隶书	空	草书	空

恐吓：[kǒng hè] 以要挟的话或手段威胁人；吓唬。

小篆	恐	隶书	恐	草书	恐

恐龙：[kǒng lóng] 古爬行动物，种类很多，大的长达几十米，小的不足一米，生活在陆地或沼泽附近。繁盛于中生代，在中生代末期灭绝。

小篆	龙	隶书	龙	草书	龙

孔雀：[kǒng què] 鸟，头上有羽冠，雄的尾部的羽毛很长，颜色绚丽，展开时像扇子。常见的有绿孔雀和白孔雀两种。成群生活在热带森林中或河岸边，吃谷类和果实等。多饲养来观赏。

小篆	孔	隶书	孔	草书	孔

枯涸：[kū hé] 水干竭：溪水因～见石更清冽了。——何其芳《秋天》

小篆	枯	隶书	枯	草书	枯

骷髅：[kū lóu] 干枯无肉的死人头骨或全副骨骼。

小篆	骷	隶书	骷	草书	骷

宽敞：[kuān chang] 宽阔；宽大：一出了村，他觉人也不挤了，路也～了，这才伸手到怀里摸他的手套。——赵树理《套不住的手》

小篆	寬	隶书	宽	草书	宽

宽恕：[kuān shù] 宽容饶恕：我应该感激她，应该～她，虽然她在别的时候说了谎。——巴金《春天里的秋天》

小篆	恕	隶书	恕	草书	恕

髋关节：[kuān guān jié] 由股骨头与髋臼相对构成，属于杵臼关节。

小篆	髖	隶书	髖	草书	髋

盔甲：[kuī jiǎ] 古代打仗穿的服装，盔保护头部，甲保护身体，多用金属或皮革等制成。

小篆	盔	隶书	盔	草书	盔

魁梧：[kuí wu]（身体）强壮高大：停了一阵，他又把周大勇打量一番，像是从周大勇那～的身材上得到了什么启示。——杜鹏程《保卫延安》

小篆	魁	隶书	魁	草书	魁

跬步不离：[kuǐ bù bù lí] 半步也不离开，形容关系十分密切：三宝四宝又甚相爱，稍长即～，小家不知别嫌疑。——清·纪昀《阅微草堂笔记·姑妄听之一》（跬步，半步。）

小篆	跬	隶书	跬	草书	跬

溃败：[kuì bài]（军队）被打垮：前徒即倒戈，～如山崩。——元·王恽《东征》

小篆	潰	隶书	溃	草书	溃

溃疡：[kuì yáng] 皮肤或黏膜组织缺损、溃烂。如胃溃疡、口腔溃疡等。

小篆	瘍	隶书	疡	草书	疡

捆绑：[kǔn bǎng] 用绳子等捆（多用于人）。

小篆	綑	隶书	捆	草书	捆

困惑：[kùn huò] 1. 感到疑难，不知道该怎么办：众目睽睽下，这个本来笑容自若的姑娘也不禁微微～了。——何为《第二次考试》2. 使困惑。

小篆	困	隶书	困	草书	困

阔绰：[kuò chuò] 排场大，生活奢侈：听说他在那边～过一个时期，可是您看他现在已经落到什么田地！——法国·莫泊桑《我的叔叔于勒》

小篆	闊	隶书	阔	草书	阔

喇嘛：[lǎ ma] 藏传佛教的僧人，原为一种尊称，意为"高僧"。也是活佛的一种称呼。

小篆	喇	隶书	喇	草书	喇

辣椒：[là jiāo] 1. 一年生草本植物，叶子卵状披针形，花白色。果实呈圆锥形、心脏形等，青色，成熟后变红色，一般都有辣味，可作蔬菜。2. 这种植物的果实。

小篆	辣	隶书	辣	草书	辣

蜡梅：[là méi] 同"腊梅"。1. 落叶灌木，叶子长椭圆形或卵形，开花以后才长叶子。冬季开花，花瓣外层黄色，内层暗紫色，香气浓。供观赏。2. 这种植物的花。

小篆	蠟	隶书	蜡	草书	蜡

癞蛤蟆：[lài há ma] 蟾蜍的通称。

小篆	癩	隶书	癞	草书	癞

烙饼：[lào bǐng] 烙成的饼，饼内一般加油盐。

小篆	烙	隶书	烙	草书	烙

肋骨：[lèi gǔ] 人和高等动物胸壁两侧的长条形的骨。人有十二对肋骨，形状扁而弯，后接脊柱，前连胸骨，有保护胸腔内脏的作用。有的地区叫肋条。

小篆	肍	隶书	肋	草书	肋

棱锥：[léng zhuī] 一个多边形和若干个同一顶点的三角形所围成的多面体。

小篆	楞	隶书	棱	草书	棱

冷凝：[lěng níng] 气体或液体遇冷而凝结，如水蒸气遇冷变成水，水遇冷变成冰。

小篆	冷	隶书	冷	草书	冷

鲤鱼：[lǐ yú] 体侧扁而长，背部苍黑色，腹部黄白色，有的尾部或全身红色，口边有须两对。是我国重要的淡水鱼。

小篆	鯉	隶书	鲤	草书	鲤

厉兵秣马：[lì bīng mò mǎ] 也说秣马厉兵。磨好兵器，喂饱马。指准备作战：孙权克仗先烈，雄踞江东，举贤任能，～，以伺中国之变。——南宋·陈亮《酌古论·吕蒙》（"厉"古同"砺"。）

小篆	厲	隶书	厉	草书	厉

痢疾：[lì ji] 传染病，按病原体的不同，可分为细菌性痢疾和阿米巴痢疾两种。前者较为常见，主要症状是发热、腹痛、腹泻、里急后重，大便有脓血和黏液等。

小篆	痢	隶书	痢	草书	痢

荔枝：[lì zhī] 1.常绿乔木，羽状复叶，小叶长椭圆形，花绿白色，果实球形或卵形，外皮有瘤状突起，熟时紫红色，果肉白色，多汁，味道很甜，是我国特产。2.这种植物的果实。

小篆	荔	隶书	荔	草书	荔

怜悯：［lián mǐn］对遭遇不幸的人表示同情：陛下～京师之人，虑其乏食，故权停举选。——唐·韩愈《论今年权停举选状》

小篆	𢙱	隶书	怜	草书	怜

莲藕：［lián ǒu］1. 莲的地上茎与地下茎。2. 藕。

小篆	蓮	隶书	莲	草书	莲

连翘：［lián qiáo］落叶灌木，叶子卵形或长椭圆形。先开花后长叶，花黄色，供观赏。果实可入药。

小篆	連	隶书	连	草书	连

脸颊：［liǎn jiá］脸的两旁部分。

小篆	臉	隶书	脸	草书	脸

链接：［liàn jiē］在计算机程序的各模块之间传递参数和控制命令，并把它们组成一个可执行的整体的过程。

小篆	鏈	隶书	链	草书	链

嘹亮：［liáo liàng］（声音）清晰而响亮：牛背上牧童的短笛，这时候也成天～地响着。——朱自清《春》

小篆	嘹	隶书	嘹	草书	嘹

缭绕：［liáo rào］回环旋转：只见园中香烟～，花彩缤纷……说不尽这太平气象，富贵风流。——清·曹雪芹《红楼梦》

小篆	繚	隶书	缭	草书	缭

趔趄：［liè qie］身子歪斜，脚步不稳：老婆子讨得没趣，只得～着退到后面。——清·李宝嘉《官场现形记》

小篆	趔	隶书	趔	草书	趔

淋漓：[lín lí] 1. 形容湿淋淋地往下滴。2. 形容畅快：～痛饮长亭暮，慷慨悲歌白发新。——南宋·陆游《哀郢》诗之二

小篆	𣲖	隶书	淋	草书	淋

嶙峋：[lín xún] 1. 形容山石等突兀、重叠：遂登天台望，众壑皆～。——唐·韩愈《送惠师》2. 形容人消瘦露骨。3. 形容人刚正有骨气。

小篆	嶙	隶书	嶙	草书	嶙

领域：[lǐng yù] 1. 一国行使主权的区域。2. 学术思想或社会活动的范围：诗，不但支配了整个文学～，还影响了造型艺术。——闻一多《文学的历史动向》

小篆	領	隶书	领	草书	领

浏览器：[liú lǎn qì] 多指计算机系统中用来查找、浏览或下载网站信息的应用程序。

小篆	瀏	隶书	浏	草书	浏

流氓：[liú máng] 1. 原指无业游民，后来指不务正业、为非作歹的人。2. 指调戏妇女等恶劣行为。

小篆	流	隶书	流	草书	流

硫酸：[liú suān] 无机化合物，化学式 H_2SO_4。无色油状液体，含杂质时为黄色或棕色，是一种强酸，用来制造肥料、染料、炸药、药品等，也用于石油工业和冶金工业。

小篆	硫	隶书	硫	草书	硫

龙胆草：[lóng dǎn cǎo] 多年生草本植物，叶子卵状披针形，花紫色，根可入药。

小篆	龍	隶书	龙	草书	龙

笼罩：[lǒng zhào] 广泛覆盖的样子：暮霭挟着薄雾～了外白渡桥的高耸的钢架。——茅盾《子夜》

小篆	籠	隶书	笼	草书	笼

镂空：［lòu kōng］在物体上雕刻出穿透物体的花纹或文字：多家国际名牌都有自己经典的～款式，深受时尚人士喜爱。

小篆	鏤	隶书	镂	草书	镂

鸬鹚：［lú cí］水鸟，羽毛黑色，有绿、蓝、紫色光泽，嘴扁而长，暗黑色，上嘴的尖端有钩。能游泳，善于捕鱼，喉下的皮肤扩大成囊状，捕得鱼可以放在囊内。我国南方多饲养来帮助捕鱼。通称鱼鹰，有的地区叫墨鸦。

小篆	鸬	隶书	鸬	草书	鸬

芦笙：［lú shēng］苗、侗等少数民族的管乐器，用若干根芦竹管和一根吹气管装在木制的座子上制成。

小篆	芦	隶书	芦	草书	芦

芦笋：［lú sǔn］石刁柏的通称。百合科天门冬属植物，多年生草本，光滑无毛，稍带白粉。茎长而软，可作蔬菜食用，被视为一种保健食品。

小篆	笋	隶书	笋	草书	笋

鹭鸶：［lù sī］白鹭。鸟，嘴直而尖，颈长，飞翔时缩着颈，生活在水边。

小篆	鹭	隶书	鹭	草书	鹭

屡次：［lǚ cì］一次又一次：我～问她，她总含笑不说。——冰心《六一姊》

小篆	屡	隶书	屡	草书	屡

旅行：［lǚ xíng］为了办事或游览从一个地方到另一个地方（多指路程较远的）。

小篆	旅	隶书	旅	草书	旅

掠夺：［lüè duó］抢劫；夺取：那些少数～劳工剩余的强盗，都该匿迹销声了。——李大钊《新纪元》

小篆	掠	隶书	掠	草书	掠

轮毂：[lún gǔ] 车轮的中心装轴的部分。

小篆	輪	隶书	轮	草书	轮

伦理：[lún lǐ] 人与人相处的各种道德准则：他们也就常常表现了～的最高精神。——冯雪峰《苦力父子》

小篆	儯	隶书	伦	草书	伦

罗布泊：[luó bù pō] 中国新疆维吾尔自治区东南部湖泊。由于形状宛如人耳，罗布泊被誉为"地球之耳"，又被称作"死亡之海"。

小篆	羅	隶书	罗	草书	罗

罗敷：[luó fū] 古代美女名：东家有贤女，自名秦～。——汉乐府诗《孔雀东南飞》（此诗句内为美女代称）

小篆	敷	隶书	敷	草书	敷

逻辑：[luó jí] 1. 思维的规律：这个想法也许不合～，但在情理上却很有根据。2. 客观的规律性。3. 逻辑学。

小篆	邏	隶书	逻	草书	逻

骡马：[luó mǎ] 骡和马。泛指牲口。

小篆	驘	隶书	骡	草书	骡

骆驼：[luò tuo] 哺乳动物，反刍类，身体高大，头小颈长，背上有驼峰，蹄扁平，蹄底有肉质的垫，适于在沙漠中行走。有双重眼睑，不怕风沙。有高度耐饥渴的能力。嗅觉灵敏，能嗅出远处的水源，又能预感大风的到来。供骑乘或运货，是沙漠地区主要的力畜。

小篆	駱	隶书	骆	草书	骆

麻醉剂：[má zuì jì] 即麻醉药，能引起麻醉现象的药物，如乙醚、普鲁卡因等，也叫麻药。指用药物或非药物方法使机体或机体局部暂时可逆性失去知觉及痛觉，多用于手术或某些疾病治疗的药剂。"麻沸散"就是世界上第一个被发明和使用的麻醉剂，由东汉末年和三国年间杰出的医学家华佗所创制。近代最早发明全身麻醉剂的人是十九世纪初期的英国化学家戴维。

小篆	廇	隶书	麻	草书	麻

马铃薯：[mǎ líng shǔ] 1. 一年生草本植物，羽状复叶，小叶有柄，卵圆形，花白色、红色或蓝紫色。地下块茎肥大，可以吃。2. 这种植物的块茎。通称土豆，有的地区叫洋芋、山药蛋。

小篆	象	隶书	马	草书	马

马头琴：[mǎ tóu qín] 蒙古族弦乐器，有两根弦，琴身呈梯形，琴柄顶端刻有马头作装饰。

小篆	頭	隶书	头	草书	头

蚂蚁：[mǎ yǐ] 昆虫，体小而长，黑色或褐色，头大，有一对复眼，触角长，腹部卵形。雌蚁和雄蚁有翅膀，工蚁没有。在地下筑巢，成群穴居。

小篆	蟻	隶书	蚂	草书	蚂

埋没：[mái mò] 1. 掩埋；埋起来。2. 使显不出来；使不发挥作用：你～在这乡村镇上，虽有才学，谁人是识得你的。——清·吴敬梓《儒林外史》

小篆	貍	隶书	埋	草书	埋

脉冲：[mài chōng] 1. 指电流或电压的短暂的起伏变化。各种高频脉冲广泛用在无线电技术中。2. 指变化规律类似电脉冲的现象，如脉冲激光器。

小篆	衇	隶书	脉	草书	脉

卖弄：[mài nong] 有意显示、炫耀（自己的本事）：楚王～武艺，连射一鹿一兔，俱

获之。——明·冯梦龙《东周列国志》

小篆	𧵗	隶书	卖	草书	卖

杧果：[máng guǒ] 也作芒果。1. 常绿乔木，叶子互生，长椭圆形。花黄色。果实略呈

肾脏形，熟时黄色，核大，果肉黄色，可以吃。生长在热带地区。2. 这种植物的果实。

小篆	—	隶书	杧	草书	—

梅花鹿：[méi huā lù] 鹿的一种。夏季毛栗红色，背部有白斑，冬季毛变成棕黄色，白

斑变得不明显。四肢细而强壮，善跑。雄鹿有角，初生之角称鹿茸，可入药。

小篆	𣡡	隶书	梅	草书	梅

媒介：[méi jiè] 使双方（人或事物）发生关系的人或事物。

小篆	𡡾	隶书	媒	草书	媒

每况愈下：[měi kuàng yù xià] 本作每下愈况。（况，甚。）出自春秋·庄子《庄子·

知北游》，意思是愈下愈甚。后指情况越来越坏。

小篆	𣎵	隶书	每	草书	每

闷热：[mēn rè] 天气很热，气压低，湿度大，使人感到呼吸不畅快：天气这样～，

回头多半下雨。——曹禺《雷雨》

小篆	悶	隶书	闷	草书	闷

门槛：[mén kǎn] 也叫门坎。1. 门框下部挨着地面的横木（也有用石头的）。2. 比喻

进入某范围的标准或条件。3. 窍门，也指找窍门或占便宜的本领。

小篆	門	隶书	门	草书	门

萌发：[méng fā] 1. 种子或孢子发芽。2. 比喻事物发生。

小篆	萌	隶书	萌	草书	萌

懵懂：［měng dǒng］糊涂；不明事理；不懂得。

小篆	懵	隶书	懵	草书	懵

梦寐：［mèng mèi］睡梦：清歌雅舞，暂同于～。——南朝·何逊《七召·神仙》

小篆	夢	隶书	梦	草书	梦

梦魇：［mèng yǎn］睡梦中，因受惊吓而喊叫，或觉得有东西压在身上，不能动弹。

小篆	魘	隶书	魇	草书	魇

猕猴桃：［mí hóu táo］有的地区叫奇异果。1. 落叶藤本植物，叶子互生，圆形或卵形，花黄色，浆果近球形。果实可以吃，也可入药，茎皮纤维可以做纸，花可以提制香料。2. 这种植物的果实。

小篆	獼	隶书	猕	草书	猕

糜烂：［mí làn］1. 烂到不可收拾。2. 腐化堕落：可以刺激那些过着～的生活的，觉着无聊与疲倦的人们。——洪深《电影戏剧的编剧方法》

小篆	糜	隶书	糜	草书	糜

弥漫：［mí màn］（烟尘、雾气、水等）充满；布满：湖上水～，清江初可涉。——唐·王昌龄《采莲》

小篆	瀰	隶书	弥	草书	弥

麋鹿：［mí lù］哺乳动物，毛淡褐色，雄的有角，角像鹿，尾像驴，蹄像牛，颈像骆驼，但从整体来看哪一种动物都不像。性温顺，吃植物。原生活在我国，是一种珍稀动物。也叫四不像。

小篆	麋	隶书	麋	草书	麋

觅食：［mì shí］鸟兽到处搜寻食物吃。

小篆	覓	隶书	觅	草书	觅

绵延: [mián yán] 延续不断: 群体～不绝,能够继续到永久,则个人亦何尝不可以说是永生。——巴金《生》

小篆	絲	隶书	绵	草书	绵

勉强: [miǎn qiǎng] 1. 能力不够,还尽力做。2. 不是心甘情愿的。3. 使人做他自己不愿做的事。4. 牵强;理由不充足。5. 将就;凑合。

小篆	勬	隶书	勉	草书	勉

面面厮觑: [miàn miàn sī qù] 你看我,我看你,大家因惊惧或不知所措而互相望着,都不说话,形容因紧张或惊惧而束手无策之状: 只见这十五个人,头重脚轻,一个个～,都软倒了。——明·施耐庵《水浒传》

小篆	圓	隶书	面	草书	面

庙宇: [miào yǔ] 供神佛或历史上有名人物的处所。

小篆	廟	隶书	庙	草书	庙

铭记: [míng jì] 1. 深深地记在心里: 这公开参加革命的第一天啊,将永远～在我的心里。——杨沫《青春啊,永远发出绚烂的光彩吧》2. 铭文。

小篆	銘	隶书	铭	草书	铭

蘑菇: [mó gu] 1. 伞状(伞菌目)的大型真菌,现指某些可以食用的真菌,特指口蘑。2. 故意纠缠: 你别跟我～,我还有要紧事。3. 行动迟缓,拖延时间: 你再～下去,非误了火车不可。

小篆	蘑	隶书	蘑	草书	蘑

模式: [mó shì] 某种事物的标准形式或使人可以照着做的标准样式。

小篆	模	隶书	模	草书	模

抹杀：[mǒ shā] 也作抹煞。一概不计；完全勾销：他实实在在干出成绩来了，这点不能～。——高云览《小城春秋》

小篆	抹	隶书	抹	草书	抹

茉莉：[mò lì] 1. 常绿灌木，叶子卵形或椭圆形，有光泽，花白色，香气浓。供观赏，花可用来窨制茶叶，根、叶可入药。2. 这种植物的花。

小篆	茉	隶书	茉	草书	茉

默契：[mò qì] 1. 双方的意思没有明白说出来而彼此有一致的了解：只能心印～，不可言传。——沈从文《菜园》2. 秘密的条约或口头协定。

小篆	默	隶书	默	草书	默

没药：[mò yào] 中药名，原产于西亚、东非，中国对没药的记载唐代就开始出现。伤科医生多"乳香""没药"同用，功效行气活血、疗伤止痛，外用消肿止血。

小篆	没	隶书	没	草书	没

谋划：[móu huà] 筹划；想办法：他们在～未来。

小篆	谋	隶书	谋	草书	谋

谋生：[móu shēng] 设法寻求维持生活的门路：～无奈日奔驰，有弟偏教各别离。——鲁迅《别诸弟》诗之三

小篆	生	隶书	生	草书	生

牡丹：[mǔ dan] 1. 落叶灌木，叶子有柄，羽状复叶，小叶卵形或长椭圆形，花大，单生，通常深红、粉红或白色，是著名的观赏植物。根皮可入药，叫丹皮。2. 这种植物的花。

小篆	牡	隶书	牡	草书	牡

暮霭：[mù ǎi] 傍晚的云雾：念去去千里烟波，～沉沉楚天阔。——北宋·柳永《雨霖铃》

小篆	莫	隶书	暮	草书	暮

苜蓿：[mù xu] 多年生草本植物，叶子为三片小叶组成的复叶，小叶长圆形。开蝶形花，结荚果。是一种重要的牧草和绿肥作物。种类很多，常见的有紫花苜蓿。

小篆	苜	隶书	苜	草书	苜

沐浴：[mù yù] 1. 洗澡。2. 借指受润泽。3. 比喻沉浸在某种环境中。

小篆	沐	隶书	沐	草书	沐

内疚：[nèi jiù] 心里感觉惭愧不安：惩难思复，心焉～。——南朝·萧统《文选·嵇康》

小篆	内	隶书	内	草书	内

能耐：[néng nai] 1. 技能；本领。2. 有能耐。

小篆	能	隶书	能	草书	能

泥淖：[ní nào] 烂泥；泥坑。也用于比喻：在艺术的道路上，"自然主义"这个～曾经坑害了不少的行人。——秦牧《艺海拾贝》

小篆	泥	隶书	泥	草书	泥

泥泞：[ní nìng] 1. 因有烂泥而不好走：～沉车毂，农输绝苦心。——北宋·苏辙《积雨》2. 淤积的烂泥。

小篆	泞	隶书	泞	草书	泞

泥潭：[ní tán] 泥坑，也用于比喻：若身在～，而心系鲲鹏，则能见九万里天地。——朱秀海《乔家大院》

小篆	潭	隶书	潭	草书	潭

溺爱：[nì ài] 过分宠爱（自己的孩子）：只是如今这薛公子幼年丧父，寡母又怜他是个独根孤种，未免～纵容。——清·曹雪芹《红楼梦》

小篆	隸书	草书
溺	溺	溺

黏稠：[nián chóu] 又黏又稠。

小篆	隸书	草书
黏	黏	黏

鸟巢：[niǎo cháo] 鸟儿为了保存蛋、孵蛋并抚育小鸟而做的窝。

小篆	隸书	草书
鸟	鸟	鸟

柠檬：[níng méng] 1.柠檬树，常绿小乔木。叶子长椭圆形，质厚。花单生，外面粉红色，里面白色。果实长椭圆形或卵形，果肉味极酸，可制饮料，果皮黄色，可提取柠檬油。2.这种植物的果实。

小篆	隸书	草书
檸	柠	柠

凝重：[níng zhòng] 1.端庄；庄重：（吕光）沉毅～，宽简有大量，喜怒不形于色。——唐·房玄龄等《晋书·吕光载记》 2.（声音）浑厚。3.浓重。

小篆	隸书	草书
凝	凝	凝

女娲：[nǔ wā] 神话中人类的始祖。传说她曾用黄土造人，并炼五色石补天。

小篆	隸书	草书
女	女	女

虐待：[nüè dài] 用残暴狠毒的手段对待。

小篆	隸书	草书
虐	虐	虐

怄气：[òu qì] 闹别扭，生闷气：没想到把我分到后方，我就～，觉得上级瞧不起我。——魏巍《东方》

小篆	隸书	草书
怄	怄	怄

迫击炮：[pǎi jī pào] 从炮口装弹，以曲射为主的火炮，炮身短，射程较近，轻便灵活，能射击遮蔽物后方的目标。

小篆	𨥁	隶书	迫	草书	迫

攀登：[pān dēng] 抓住东西向上爬：卷浮云以太息，顾～而无阶。——魏晋·曹植《九愁赋》

小篆	𤔔	隶书	攀	草书	攀

攀附：[pān fù] 1. 附着东西往上爬。2. 比喻投靠有权势的人，以求高升：我们乡下有个润老，许多人都想～他。——唐弢《琐忆》

小篆	𨽥	隶书	附	草书	附

盘缠：[pán chan] 路费。

小篆	𣪊	隶书	盘	草书	盘

蹒跚：[pán shān] 腿脚不灵便，走起路来缓慢、摇摆的样子：天钧鸣响亮，天禄行～。——唐·皮日休《太湖诗·上真观》

小篆	𨄮	隶书	蹒	草书	蹒

叛逆：[pàn nì] 1. 背叛。2. 有背叛行为的人：因而近朱者，便都是乱党，不白的，自然也尽成了～。——郁达夫《瓢儿和尚》

小篆	𤲃	隶书	叛	草书	叛

滂沱：[pāng tuó] 形容雨下得很大：月离于毕，俾～矣。——《诗经·小雅·渐渐之石》

小篆	𤁬	隶书	滂	草书	滂

磅礴：[páng bó] 1.（气势）盛大：五岭逶迤腾细浪，乌蒙～走泥丸。——毛泽东《七律·长征》2.（气势）充满。

小篆	𥕥	隶书	磅	草书	磅

庞大：［páng dà］（形体、组织或数量等）很大（多含过大或大而无当的意思）。

| 小篆 | 廒 | 隶书 | 庞 | 草书 | 庞 |

咆哮：［páo xiào］1.（猛兽）怒吼。2.水流奔腾轰鸣，也形容人暴怒喊叫：～者不必勇，淳淡者不必怯。——东晋·葛洪《抱朴子·清鉴》

| 小篆 | 㗉 | 隶书 | 咆 | 草书 | 咆 |

炮仗：［pào zhang］爆竹。

| 小篆 | 炮 | 隶书 | 炮 | 草书 | 炮 |

胚胎：［pēi tāi］1.在母体内初期发育的动物体，由卵受精后发育而成。人的胚胎借脐带与胎盘相连，通过胎盘从母体吸取营养。2.比喻事物的萌芽。

| 小篆 | 胚 | 隶书 | 胚 | 草书 | 胚 |

喷嚏：［pēn tì］也叫嚏喷。由于鼻黏膜受到刺激，急剧吸气，然后很快地由鼻孔喷出并发出声音的现象。

| 小篆 | 噴 | 隶书 | 喷 | 草书 | 喷 |

蓬荜生辉：［péng bì shēng huī］谦词，表示由于别人到自己家里来或张挂别人给自己题赠的字画等而使自己非常光荣。也说蓬荜增辉。（蓬荜，蓬门荜户的略语。）

| 小篆 | 蓬 | 隶书 | 蓬 | 草书 | 蓬 |

蓬勃：［péng bó］繁荣；旺盛：遥望白云之～兮，滃澹澹而妄止。——西汉·贾谊《旱云赋》

| 小篆 | 勃 | 隶书 | 勃 | 草书 | 勃 |

澎湃：［péng pài］1.形容波浪互相撞击。2.形容声势浩大、气势雄伟。

| 小篆 | 澎 | 隶书 | 澎 | 草书 | 澎 |

碰撞：[pèng zhuàng] 1. 物体相碰或相撞。2. 冒犯；冲犯。

小篆	𥐻	隶书	碰	草书	碰

霹雳：[pī lì] 也叫落雷。云与地面之间发生的一种强烈的雷电现象。响声很大，能对人畜、植物、建筑物等造成很大的危害：日月列星，风雨水火，雷霆～。——唐·韩愈《送高闲上人序》

小篆	霹	隶书	霹	草书	霹

疲惫：[pí bèi] 非常疲乏：扶衰犯霜露，～不可状。——南宋·陆游《乾封驿早行》

小篆	疲	隶书	疲	草书	疲

疲惫不堪：[pí bèi bù kān] 形容非常疲乏，过度劳累，不能忍受。

小篆	憊	隶书	惫	草书	惫

疲乏：[pí fá] 1. 因体力或脑力消耗过多而需要休息。2. 因运动过度或刺激过强，细胞、组织或器官的功能或反应能力减弱。

小篆	乏	隶书	乏	草书	乏

疲倦：[pí juàn] 疲乏；困倦：三军行数百里，人马～休止。——商·姜子牙《六韬·火战》

小篆	倦	隶书	倦	草书	倦

疲倦不堪：[pí juàn bù kān] 形容非常疲乏。（疲倦，极度疲乏；不堪，不能忍受。）

小篆	不	隶书	不	草书	不

琵琶：[pí pa] 弦乐器，用木料制成，有四根弦，下部为瓜子形的盘，上部为长柄，柄端弯曲。

小篆	琵	隶书	琵	草书	琵

郫县豆瓣：[pí xiàn dòu bàn] 四川省郫县特产，中国地理标志产品。

小篆	隸	隶书	郫	草书	郫

偏袒：[piān tǎn] 袒护双方中的一方：西林～乡党，非持平天下之道也。——清·昭连《啸亭续录·先恭王之正》

小篆	偏	隶书	偏	草书	偏

苹果轮纹病：[píng guǒ lún wén bìng] 发生在苹果树上的一种病害。以皮孔为中心形成暗褐色、水渍状或小溃疡斑，稍隆起呈疣状，圆形。后失水凹陷，边缘开裂翘起。

小篆	蘋	隶书	苹	草书	苹

平仄：[píng zè] 平声和仄声，泛指有平仄构成的诗文的韵律。

小篆	平	隶书	平	草书	平

屏障：[píng zhàng] 1. 像屏风那样遮挡着的东西（多指山岭、岛屿等）：野寺连～，左右相萦回。——唐·李山甫《山中依韵答刘书记见赠》2. 遮挡着。

小篆	屏	隶书	屏	草书	屏

破绽：[pò zhàn] 1. 衣物的裂口：戚戚复戚戚，白头残兵向人泣。短衣～露两肘，自说行年今七十。——元·成廷珪《戚戚行》2. 也比喻说话做事时露出的漏洞。

小篆	破	隶书	破	草书	破

扑尔敏：[pū ěr mǐn] 一种抗过敏的药物。

小篆	撲	隶书	扑	草书	扑

蒲公英：[pú gōng yīng] 1. 多年生草本植物，全株含白色乳汁状汁液，叶子倒披针形，花黄色，结瘦果，褐色，有白色软毛。根茎入药。2. 这种植物的花。

小篆	蒲	隶书	蒲	草书	蒲

葡萄：[pú tao] 1. 落叶藤本植物，叶子掌状分裂，花小，黄绿色。浆果圆形或椭圆形，成熟时多为紫色或黄绿色，味酸甜，多汁，是常见水果，也用来酿酒。2. 这种植物的果实。

小篆	糒	隶书	葡	草书	萄

瀑布：[pù bù] 从山壁上或河床突然降落的地方流下的水，远看好像挂着的白布。

小篆	瀑	隶书	瀑	草书	瀑

蹊跷：[qī qiao] 奇怪；可疑：宋江见了这个大汉走得～，慌忙起身，赶出茶房来，跟着那汉走。——明·施耐庵《水浒传》

小篆	蹊	隶书	蹊	草书	蹊

凄切：[qī qiè] 凄凉而悲哀（多形容声音）：夜云生，夜鸿惊，～嘹唳伤夜情。——南朝·陶弘景《寒夜怨》

小篆	凄	隶书	凄	草书	凄

脐橙：[qí chéng] 原名甜橙，别名橙、香橙、橙子。1. 常绿小乔木，小枝无毛，枝刺短或无。叶椭圆形或卵形，叶柄有狭翅，顶端有关节。是世界各国竞相栽培的柑橘良种。2. 这种植物的果实。

小篆	脐	隶书	脐	草书	脐

脐带：[qí dài] 连接胎儿和胎盘的带状物，由两条动脉和一条静脉构成。胎儿依靠脐带与母体联系，脐带是胎儿吸取养料和排出废料的通道。

小篆	带	隶书	带	草书	带

祈祷：[qí dǎo] 一种宗教仪式，信仰宗教的人向神默告自己的愿望：～通精诚，及时膏润足。——清·唐孙华《喜雨》

小篆	祈	隶书	祈	草书	祈

祈求：[qí qiú]恳切地希望或请求：他乡饶感激，归望切～。——唐·李夐《恒岳晨望有怀》

小篆	求	隶书	求	草书	求

企鹅：[qǐ é]水鸟，体长近一米，嘴很坚硬，头和背部黑色，腹部白色，腿短，尾巴短，翅膀小，不能飞，善于潜水，在陆地上直立时像有所企望的样子，多群居在南极洲及附近岛屿上。

小篆	企	隶书	企	草书	仚

企求：[qǐ qiú]希望得到：无事时但把值不到十块钱的烟斗作为一种幸福的～。——沈从文《烟斗》

企图：[qǐ tú]1. 图谋；打算。2. 意图。

小篆	圖	隶书	图	草书	图

乞丐：[qǐ gài]靠向人要饭要钱生活的人。

小篆	乞	隶书	乞	草书	乞

乞求：[qǐ qiú]请求给予：伸出～的手，望着冷若冰霜的面孔。——杜鹏程《在和平的日子里》

起球：[qǐ qiú]由于面料的表面起摩擦所造成，纤维缠绕在一起变成球的形状。

小篆	起	隶书	起	草书	起

气氛：[qì fēn]一定环境中给人某种强烈感觉的精神表现或景象：我接触到一种平静、欢乐的～。——巴金《军长的心》

小篆	气	隶书	气	草书	气

器官：[qì guān]构成生物体的一部分，由数种细胞组织构成，能担任某种独立的生理机能，例如由上皮组织、结缔组织等构成的，有泌尿功能的肾脏。

小篆	器	隶书	器	草书	器

签订：[qiān dìng] 订立条约或合同并签字。

| 小篆 | 簫 | 隶书 | 签 | 草书 | 签 |

潜伏：[qián fú] 隐藏；埋伏：权以大兵～於阜陵俟之，凌觉而走。——西晋·陈寿《三国志·吴志·吴主传》

| 小篆 | 潛 | 隶书 | 潜 | 草书 | 潜 |

潜力：[qián lì] 潜在的力量。

| 小篆 | 万 | 隶书 | 力 | 草书 | 力 |

强壮：[qiáng zhuàng] 1.（身体）结实有力：因为劳动，给他磨炼出一副～的体魄。——浩然《艳阳天》2. 使强壮。

| 小篆 | 弸 | 隶书 | 强 | 草书 | 强 |

蔷薇：[qiáng wēi] 1. 落叶或常绿灌木，种类很多，茎直立、攀缘或蔓生，枝上密生小刺，羽状复叶，小叶倒卵形或长圆形，花有多种颜色，有芳香。有的花、果、根可入药。2. 这种植物的花。

| 小篆 | 蘠 | 隶书 | 蔷 | 草书 | 蔷 |

襁褓：[qiǎng bǎo] 包裹婴儿的被子和带子。

| 小篆 | 襁 | 隶书 | 襁 | 草书 | 襁 |

翘楚：[qiáo chǔ] 原指高出杂树丛的荆树，后用来比喻杰出的人才。出自《诗经·周南·汉广》："翘翘错薪，言刈其楚。"郑玄注："楚，杂薪之中尤翘翘者。"

| 小篆 | 翹 | 隶书 | 翘 | 草书 | 翘 |

憔悴：[qiáo cuì] 形容人瘦弱，脸色不好看：玉颜～三年，谁复商量管弦？——唐·王建《调笑令》

| 小篆 | 顦 | 隶书 | 憔 | 草书 | 惟 |

窃听：[qiè tīng] 暗中偷听，通常指利用电子设备偷听别人的谈话。

小篆	窮	隶书	窃	草书	窃

惬意：[qiè yì] 满意；称心；舒服：朗月清风难～，词人绝色多伤离。——唐·韩偓《惆怅》

小篆	㥦	隶书	惬	草书	惬

钦差：[qīn chāi] 由皇帝派遣，代表皇帝出外办理重大事件的官员。

小篆	솚	隶书	钦	草书	钦

钦佩：[qīn pèi] 敬重佩服：使死者全名，生者服义，敢不～风旨。——北宋·范仲淹《与韩魏公书》

小篆	佩	隶书	佩	草书	佩

侵蚀：[qīn shí] 1. 逐渐侵害使变坏。2. 暗中一点儿一点儿地侵占（财物）。

小篆	侵	隶书	侵	草书	侵

芹菜：[qín cài] 一年生或两年生草本植物，羽状复叶，小叶卵形，叶柄肥大，绿色或黄白色，花绿白色，果实扁圆形。是常见蔬菜。

小篆	芹	隶书	芹	草书	芹

清冽：[qīng liè] 清冷；清凉：空气非常～，朝霞笼住了左右的山。——茅盾《风景谈》

小篆	清	隶书	清	草书	清

清晰：[qīng xī] 清楚：这些话一字一字地送进了觉慧的耳里，非常～。——巴金《家》

小篆	晰	隶书	晰	草书	晰

清醒：[qīng xǐng] 1. （头脑）清楚；明白。2. （神志）从昏迷状态恢复正常。

小篆	醒	隶书	醒	草书	醒

青涩：[qīng sè] 果实尚未成熟时果皮颜色发青、口感发涩，多形容不成熟。

小篆	青	隶书	青	草书	青

蜻蜓：[qīng tíng] 昆虫，身体细长，胸部的背面有两对膜状的翅，生活在水边，捕食蚊子等小飞虫，能高飞。雌的用尾点水，把卵产在水中。幼虫叫水虿，生活在水中。是益虫。有的地区叫蚂螂。

小篆	蜻	隶书	蜻	草书	蜻

倾向：[qīng xiàng] 1. 偏于赞成：情节是作品的骨骼，细节是作品的血肉，～是作品的灵魂。——《人民文学》2. 发展的方向。

小篆	傾	隶书	倾	草书	倾

氢氧化钙：[qīng yǎng huà gài] 无机化合物，化学式 $Ca(OH)_2$，一种白色粉末状固体。俗称熟石灰。

小篆	氫	隶书	氢	草书	氢

情况：[qíng kuàng] 1. 情形。2. 军事上的变化、动向。

小篆	情	隶书	情	草书	情

顷刻：[qǐng kè] 极短的时间：云英英腾上，～覆山谷，其色正白。——明·宋濂《看松庵记》

小篆	頃	隶书	顷	草书	顷

亲家：[qìng jia] 1. 两家儿女相婚配的亲戚关系。2. 称儿子的丈人、丈母娘或女儿的公公、婆婆。

小篆	亲	隶书	亲	草书	亲

穷兵黩武：[qióng bīng dú wǔ] 使用全部的武力，任意发动侵略战争：毋以～为快，毋以犁庭扫穴为功。——清·张廷玉《明史·范济传》

小篆	窮	隶书	穷	草书	穷

琼脂：[qióng zhī] 植物胶的一种，用海产的石花菜类制成，无色、无固定形状的固体，溶于热水。可用来制冷食，也用作微生物和植物组织的培养基等。

小篆	璚	隶书	琼	草书	琼

丘壑：[qiū hè] 1. 山丘和沟壑，泛指山水幽僻的地方。2. 比喻深远的意境。

小篆	丘	隶书	丘	草书	丘

囚犯：[qiú fàn] 关在监狱中的犯人。

小篆	囚	隶书	囚	草书	囚

裘皮：[qiú pí] 毛皮。

小篆	裘	隶书	裘	草书	裘

犰狳：[qiú yú] 哺乳动物，身体分前、中、后三段，头顶、背部、尾部和四肢有角质鳞片，中段的鳞片有筋肉相连接，可以伸缩，腹部多毛，趾有锐利的爪，善于掘土。昼伏夜出，吃昆虫和鸟卵等。生活在美洲。

小篆	犰	隶书	犰	草书	犰

驱除：[qū chú] 赶走；除掉：长城远筑阿房起，黔首～若蝼蚁。——元·萨都刺《桃源行题赵仲穆画》

小篆	驅	隶书	驱	草书	驱

躯壳：[qū qiào] 肉体（对"精神"而言）：蛇蟠筋脉壮，龙死～在。——北宋·孔武仲《松上老藤》

小篆	軀	隶书	躯	草书	躯

趋势：[qū shì] 事物发展的动向。

小篆	趨	隶书	趋	草书	趋

渠道：[qú dào] 1. 在河湖或水库等周围开挖的水道，用来引水排灌。2. 门路；途径。

小篆	渠	隶书	渠	草书	渠

瞿塘峡：[qú táng xiá] 是长江三峡之首。

小篆	瞿	隶书	瞿	草书	瞿

确凿：[què záo] 非常确实：语语～；不得一词娇艳，毋庸半字虚浮。——洪秀全《戒浮文》（旧读“què zuò”）

小篆	确	隶书	确	草书	确

染色体：[rǎn sè tǐ] 存在于细胞核中能被碱性染料染色的丝状或棒状体，由核酸和蛋白质组成，是遗传的主要物质基础。各种生物的染色体有一定的大小、形态和数目。

小篆	染	隶书	染	草书	染

饶恕：[ráo shù] 免予责罚：我永不能～自己的过失。——杨沫《青春之歌》

小篆	饶	隶书	饶	草书	饶

人迹罕至：[rén jì hǎn zhì] 人很少到的地方，指偏僻荒凉的地方很少有人来过。出自东汉·荀悦《汉纪·孝武纪二》：“而夷狄殊俗之国，辽绝异党之地，舟车不通，～。”（罕，少。）

小篆	人	隶书	人	草书	人

日臻完善：[rì zhēn wán shàn] 一天天逐步达到完美的境地：北京的2008奥运会基础设施已～。

小篆	日	隶书	日	草书	日

溶化：[róng huà] 1. （固体）溶解。2. 同“融化”。

小篆	溶	隶书	溶	草书	溶

溶质：[róng zhì] 溶解在溶剂中的物质。如食盐溶解在水里，食盐就是溶质。

| 小篆 | 贄 | 隶书 | 质 | 草书 | 质 |

熔化：[róng huà] 固体加热到一定温度变为液体，如铁加热至1530 ℃以上就熔化成铁水。大多数物质熔化后体积膨胀。也叫熔解、熔融。

| 小篆 | 鎔 | 隶书 | 熔 | 草书 | 熔 |

融化：[róng huà]（冰、雪）等变成水。也作溶化。

| 小篆 | 融 | 隶书 | 融 | 草书 | 融 |

荣耀：[róng yào] 光荣：人间富贵非不有，似君～真亦稀。——北宋·司马光《送张兵部知遂州》

| 小篆 | 榮 | 隶书 | 荣 | 草书 | 荣 |

揉搓：[róu cuo] 1.用手来回地擦或搓。2.折磨：今天你打我，明天我打你，谁也打不着，光是过来过去～老百姓。——梁斌《红旗谱》

| 小篆 | 揉 | 隶书 | 揉 | 草书 | 揉 |

柔软：[róu ruǎn] 软和；不坚硬。

| 小篆 | 柔 | 隶书 | 柔 | 草书 | 柔 |

肉桂：[ròu guì] 常绿乔木，叶子长椭圆形，有三条叶脉，花小，白色。树皮叫桂皮，可入药或作香料。叶、枝和树皮磨碎后，可加工蒸制成桂油。

| 小篆 | 肉 | 隶书 | 肉 | 草书 | 肉 |

儒家：[rú jiā] 先秦时期的一个思想流派，以孔子为代表，主张礼治，强调传统的伦常关系等。

| 小篆 | 儒 | 隶书 | 儒 | 草书 | 儒 |

软件：［ruǎn jiàn］1. 计算机系统的组成部分，是指挥计算机进行计算、判断、处理信息的程序系统。通常分为系统软件和应用软件两类。2. 借指生产、科研、经营等过程中的人员素质、管理水平、服务质量等。

小篆	輭	隶书	软	草书	软

撒手锏：［sā shǒu jiǎn］旧小说中厮杀时出其不意地用锏投掷敌手的招数，比喻最关键的时刻使出的最拿手的本领或击中要害的手段。也说杀手锏。

小篆	撒	隶书	撒	草书	撒

桑葚：［sāng shèn］桑树的果穗，成熟时黑紫色或白色，味甜，可以吃，也用来酿酒。也作桑椹、桑葚子。

小篆	桑	隶书	桑	草书	桑

桑梓：［sāng zǐ］出自《诗经·小雅·小弁》："维桑与梓，必恭敬止。"是说家乡的桑树和梓树是父母种的，对它要保持敬意。后人用来借指故乡：乡禽何事亦来此，令我生心忆～。——唐·柳宗元《闻黄鹂》

小篆	梓	隶书	梓	草书	梓

丧气：［sàng qì］因事情不顺利而情绪低落：楚亡大将，其军已～矣。——明·冯梦龙《东周列国志》

小篆	喪	隶书	丧	草书	丧

煞风景：［shā fēng jǐng］本义是损坏美好的景物，比喻在大家高兴的时候，突然出现使人扫兴的事物。

小篆	煞	隶书	煞	草书	煞

沙哑：［shā yǎ］（嗓子）发音困难，声音低沉而不圆润。

小篆	沙	隶书	沙	草书	沙

鲨鱼：[shā yú]（沙鱼）鱼，身体纺锤形，稍扁。生活在海洋中，性凶猛，行动敏捷，捕食其他鱼类。经济价值很高，种类很多，常见的有真鲨、角鲨等。也叫鲛。

小篆	鱻	隶书	鲨	草书	鲨

霎时：[shà shí] 极短的时间：～，一阵雨雾从空中洒下来，把树叶、草和花上的尘土淋得干干净净。——席绢《沙漠中的绿洲》

小篆	霎	隶书	霎	草书	霎

筛子：[shāi zi] 用竹篾、铁丝等编成的有许多小孔的器具，可以把细碎的东西漏下去，较粗的成块的留在上头。

小篆	篩	隶书	筛	草书	筛

珊瑚：[shān hú] 许多珊瑚虫的石灰质骨骼聚集而成的东西。形状有树枝状、盘状、块状等，有红、白、黑等颜色。可供赏玩，也用作装饰品：歌阑赏尽～树，情厚重斟琥珀杯。——唐·冯延巳《抛球乐》

小篆	瑚	隶书	珊	草书	珊

山楂：[shān zhā] 也叫山里红、红果儿。1.落叶乔木，叶子近于卵形，有羽状深裂，花白色。果实球形，深红色，有小斑点，味酸，可食，也可入药。2.这种植物的果实。

小篆	山	隶书	山	草书	山

擅长：[shàn cháng] 在某方面有特长。

小篆	擅	隶书	擅	草书	擅

讪笑：[shàn xiào] 讥笑：几个女人站在巷口对远处的一个妇女指指点点，发出一阵阵的～声。

小篆	訕	隶书	讪	草书	讪

赏赐：[shǎng cì] 1. 地位高的人或长辈把财物送给地位低的人或晚辈：策勋十二转，〜百千强。——北朝民歌《木兰诗》2. 指赏赐的财物。

| 小篆 | 賞 | 隶书 | 赏 | 草书 | 赏 |

烧灼：[shāo zhuó] 烧、烫，使受伤：她焦急地盯着成绩单，心中像火一般地〜。

| 小篆 | 燒 | 隶书 | 烧 | 草书 | 烧 |

芍药：[sháo yao] 1. 多年生草本植物，花大而美丽，供观赏，别名别离草，被誉为"花中丞相"。根可入药。2. 这种植物的花。

| 小篆 | 芍 | 隶书 | 芍 | 草书 | 芍 |

猞猁：[shē lì] 哺乳动物，外形像猫，但大得多。尾巴短，耳的尖端有长毛，两颊的毛也长。全身毛棕黄色，厚而软，有灰褐色斑点，尾端黑色。善于爬树，行动敏捷，性凶猛。

| 小篆 | 猞 | 隶书 | 猞 | 草书 | 猞 |

涉密：[shè mì] 涉及机密。

| 小篆 | 涉 | 隶书 | 涉 | 草书 | 涉 |

涉足：[shè zú] 指进入某种环境或范围：虽然亨利没有明说过，但是他有某些地盘肯定是不让人〜的。

| 小篆 | 足 | 隶书 | 足 | 草书 | 足 |

呻吟：[shēn yín] 人因痛苦而发出声音：百年光景百年心，更欢须叹息，无病也〜。——南宋·辛弃疾《临江仙》

| 小篆 | 呻 | 隶书 | 呻 | 草书 | 呻 |

神龛：[shén kān] 供奉神像或祖宗牌位的小阁子。

| 小篆 | 神 | 隶书 | 神 | 草书 | 神 |

哂笑：[shěn xiào] 讥笑：童奴～妻子骂，一字不给饥寒驱。——元·戴表元《少年行·赠袁养直》

小篆	嗮	隶书	哂	草书	哂

声情并茂：[shēng qíng bìng mào]（演唱、朗诵等）声音优美，感情丰富。

小篆	聲	隶书	声	草书	声

失实：[shī shí] 与事实不符：某些报刊报道～，常常是文过其实。

小篆	失	隶书	失	草书	失

失势：[shī shì] 失掉权势：他～后，尝尽了世态炎凉的滋味。

小篆	勢	隶书	势	草书	势

失事：[shī shì] 发生不幸的事故：每当飞机～，调查人员都会将注意力集中在黑匣子数据上。

小篆	事	隶书	事	草书	事

湿疹：[shī zhěn] 皮肤病，常发生在面部、阴囊或四肢弯曲的部位。多由神经系统功能障碍等引起。症状是皮肤发红，发痒，形成丘疹或水疱。

小篆	濕	隶书	湿	草书	湿

拾掇：[shí duo] 1. 整理；归拢。2. 修理。3. 惩治。

小篆	拾	隶书	拾	草书	拾

石膏：[shí gāo] 无机化合物，化学式$CaSO_4 \cdot 2H_2O$。透明或半透明晶体，白色、淡黄色、粉红色或灰色。大部分为天然产，用于建筑、装饰、塑造和制造水泥等。中医用作解热药，农业上用来改良碱化土壤。也叫生石膏。

小篆	石	隶书	石	草书	石

石榴：[shí liu] 1. 落叶灌木或小乔木，花多为红色，也有白色或黄色的。果实球形，种子的外皮多汁，可以吃。果皮可入药。2. 这种植物的果实。

小篆	榴	隶书	榴	草书	榴

石蕊：[shí ruǐ] 1. 地衣的一种，生长在寒冷地带，灰白色或淡黄色。可以用来制石蕊试剂、石蕊溶液等。2. 用石蕊制成的蓝色无定形粉末，溶于水，在分析化学上用作指示剂。

小篆	蕊	隶书	蕊	草书	蕊

石狮：[shí shī] 1. 中国福建省泉州市下辖县级市。2. 中华传统文化中常见的辟邪物品。以石材为原材料而雕塑成狮子的具有艺术价值和观赏价值的雕塑品。

小篆	狮	隶书	狮	草书	狮

时髦：[shí máo]（人的装饰衣着或其他事物）新颖入时：因为文化的深度，不会选择所谓的～；因为阵阵书香，才会选择细细品味！

小篆	时	隶书	时	草书	时

时势：[shí shì] 某一时期的客观形势：～造英雄。

小篆	势	隶书	势	草书	势

时事：[shí shì] 最近一段时间的国内外大事：畅谈～政治，聆听哲思，群居有识之士，共商盛世。

小篆	事	隶书	事	草书	事

实施：[shí shī] 实行（法令、政策等）：这个计划的～被糟糕的天气影响了。

小篆	实	隶书	实	草书	实

实时：[shí shí] 与某事发生、发展的实际时间同步（做某事）：进行～报道；～传递股市行情。

实事：［shí shì］1. 实有的事。2. 具体的事；实在的事：做人要～求是，不要做那些违背良心的事。

小篆	業	隶书	事	草书	事

史诗：［shǐ shī］叙述英雄传说或重大历史事件的叙事长诗。

小篆	岁	隶书	史	草书	史

史实：［shǐ shí］历史上的事实：《三国演义》中的故事，大部分都有～根据。

小篆	實	隶书	实	草书	实

史事：［shǐ shì］历史上的事情：其实极显浅的～，随便一个小学生都知道的，倒没人肯去考证。

始作俑者：［shǐ zuò yǒng zhě］泛指恶劣风气的创始者。（俑，古时陪同死人下葬的木偶或土偶。）

小篆	始	隶书	始	草书	始

恃才傲物：［shì cái ào wù］依仗自己的才能，看不起人而骄傲自大，轻视旁人。（物，众人。）

小篆	恃	隶书	恃	草书	恃

释放：［shì fàng］1. 恢复被拘押者或服刑者的人身自由。2. 把所含的物质或能量放出来。

小篆	釋	隶书	释	草书	释

试管：［shì guǎn］化学实验用的圆柱形管，管底半球形或圆锥形。一般用玻璃制成。

小篆	試	隶书	试	草书	试

侍弄：［shì nòng］1. 经营照管（庄稼、家禽、家畜等）。2. 摆弄；修理。

小篆	侍	隶书	侍	草书	侍

誓师：[shì shī] 军队出征前，统帅向将士宣示作战意义，表示坚决的战斗意志，也
　　指群众集会庄严地表示完成某项重要任务的决心：参加雅典奥运会的中国代表团举
　　行了～大会。

小篆	誓	隶书	誓	草书	誓

事实：[shì shí] 事情的真实情况：与其去排斥已成的～，不如去接受它。

小篆	事	隶书	事	草书	事

适时：[shì shí] 适合时宜；不太早也不太晚：今冬的雨雪来得既～，又充分。——
　　峻青《秋色赋》

小篆	適	隶书	适	草书	适

世事：[shì shì] 世上的事：有些人可能意识到，他们需要更加关心～。

小篆	世	隶书	世	草书	世

逝世：[shì shì] 去世（含庄重意）。

小篆	逝	隶书	逝	草书	逝

视野：[shì yě] 1. 眼睛看到的空间范围：雪越下越大，渐渐模糊了我的～。2. 眼界。

小篆	視	隶书	视	草书	视

收敛：[shōu liǎn] 1.（笑容、光线等）减弱或消失：太阳～起刺眼的光芒，变成了
　　一张红彤彤的圆脸。2. 减轻放纵的程度。3. 引起机体组织收缩、减少腺体分泌。

小篆	收	隶书	收	草书	收

瘦骨嶙峋：[shòu gǔ lín xún] 形容瘦得像皮包骨一样：印象中的爷爷，是一位～，
　　但却很健康的老人。

小篆	瘦	隶书	瘦	草书	瘦

狩猎：［shòu liè］打猎。在野外捕捉鸟兽。

小篆	𤣥	隶书	狩	草书	狩

曙光：［shǔ guāng］1. 清晨的阳光。2. 比喻已经在望的美好的前景。

小篆	曙	隶书	曙	草书	曙

数据：［shù jù］进行各种统计、计算、科学研究或技术设计等所依据的数值：理论是战士的披甲，～是战斗的眼神，实践是战无不胜的武器。

小篆	𢿱	隶书	数	草书	数

树懒：［shù lǎn］哺乳动物，外形略似猴，头小而圆，耳朵很小，尾巴短，毛粗而长，灰褐色，毛上常附有绿藻，很像树皮。动作迟缓，常用爪倒挂在树枝上数小时不移动，吃树叶等。生活在南美洲。

小篆	𣗳	隶书	树	草书	树

霜霉病：［shuāng méi bìng］是由真菌中的霜霉菌引起的植物病害。霜霉菌是专性寄生菌，极少数的霜霉菌已可人工培养，如引起谷子白发病的禾生指梗霉、引起白菜霜霉病的寄生霜霉。

小篆	霜	隶书	霜	草书	霜

水泵：［shuǐ bèng］用来抽水或压水的泵，抽水的也叫抽水机。

小篆	水	隶书	水	草书	水

水蜜桃：［shuǐ mì táo］桃的一个品种。果实核小，汁多，味甜。

小篆	蜜	隶书	蜜	草书	蜜

水獭：［shuǐ tǎ］哺乳动物，头部宽而扁，尾巴长，四肢粗短，趾间有蹼，毛褐色，密而柔软，有光泽。穴居在河边，昼伏夜出，善于游泳和潜水，吃鱼类和青蛙、水鸟等。

小篆	獭	隶书	獭	草书	獭

水藻：[shuǐ zǎo] 生长在水里的藻类植物的统称，如水绵、褐藻等：当中一只透明的玻璃缸，几条金鱼在～里悠然游漾。——曹禺《北京人》

小篆	藻	隶书	藻	草书	藻

睡莲：[shuì lián] 1. 多年生水生草本植物，根状茎短，长在水底，叶柄长，叶片马蹄形，浮在水面，花多为白色，也有黄、红等颜色的。供观赏。2. 这种植物的花：南海有～，夜则花低入水。——唐·段成式《酉阳杂俎·草篇》

小篆	睡	隶书	睡	草书	睡

思绪：[sī xù] 思想的头绪；思路：而今，在现实与忙碌中，～不再飞扬，情怀不再美好。

小篆	思	隶书	思	草书	思

嘶哑：[sī yǎ] 声音沙哑：尽管她喊得声音～，力量用尽，还是没有人来帮助她。

小篆	嘶	隶书	嘶	草书	嘶

饲料：[sì liào] 喂家禽、家畜等的食物。

小篆	飼	隶书	饲	草书	饲

搜索引擎：[sōu suǒ yǐn qíng] 互联网上的一种系统，用户通过输入关键词等，可以方便地查找能够提供有关信息的网站或网页。

小篆	搜	隶书	搜	草书	搜

搜寻：[sōu xún] 到处寻找：救生员在海上～落水的人。

小篆	寻	隶书	寻	草书	寻

肃穆：[sù mù]（气氛、表情等）严肃而恭敬：人们庄严而～地望着国旗。

小篆	肃	隶书	肃	草书	肃

诉讼：[sù sòng] 司法机关在案件当事人和其他有关人员的参与下，按照法定程序解决案件时所进行的活动。分为刑事诉讼、民事诉讼和行政诉讼。俗称打官司。

小篆	訴	隶书	诉	草书	诉

夙愿：[sù yuàn] 一向怀着的愿望：我的～是有朝一日考上名牌大学。也作宿愿。

小篆	夙	隶书	夙	草书	夙

蒜薹：[suàn tái] 蒜的花轴，嫩的可以吃。

小篆	蒜	隶书	蒜	草书	蒜

唢呐：[suǒ nà] 管乐器，管身正面有七孔，背面一孔：喇叭，～，曲儿小腔儿大。官船来往乱如麻，全仗你抬身价。——明·王磐《朝天子·咏喇叭》

小篆	唢	隶书	唢	草书	唢

苔藓：[tái xiǎn] 苔和藓同属隐花植物中的一个大类，属于这一类的植物，有很多种，有假根，绿色，大多生长在潮湿的地方。

小篆	苔	隶书	苔	草书	苔

瘫痪：[tān huàn] 1. 由于神经功能发生障碍，身体的一部分完全或不完全地丧失运动的能力。可分为面瘫、单瘫（一个上肢或下肢瘫痪）、偏瘫、截瘫、四肢瘫等。也叫风瘫。2. 比喻机构、交通等不能正常运转或不能正常发挥作用。

小篆	瘫	隶书	瘫	草书	瘫

弹劾：[tán hé] 1. 君主时代担任监察职务的官员检举官吏的罪状。2. 某些国家的议会抨击政府工作人员，揭发其罪状。

小篆	弹	隶书	弹	草书	弹

昙花：[tán huā] 常绿灌木，主枝圆筒形，分枝扁平呈叶状，绿色，无叶片，花大，白色，生在分枝边缘上，多在夜间开放，开花时间极短。供观赏。原产墨西哥。

又有那琼花、～、佛桑花，四时不谢开的，闪闪烁烁，应接不暇。——明·兰陵笑笑生《金瓶梅词话》

早知不是我家儿，何事～现暂时。——清·赵翼《哭亡儿耆瑞》

小篆	昙	隶书	昙	草书	昙

炭疽病：[tàn jū bìng] 急性传染病，病原体是炭疽杆菌，人和家畜都能感染。病畜的症状是发高热，痉挛，口和肛门出血，胸部、颈部或腹部肿胀。人皮肤感染后，有的出现疱疹，随后出血坏死，形成黑色焦痂，还能侵入肺或胃肠。家畜的炭疽有的地区叫癀病。

小篆	炭	隶书	炭	草书	炭

绦虫：[tāo chóng] 扁形动物，身体柔软，像带子，由许多节片构成，每个节片都有雌雄两性生殖器。常见的是有钩绦虫和无钩绦虫两种，都能附着在宿主（如人和猪、牛等动物）的肠道里。

小篆	绦	隶书	绦	草书	绦

韬略：[tāo lüè] 《六韬》《三略》都是古代的兵书，后来称用兵的计谋为韬略。

小篆	韬	隶书	韬	草书	韬

逃窜：[táo cuàn] 逃跑流窜：在我军指战员的沉重打击下，敌人闻风丧胆，狼狈～。

小篆	逃	隶书	逃	草书	逃

桃仁：[táo rén] 1. 桃核的仁，可入药。2. 核桃的仁。

小篆	桃	隶书	桃	草书	桃

淘洗：[táo xǐ] 洗濯。引申为保留好的，除掉坏的：有许多东西在岁月里变得模糊，也有许多东西经岁月～而变得更清晰。

小篆	淘	隶书	淘	草书	淘

提纯：[tí chún] 除去某种物质所含的杂质，使变得纯净：如果高度～，这种色素的红光吸收型是蓝绿色的。

小篆	提	隶书	提	草书	提

鹈鹕：[tí hú] 鸟，体长可达两米，翅膀大，嘴长，尖端弯曲，嘴下有一个皮质的囊，可以存食，羽毛大多白色，翅膀上有少数黑色羽毛。喜群居，善于游泳和捕鱼。也叫淘河。

小篆	鶙	隶书	鹈	草书	鹈

体魄：[tǐ pò] 体格和精力：军训锻炼人铁的～，磨炼人钢的意志。

小篆	體	隶书	体	草书	体

倜傥：[tì tǎng] 洒脱；不拘束：风流～，玉树临风。

小篆	倜	隶书	倜	草书	倜

天鹅：[tiān é] 鸟，外形像鹅而较大，常见的全身白色，脚和尾都短，脚黑色，有蹼。生活在湖边或沼泽地带，善飞，吃植物、昆虫等。种类较多，如大天鹅、小天鹅、疣鼻天鹅等。

小篆	兲	隶书	天	草书	天

天赋异禀：[tiān fù yì bǐng] 有异于别人的奇特的天赋或特长：他，一个～的篮球高手。

小篆	賦	隶书	赋	草书	赋

天竺葵：[tiān zhú kuí] 俗称洋葵、石蜡红。多年生草本植物，叶圆形或肾形，有特殊气味，花白、红等色不一，结蒴果。供观赏。也常用来做光合作用的实验。

小篆	竺	隶书	竺	草书	竺

甜瓜：[tián guā] 也叫香瓜。1. 一年生草本植物，茎蔓生，有软毛，叶子卵圆形或肾脏形，花黄色。果实通常长椭圆形，表面光滑，有香气，味甜，可以吃。2. 这种植物的果实。

小篆	甜	隶书	甜	草书	甜

恬静：[tián jìng] 安静；宁静：我最喜欢的是那绵绵的细雨，因为它温柔、～。

小篆	恬	隶书	恬	草书	恬

挑逗：［tiǎo dòu］逗引；招惹：雨，这个淘气的小精灵，总是～着敏感的人。

小篆	𢫦	隶书	挑	草书	桃

挑衅：［tiǎo xìn］借端生事，企图引起冲突或战争：让我们像勇敢的海燕，无视风雨的～。

小篆	釁	隶书	衅	草书	衅

铁锹：［tiě qiāo］挖或铲沙、土等的工具，用熟铁或钢板制成，前端多略呈圆形而稍尖，后端安有长的木把儿。

小篆	鐵	隶书	铁	草书	铁

铁锨：［tiě xiān］铲沙、土等的工具，用熟铁或钢板制成，长方形片状，一端安有长的木把儿。

小篆	鍬	隶书	锨	草书	锨

停滞：［tíng zhì］因为受到阻碍，不能顺利地运动或发展。

小篆	𠅘	隶书	停	草书	停

通牒：［tōng dié］一个国家通知另一个国家并要求对方答复的文书：这一段话很像最后～，又像宣战之前的口头通知。——管桦《将军河》

小篆	通	隶书	通	草书	通

茼蒿：［tóng hāo］一年生或两年生草本植物，嫩茎和叶有特殊香气，是常见蔬菜。有的地区叫蓬蒿。明代李时珍《本草纲目·菜一·茼蒿》："～八九月下种，冬春采食肥茎。花、叶微似白蒿，其味辛甘，作蒿气，四月起苔，高二尺余，开深黄色花，状如单瓣菊花，一花结子近百成球。"

小篆	蒿	隶书	茼	草书	茼

秃鹫：[tū jiù] 鸟，身体大，全身棕黑色，头部、颈部裸出，但有绒毛，嘴大而尖锐，呈钩状，栖息高山，是猛禽，以尸体和小动物为食物。也叫坐山雕。

小篆	隶书	草书
秃	秃	秃

图们江：[tú mén jiāng] 亚洲东北部河流，发源中朝边境长白山山脉主峰东麓，江水由南向北流经中国的和龙市、龙井市、图们市、珲春市四县市，朝鲜两江道、咸镜北道，俄罗斯的滨海边疆区的哈桑区，在俄朝边界处注入日本海。

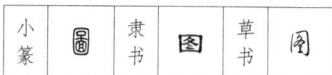

小篆	隶书	草书
圖	图	图

陀螺：[tuó luó] 儿童玩具，形状略像海螺，多用木头制成，玩时用鞭子抽打，使直立旋转。有的用铁皮制成，利用发条的弹力旋转。

小篆	隶书	草书
陀	陀	陀

鸵鸟：[tuó niǎo] 鸟，是现代鸟类中体型最大的鸟，高可达三米，颈长，头小，嘴扁平，翼短小，不能飞，腿长，脚有力，善走。雌鸟灰褐色，雄鸟的翼和尾部有白色羽毛。生活在非洲的草原和沙漠地带。

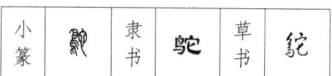

小篆	隶书	草书
鸵	鸵	鸵

妥当：[tuǒ dàng] 稳妥适当：船已经买好，并已准备～，现在正停泊在港口，准备出发。

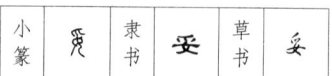

小篆	隶书	草书
妥	妥	妥

椭圆：[tuǒ yuán] 1. 平面上的动点 A 到两个定点 F、F′的距离的和等于一个常数时，这个动点 A 的轨迹就是椭圆。两个定点 F、F′叫作椭圆的焦点。2. 指椭圆体。

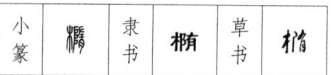

小篆	隶书	草书
椭	椭	椭

拓荒：[tuò huāng] 开荒；开垦荒地。

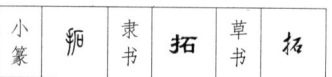

小篆	隶书	草书
拓	拓	拓

崴脚：［wǎi jiǎo］是人们在生活中经常遇到的事情，医学上称作"足踝扭伤"。

小篆	崴	隶书	崴	草书	崴

豌豆：［wān dòu］1. 一年生或两年生草本植物，种子近球形。嫩荚和种子可以吃：我是个蒸不烂、煮不熟、捶不匾、炒不爆、响珰珰一粒铜～。——元·关汉卿《南吕·一枝花·不伏老》2. 这种植物的荚果和种子。

小篆	登	隶书	豌	草书	豌

婉转：［wǎn zhuǎn］1.（说话）温和而曲折（但不失本意）。2.（歌声、鸟声等）抑扬动听：母爱就是一首深情的歌，～悠扬，轻吟浅唱。也作宛转。

小篆	婉	隶书	婉	草书	婉

万目睚眦：［wàn mù yá zì］众人瞪目表示愤怒：百口嘲谤，～。——清·曹雪芹《红楼梦》（睚，眼角；眦，眼眶；睚眦，瞪眼睛。）

小篆	萬	隶书	万	草书	万

网络：［wǎng luò］1. 网状的东西。2. 由若干元器件或设备等连接成的网状的系统。3. 由许多互相交错的分支组成的系统。4. 特指计算机网络。有的地区叫网路。

小篆	网	隶书	网	草书	网

微博：［wēi bó］微型博客的简称。

小篆	微	隶书	微	草书	微

微弱：［wēi ruò］1. 小而弱。2. 衰弱；虚弱。

小篆	弱	隶书	弱	草书	弱

威慑：［wēi shè］用武力或声势使对方感到恐惧：无所畏惧者与具有～力量的人同样刚强。

小篆	威	隶书	威	草书	威

唯恐：[wéi kǒng] 只怕：运动场上，同学们个个你追我赶，~落在后面。

小篆	唯	隶书	唯	草书	唯

萎蔫：[wěi niān] 植物体由于缺乏水分而茎叶萎缩。

小篆	萎	隶书	萎	草书	姜

委曲：[wěi qū] 1.（曲调、道路、河流等）弯弯曲曲的；曲折。2. 事情的底细和原委。3. 勉强服从：~求全。

小篆	委	隶书	委	草书	委

委屈：[wěi qu] 1. 受到不应该有的指责或待遇，心里难过。2. 使人受委屈。

小篆	屈	隶书	屈	草书	屈

蔚蓝：[wèi lán] 像晴朗的天空的颜色。

小篆	蔚	隶书	蔚	草书	蔚

味同嚼蜡：[wèi tóng jiáo là] 形容没有味道。多指说话或文章枯燥无味。

小篆	味	隶书	味	草书	味

文绉绉：[wén zhōu zhōu] 形容人言谈、举止文雅的样子：请不要处处使用~的言辞，应让你的语言更加人性化，更加简单易懂。

小篆	文	隶书	文	草书	文

紊乱：[wěn luàn] 杂乱；纷乱：似乎这个角色在持续痛苦地承受着多重人格~之苦。

小篆	紊	隶书	紊	草书	紊

瓮中捉鳖：[wèng zhōng zhuō biē] 比喻要捕捉的对象无处逃遁，下手即可捉到，很有把握：这是揉着我山儿的痒处，管叫他~，手到拿来。——元·康进之《李逵负荆》

小篆	瓮	隶书	瓮	草书	瓮

莴苣：[wō jù] 一年生或两年生草本植物。叶子长圆形，花金黄色。是常见蔬菜。莴苣的变种有莴笋、生菜等。唐·杜甫《种莴苣》诗序："既雨已秋，堂下理小畦，隔种一两席许～，向二旬矣。"

小篆	蓸	隶书	莴	草书	莴

莴笋：[wō sǔn] 莴苣的变种，叶子长圆形，茎部肉质，呈棒状。是常见蔬菜。

小篆	笋	隶书	笋	草书	笋

污秽：[wū huì] 1. 不干净。2. 不干净的东西：造物主常常用一层美丽的墙来围蔽住内中的～。——英国·莎士比亚《第十二夜》

小篆	汚	隶书	污	草书	污

诬蔑：[wū miè] 捏造事实败坏别人的名誉。

小篆	誣	隶书	诬	草书	诬

呜咽：[wū yè] 1. 低声哭泣。2.（流水、丝竹等）发出的凄切的声音：林间的树枝在秋风的摩挲下饮泣，大地震颤着秋风～。

小篆	嗚	隶书	呜	草书	呜

乌贼：[wū zéi] 软体动物，身体椭圆形而扁平，苍白色，有浓淡不均的黑斑，头部有一对大眼，口的四周有十只腕足，腕足内侧有吸盘，体内有囊状物能分泌黑色液体，遇到危险时放出，以掩护自己逃跑。也作乌鲗。

小篆	烏	隶书	乌	草书	乌

蜈蚣：[wú gōng] 节肢动物，身体长而扁，头部金黄色，背部暗绿色，腹部黄褐色，头部有鞭状触角，躯干由许多环节构成，每个环节有一对足。第一对足呈钩状，有毒腺，能分泌毒液。吃小昆虫。可入药。

小篆	蜈	隶书	蜈	草书	蜈

无花果：[wú huā guǒ] 1. 落叶灌木或小乔木，叶子大，卵形，掌状分裂。花淡红色，生在花托内，外面不易看见，所以叫无花果。果实由肉质的花托形成，扁球形或卵形，味甜，可以吃，也可入药。2. 这种植物的果实。

小篆	无	隶书	无	草书	无

梧桐：[wú tóng] 落叶乔木，木材白色，质轻而坚韧，可制造乐器和各种器具，种子可以吃，也可榨油或入药：东西植松柏，左右种～，枝枝相覆盖，叶叶相交通。——汉乐府诗《孔雀东南飞》

小篆	梧	隶书	梧	草书	梧

侮辱：[wǔ rǔ] 使对方人格或名誉受到损害，蒙受耻辱：自尊既不向别人卑躬屈膝，也不允许别人歧视、～。

小篆	侮	隶书	侮	草书	侮

雾凇：[wù sōng] 寒冷天，雾冻结在树木的枝叶上或电线上而成的白色松散冰晶。通称树挂。

小篆	雾	隶书	雾	草书	雾

奚落：[xī luò] 用尖刻的话数说别人的短处，使人难堪；讥讽嘲笑：蠢材妄自尊大，他自鸣得意的，正好是受人讥笑～的短处。

小篆	奚	隶书	奚	草书	奚

犀牛：[xī niú] 犀的通称。哺乳动物，外形略像牛，颈短，四肢粗大，微黑色，毛极少。生活在亚洲和非洲的热带森林里，吃植物。

小篆	犀	隶书	犀	草书	犀

蟋蟀：[xī shuài] 昆虫，身体黑褐色，触角很长，后腿粗大，善于跳跃。尾部有尾须一对。雄的好斗，两翅摩擦能发声。生活在阴湿的地方，吃植物的根、茎、种子，对农业有害。也叫促织，有的地区叫蛐蛐儿。

小篆	蟋	隶书	蟋	草书	蟋

唏嘘：［xī xū］哭泣后不自主急促呼吸；抽搭：她的急流勇退，让在场的所有观众无
　　不怅惘～，甚至泪流满面。

小篆	唏	隶书	唏	草书	唏

蜥蜴：［xī yì］爬行动物，身体表面有细小鳞片，多数有四肢。尾巴细长，为迷惑敌害，
　　可自行断掉。雄的背面青绿色，有黑色直纹数条，雌的背面淡褐色，两侧各有黑色直
　　纹一条，腹面都呈淡黄色。生活在草丛中，捕食昆虫和其他小动物。也叫四脚蛇。

小篆	蜥	隶书	蜥	草书	蜥

习惯：［xí guàn］1. 常常接触某种新的情况而逐渐适应。2. 在长时期里逐渐养成的、
　　一时不容易改变的行为、倾向或社会风尚。

小篆	習	隶书	习	草书	习

细胞壁：［xì bāo bì］植物细胞外围的一层厚壁，包在细胞膜的外面，由纤维素构成。

小篆	细	隶书	细	草书	细

细胞核：［xì bāo hé］细胞的组成部分之一，在细胞的中央，多为球形或椭圆形，由
　　核酸、核蛋白等构成，是细胞内遗传物质分布的主要场所。

小篆	胞	隶书	胞	草书	胞

细胞膜：［xì bāo mó］细胞的组成部分之一，是紧贴在细胞质外面的一层薄膜，有控
　　制细胞内外物质交换的作用。动植物细胞都有细胞膜。

小篆	膜	隶书	膜	草书	膜

细胞质：［xì bāo zhì］细胞的组成部分之一，包括无色透明的胶状物和各种细胞器，
　　在细胞核和细胞膜之间。

小篆	质	隶书	质	草书	质

细腻：〔xì nì〕1.细致光滑：秋雨，没有春雨般～温柔，也没有夏雨般豪爽热烈，却是如此宁静、典雅。2.（描写、表演等）细致入微。

小篆	膩	隶书	腻	草书	膩

娴熟：〔xián shú〕熟练：她的文笔经过锤炼显得更加～流畅。

小篆	嫺	隶书	娴	草书	娴

苋菜：〔xiàn cài〕一年生草本植物，茎细长，叶子椭圆形，有长柄，暗紫色或绿色，花绿白色，种子黑色。茎和叶可以吃，是常见蔬菜。

小篆	莧	隶书	苋	草书	苋

陷阱：〔xiàn jǐng〕1.为捕捉野兽或敌人而挖的坑，上面浮盖伪装的东西，踩在上面就掉到坑里。2.比喻害人的圈套。

小篆	陷	隶书	陷	草书	陷

香椿：〔xiāng chūn〕也叫椿树。1.落叶乔木，羽状复叶，小叶长圆披针形，花白色。蒴果椭圆形。嫩枝叶有香味，可以吃：～芽拌面筋，嫩柳叶拌豆腐，乃寒食之佳品。——清·潘荣陛《帝京岁时纪胜·三月·时品》2.这种植物的嫩枝叶。

小篆	香	隶书	香	草书	香

香蕉：〔xiāng jiāo〕1.多年生草本植物，叶子长而大，有长柄，花淡黄色。果实长形，稍弯，味香甜。产于热带或亚热带地区。2.这种植物的果实。

小篆	蕉	隶书	蕉	草书	蕉

消耗：〔xiāo hào〕1.（精神、力量、东西等）因使用或受损失而逐渐减少：懒惰像生锈一样，比操劳更～身体。2.使消耗。

小篆	消	隶书	消	草书	消

萧瑟：［xiāo sè］1. 形容风吹树木的声音：回首向来～处，也无风雨也无晴。——北宋·苏轼《定风波》2. 形容冷落、凄凉。

小篆	𤑜	隶书	萧	草书	萧

销声匿迹：［xiāo shēng nì jì］不再公开讲话，不再出头露面。形容隐藏起来或不公开出现：北雁南飞，活跃在田间草际的昆虫都～了。

小篆	銷	隶书	销	草书	销

枭首：［xiāo shǒu］旧时的刑罚，把人头砍下来并悬挂起来：汪革照律该凌迟处死，仍～示众，决不待时。——明·冯梦龙《古今小说·汪信之一死救全家》

小篆	梟	隶书	枭	草书	枭

小楷：［xiǎo kǎi］1. 手写的小的楷体汉字。2. 拼音字母的小写印刷体。

小篆	川	隶书	小	草书	小

辛辣：［xīn là］1. 辣。2. 形容语言、文章尖锐而刺激性强：这位时事评论员的文笔针对当下时势，十分～。

小篆	辛	隶书	辛	草书	辛

欣慰：［xīn wèi］喜欢而心安：黑红的脸上洋溢着笑容，那是胜利后自豪的、～的笑。

小篆	欣	隶书	欣	草书	欣

信手拈来：［xìn shǒu niān lái］随手拿来。多形容写文章时词汇或材料丰富，不费思索，就能写出来：如果你对你需要的词语了如指掌，你就能将它们～。

小篆	信	隶书	信	草书	信

兴奋：［xīng fèn］1. 振奋；激动：阳光在教室里洒下炫目的光辉，照亮着一张张快乐的、～的脸。2. 大脑基本神经活动过程之一。3. 使兴奋：～剂。

小篆	興	隶书	兴	草书	兴

星宿：[xīng xiù] 1. 我国古代指星座，共分二十八宿。2. 有的地方也指夜晚天空中闪烁发光的天体或命运。

小篆	星	隶书	星	草书	星

省悟：[xǐng wù] 在认识上由模糊而清楚，由错误而正确：幡然～。

小篆	省	隶书	省	草书	省

醒悟：[xǐng wù] 同"省悟"。

小篆	醒	隶书	醒	草书	醒

胸膛：[xiōng táng] 躯干的一部分，在颈和腹之间。

小篆	胸	隶书	胸	草书	胸

雄师：[xióng shī] 雄兵：百万～。

小篆	雄	隶书	雄	草书	雄

雄姿：[xióng zī] 威武雄壮的姿态：晨曦中，山海关城楼的～隐约可见。

小篆	姿	隶书	姿	草书	姿

休憩：[xiū qì] 休息：路边设有座椅，供行人～。

小篆	休	隶书	休	草书	休

虚荣：[xū róng] 虚幻的荣耀；表面上的光彩：～心、爱慕～。

小篆	虚	隶书	虚	草书	虚

絮叨：[xù dao] 形容说话啰唆、唠叨：他太～了。

小篆	絮	隶书	絮	草书	絮

旭日：[xù rì] 初升的太阳：看看窗外，～当空，真美啊。

小篆	旭	隶书	旭	草书	旭

喧嚣：[xuān xiāo] 1. 声音杂乱；不清静：～的车马声。2. 叫嚣；喧嚷：～一时。

小篆	暄	隶书	喧	草书	喧

悬浮：[xuán fú] 1. 固体微粒不上不下地分散在流体中：油里含有～物。2. 飘浮：雾霾～在空中。

小篆	縣	隶书	悬	草书	悬

悬铃木：[xuán líng mù] 落叶乔木，因其叶子似梧桐树叶，在中国被叫为法桐、法国梧桐，其实悬铃木和梧桐是两种不同的植物。悬铃木常作为道路两旁的绿化树种来种植。

小篆	鈴	隶书	铃	草书	铃

悬殊：[xuán shū] 形容差别很大：贫富～。

小篆	殊	隶书	殊	草书	殊

旋转：[xuán zhuǎn] 物体围绕一个点或一个轴转动：地球围绕太阳～。

小篆	旋	隶书	旋	草书	旋

炫耀：[xuàn yào] 1. 夸耀；从各方面（多指金钱、权力、地位等）特意强调自己（带有夸大自己、看轻别人的意思）：～财富；～武力。2. 照耀。

小篆	炫	隶书	炫	草书	炫

雪豹：[xuě bào] 豹的一种，中亚细亚高山上的一种大型猫科动物，在灰白色又长又密的皮毛上，夏季有不规则的黑褐色斑纹，冬季变得几乎纯白。

小篆	雪	隶书	雪	草书	雪

雪莲花：[xuě lián huā] 多年生草本植物，叶子长椭圆形，花深红色，花瓣薄而狭长。生长在新疆、青海、西藏、云南等地高山中。花可以入药，有滋补、调经等作用。文学上作为英勇、顽强、纯洁的象征。愿那株勇敢可爱的～，更光艳，更美丽，开放在遥远的昆仑雪乡，开放在塔吉克牧民中间。——权宽浮《牧场雪莲花》

小篆	隶书	草书
蓮	莲	莲

雪兔：[xuě tù] 是一类个体较大的野兔，为了适应冬季严寒的雪地生活环境，冬天毛色变白。

小篆	隶书	草书
兔	兔	兔

勋章：[xūn zhāng] 授给对国家有贡献的人的一种荣誉证章：他们将为纪念这一伟大胜利铸造一枚～。

小篆	隶书	草书
勳	勋	勋

薰衣草：[xūn yī cǎo] 又名香水植物，灵香草，香草，黄香草，拉文德。属唇形科薰衣草属，一种小灌木，原产于地中海沿岸、欧洲各地及大洋洲列岛，后被广泛栽种于英国及南斯拉夫。其叶形花色优美典雅，蓝紫色花序顾长秀丽，往往被人们视为浪漫和爱情的象征。

小篆	隶书	草书
薰	薰	薰

寻觅：[xún mì] 寻求；寻找：到处～；不论在哪里，自己的幸福要靠自己去创造、去～。

小篆	隶书	草书
尋	寻	寻

鸭梨：[yā lí] 1. 梨的一个品种，果实卵圆形，皮薄而光滑，淡黄色，有棕色斑点，味甜，果肉脆，多汁。2. 这种植物的果实。

小篆	隶书	草书
鴨	鸭	鸭

压榨：[yā zhà] 1. 挤出汁水或内含物。2. 比喻剥削或搜刮。

小篆	壓	隶书	压	草书	压

亚洲象：[yà zhōu xiàng] 别名印度象、大象、亚洲大象，亚洲现存的最大陆生动物。

小篆	亚	隶书	亚	草书	亚

烟囱：[yān cōng] 烟筒。建造在屋顶上的竖立构筑物，包括建造在屋内的排除烟气
  的一个或几个烟道，尤指其伸出屋顶的部分。

小篆	煙	隶书	烟	草书	烟

咽喉：[yān hóu] 1. 喉咙，包括咽、食管上部、喉及气管的通向胃和肺的通道，颈的
  前方上部紧接面颊的部分。2. 比喻形势险要的交通孔道：～要道。

小篆	咽	隶书	咽	草书	咽

盐碱：[yán jiǎn] 氯化钠、碳酸钠的混合物。含盐碱较多的土地不利于农作物生长。

小篆	盐	隶书	盐	草书	盐

芫荽：[yán suī] 通称香菜，也叫胡荽。一年生或两年生草本植物，羽状复叶，茎
  和叶有特殊香气，花小，白色。果实球形，用作香料，也可入药。嫩茎和叶用来
  调味。

小篆	芫	隶书	芫	草书	芫

鼹鼠：[yǎn shǔ] 哺乳动物，外形像鼠，前肢发达善掘土，昼伏夜出，捕食昆虫、蚯
  蚓等，也吃农作物的根。

小篆	鼹	隶书	鼹	草书	鼹

洋葱：[yáng cōng] 别名球葱、圆葱、玉葱、葱头、荷兰葱、皮牙子等。百合科，葱
  属，两年生或多年生草本植物，其鳞茎是常见蔬菜。

小篆	洋	隶书	洋	草书	洋

杨桃：［yáng táo］也叫阳桃、羊桃、五敛子。1. 常绿乔木，一种热带、亚热带果树，原产印度，现在马来西亚、印尼以及我国的海南省有种植。2. 这种植物的果实。

小篆	楊	隶书	杨	草书	杨

养精蓄锐：［yǎng jīng xù ruì］养足精神，积蓄力量。也指保存部队的战斗力，准备新的战斗：大战一触即发，战士们今晚～，准备明天大展雄威。

小篆	養	隶书	养	草书	茶

仰慕：［yǎng mù］敬仰思慕：我对你～已久；以此为基地，建造一座雄伟的高楼大厦，让世人～。

小篆	仰	隶书	仰	草书	仰

妖孽：［yāo niè］1. 古时指怪异不祥的事物。2. 指妖魔鬼怪。3. 比喻专做坏事的人。

小篆	孽	隶书	妖	草书	妖

妖娆：［yāo ráo］娇艳美好，妩媚多姿：月光下，桥身披上了一件银纱，像月光下的仙女～多姿!

小篆	娆	隶书	娆	草书	娆

夭亡：［yāo wáng］夭折；早亡：不要忘了，通常越小的乌龟越容易在冬眠中～。

小篆	夭	隶书	夭	草书	夭

钥匙：［yào shi］1. 开锁或上锁的工具。2. 比喻解决问题的方法、窍门：别把金钱当成万能的～。

小篆	鑰	隶书	钥	草书	钥

椰子：［yē zi］1. 常绿乔木，产于热带，树干很高，核果圆球形，果肉白色多汁，可食，亦可榨油，果肉内的汁可作饮料。果壳可做各种器皿，叶可盖屋、编席、制扇等。2. 这种植物的果实。

小篆	椰	隶书	椰	草书	椰

野蛮：[yě mán] 1. 不文明；没有开化。2. 蛮横残暴；粗鲁：举止～、～屠杀。

小篆	野	隶书	野	草书	野

野兽：[yě shòu] 家畜以外的兽类，天性凶猛，尤指食肉的野生哺乳动物。

小篆	獸	隶书	兽	草书	兽

夜宵：[yè xiāo] 夜间吃的酒食、点心等。

小篆	夜	隶书	夜	草书	夜

一字不漏：[yī zì bú lòu] 一个字也没有漏掉，没有偏差，形容很全面，非常细心的意思：我把今天的作业～地检查了一遍。

小篆	一	隶书	一	草书	一

疑窦丛生：[yí dòu cóng shēng] 有许许多多疑点产生，让人十分怀疑而产生不信任：他的种种举动不禁让人～。

小篆	疑	隶书	疑	草书	疑

遗憾：[yí hàn] 1. 遗恨，由无法控制的或无力补救的情况所引起的后悔：这件事成了他终生的～。2. 不称心；非常惋惜：对这件事我们深感～。

小篆	遺	隶书	遗	草书	遗

颐和园：[yí hé yuán] 中国清代皇家园林，坐落在北京西北郊。

小篆	頤	隶书	颐	草书	颐

颐指气使：[yí zhǐ qì shǐ] 不说话而用面部表情或口鼻出气发声来示意，形容有权势的人随意支使别人的傲慢神气。

小篆	指	隶书	指	草书	指

移栽：[yí zāi] 把幼苗从苗床或秧田里移走并栽种在田地里：这棵高大的松树是几年前～到这里的。

小篆	移	隶书	移	草书	栘

义愤填膺：[yì fèn tián yīng] 胸中充满了正义的愤恨，形容非常愤怒：听到歹徒杀害孩子，人们～，纷纷要求严惩凶犯。

小篆	義	隶书	义	草书	义

屹立：[yì lì] 像山峰一样高耸挺立，形容坚定不可动摇：我们的祖国像一条巨龙，～在世界东方。

小篆	屹	隶书	屹	草书	屹

意趣盎然：[yì qù àng rán] 形容意味和兴趣充溢，很有趣味：我在花鸟市场闲逛，看着各种花鸟，～。

小篆	意	隶书	意	草书	意

意外：[yì wài] 1. 指意料之外；料想不到的：感到很～。2. 指意料之外的不幸事件：小心火烛，以免～。

小篆	外	隶书	外	草书	外

熠熠生辉：[yì yì shēng huī] 形容光彩闪耀的样子：老师那～的眼睛，将她对学生的真挚感情流露出来。（熠熠，光耀、鲜明。）

小篆	熠	隶书	熠	草书	熠

驿站：[yì zhàn] 古时专供传递政府文书者或来往官吏中途住宿、休息、换马的处所：他知道离前面的～只有二十里路了。

小篆	驛	隶书	驿	草书	驿

阴霾：[yīn mái] 1. 空气中因悬浮着大量烟尘颗粒而形成的混浊现象。2. 比喻人的心
灵上的阴影和不快的气氛；也指一种压抑、沉闷的气氛。

小篆	䠶	隶书	阴	草书	阴

喑哑：[yīn yǎ] 嗓子干涩发不出声音或发音低而不清楚：可能是哭得太久了，她的
嗓音都～了。

小篆	喑	隶书	喑	草书	喑

银耳：[yín ěr] 一种真菌，籽实体形状类似菊花或鸡冠，富含胶质，白色，半透明，
干燥后呈白色或米黄色。俗称白木耳。

小篆	銀	隶书	银	草书	银

银杏：[yín xìng] 也叫白果。1. 落叶大乔木，高可达四十米，雌雄异株，叶片扇形。
种子椭圆形，外面有橙黄色带臭味的种皮，果仁可以吃，也可以入药。木材致密，
可供雕刻等用。是我国的特产，也叫公孙树。2. 这种植物的种子。

小篆	杏	隶书	杏	草书	杏

隐藏：[yǐn cáng] 隐蔽、躲藏，不让别人发现：不管犯罪分子～得如何巧妙，始终
逃脱不了法律的制裁。

小篆	隱	隶书	隐	草书	隐

隐秘：[yǐn mì] 1. 隐蔽不外露：～不说。2. 隐蔽的；秘密的：作弊的手法十分～。
3. 秘密的事情：刺探～。

小篆	祕	隶书	秘	草书	秘

罂粟：[yīng sù] 草本植物，籽含油，可食，花可供观赏，果壳可入药。是制取鸦片
的主要原料。

小篆	罌	隶书	罂	草书	罂

樱桃：〔yīng tao〕1. 落叶乔木或灌木，木材坚硬致密，果实外皮光滑，呈淡黄色至深红色或带黑色，味甜可食。2. 这种植物的果实。

小篆	櫻	隶书	樱	草书	樱

鹦鹉：〔yīng wǔ〕一种羽毛艳丽、爱叫的鸟，常被作为宠物饲养，善学人语。

小篆	鸚鵡	隶书	鹦鹉	草书	鹦鹉

迎春：〔yíng chūn〕花名，即迎春花。落叶灌木，羽状复叶，小叶卵形或长椭圆形，花黄色，早春开花。花、枝、叶都可入药。

小篆	迎	隶书	迎	草书	迎

萤火虫：〔yíng huǒ chóng〕昆虫，身体黄褐色，腹部末端有发光的器官，夜间能看到它发出的带绿色的荧光。

小篆	螢	隶书	萤	草书	萤

蝇营狗苟：〔yíng yíng gǒu gǒu〕像苍蝇一样飞来飞去，像狗一样摇尾乞怜、苟且偷生，形容人为了追逐名利不择手段，不顾廉耻，到处钻营：～，驱去复返。——唐·韩愈《送穷文》

小篆	蠅	隶书	蝇	草书	蝇

硬件：〔yìng jiàn〕1. 计算机系统中有形的装置和设备的统称。2. 借指生产、经营等过程中的有形的设备、物质材料等。

小篆	硬	隶书	硬	草书	硬

优势：〔yōu shì〕比对方有利的形势：走近每一个学生，发现每一个学生的～，扬长避短，因材施教。

小篆	優	隶书	优	草书	优

优雅：［yōu yǎ］优美高雅：她像一枝傲雪的寒梅，伫立在幽静的山谷中，恬静～地径自绽放。

| 小篆 | 雅 | 隶书 | 雅 | 草书 | 雅 |

悠闲：［yōu xián］闲适自得：在宁静的环境，有着～的心情，静静地读书，是人生最有味的享受。

| 小篆 | 𢝊 | 隶书 | 悠 | 草书 | 悠 |

忧心忡忡：［yōu xīn chōng chōng］忧愁不安的样子：为了白天的事，他～，辗转反侧。

| 小篆 | 憂 | 隶书 | 忧 | 草书 | 忧 |

莜麦：［yóu mài］1. 一年生草本植物，是燕麦的一个品种，小穗的花数较多，种子成熟后容易与外壳脱离。生长期短，籽实可磨成面供食用。2. 这种植物的籽实。也作油麦。

| 小篆 | 𦸣 | 隶书 | 莜 | 草书 | 莜 |

莜麦菜：［yóu mài cài］莴苣的变种，叶子长披针形，茎部肉质，为常见蔬菜。也作油麦菜。

| 小篆 | 麥 | 隶书 | 麦 | 草书 | 麦 |

邮票：［yóu piào］由国家邮政部门发行及出售、粘贴在邮件上作为交付邮资的凭证。

| 小篆 | 𨛷 | 隶书 | 邮 | 草书 | 邮 |

有丝分裂：［yǒu sī fēn liè］又称作间接分裂，是指一种真核细胞分裂产生体细胞的过程。

| 小篆 | 有 | 隶书 | 有 | 草书 | 有 |

诱惑：[yòu huò] 1. 利用手段使人认识模糊而做坏事：他立场坚定，不为金钱美色所～。2. 吸引；招引：窗外的景色很～人。

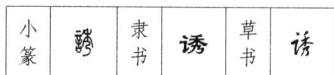

小篆	䛻	隶书	诱	草书	诱

囿于成见：[yòu yú chéng jiàn] 局限于原有的一成不变的（多指不好的）看法：你们能于细微处留心，勤思细想，大胆推敲，不～，其实是好的。

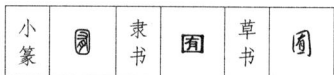

小篆	囿	隶书	囿	草书	囿

迂回：[yū huí] 1. 进攻的军队绕向敌人侧面或后面作战。2. 回环的；环绕的：曲折～。

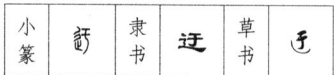

小篆	迂	隶书	迂	草书	于

淤积：[yū jī] 1. 淤泥沉积。2. 淤塞堆积：忧愁～在心头。

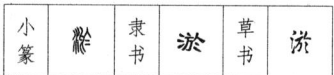

小篆	淤	隶书	淤	草书	淤

愚蠢：[yú chǔn] 愚笨；不聪明：人生犹如一本书，～者草草翻过，聪明人细细阅读。

小篆	愚	隶书	愚	草书	愚

虞美人：[yú měi rén] 1. 一年生或两年生草本植物，别名丽春花、赛牡丹，其花开兼具素雅与浓艳华丽之美，是我国常见的观赏花卉。（注：虞美人常被误作罂粟，两者非同一植物。）2. 指项羽的美人虞姬。《史记·项羽本纪》："项王则夜起，饮帐中，有美人名虞，常幸从。"3. 词牌名，源于唐教坊曲，取名于项羽爱姬虞美人，后用作词牌，又名《虞美人令》，如五代·李煜《虞美人·春花秋月何时了》。

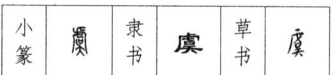

小篆	虞	隶书	虞	草书	虞

榆钱：[yú qián] 榆荚，榆树的果实，圆小似铜钱，可食。

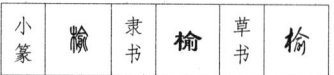

小篆	榆	隶书	榆	草书	榆

鱼塘：[yú táng] 捕鱼或养鱼的水池。

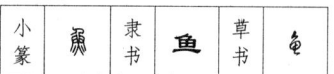

小篆	鱼	隶书	鱼	草书	鱼

预测：[yù cè] 预先测定或推测：～未来最好的办法就是自己创造未来。

小篆	隸书	草书
𩒠	预	預

预兆：[yù zhào] 1. 事情发生前所显示出来的迹象：一场风雪说来就来了，毫无～。
2. 预示将要发生某种事情。

小篆	隸书	草书
兆	兆	兆

育雏：[yù chú] 喂养幼小的鸟类。

小篆	隸书	草书
育	育	育

郁金香：[yù jīn xiāng] 1. 供观赏的多年生草本植物，叶子阔披针形，有白粉，花色艳丽，根、花可入药。2. 这种植物的花。

小篆	隸书	草书
鬱	郁	郁

熨帖：[yù tiē] 1.（用字、词等）妥帖；合适。2. 心中没有波澜；平静：内心很～。
3. 舒服。4. 完全妥当：这事办得很～。

小篆	隸书	草书
熨	熨	熨

鸳鸯：[yuān yāng] 1. 鸟，鸳指雄鸟，鸯指雌鸟，雌雄多成对栖息在水边。2. 因其都是出双入对，因此文学上常用来比喻夫妻或爱情。

小篆	隸书	草书
鴛	鸳	鸳

圆润：[yuán rùn] 1.（书画技法）圆熟流利。2.（物体或声音）饱满而润泽：他的声音很低，却～响亮，音调像银子般纯净。

小篆	隸书	草书
圓	圆	圓

越俎代庖：[yuè zǔ dài páo] 主祭的人跨过礼器去代替厨师做饭。比喻超出自己业务范围去处理别人所管的事。（越，跨过；俎，古代祭祀时摆祭品的礼器；庖，厨师。）

小篆	隸书	草书
越	越	越

晕倒：［yūn dǎo］昏迷倒下：一小时之后，他～了。

小篆	圉	隶书	晕	草书	晕

匀称：［yún chèn］1. 均匀。2. 比例和谐、协调：她身材很～。

小篆	匀	隶书	匀	草书	匀

陨落：［yǔn luò］（星体等）高空运行物掉下来，也指有才能的人去世。

小篆	隕	隶书	陨	草书	陨

殒命：［yǔn mìng］1. 死亡；丧身。2. 指伐灭其国家并俘获其君主：靡笄之役也，却献子伐齐。齐侯来，献之以得～之礼。——春秋·左秋明《国语·晋语五》

小篆	隕	隶书	殒	草书	殒

韵律：［yùn lǜ］1. 指诗词中的平仄格式和押韵规则。2. 音响或物体运动的节奏规律。

小篆	韻	隶书	韵	草书	韵

酝酿：［yùn niàng］造酒的发酵过程，比喻做准备工作：经过了春天的孕育，夏天的～，菊花在秋天怒放了。

小篆	醖	隶书	酝	草书	酝

运行：［yùn xíng］1. 周而复始地运转。2. 程序正在被使用。

小篆	運	隶书	运	草书	运

杂烩：［zá huì］各种菜合在一起烩成的菜，常用来比喻杂凑在一起形成的事物。

小篆	雜	隶书	杂	草书	杂

暂时：［zàn shí］短时间的：失败与挫折只是～的，成功已不会太遥远！

小篆	暫	隶书	暂	草书	暂

赃物：[zāng wù] 通过贪污、受贿或抢劫、盗窃等非法手段获取的财物。

小篆	臟	隶书	赃	草书	赃

藏羚羊：[zàng líng yáng] 藏羚的通称。哺乳动物，尾短而尖，雄的有角，毛浅红棕色，腹部白色。生活在青藏高原。

小篆	藏	隶书	藏	草书	藏

糟蹋：[zāo tà] 1. 指浪费或损坏；不爱惜；不珍惜。形容随便丢弃或毁坏、损坏：粮食是农民用汗水换来的，随便～了多可惜啊！2. 蹂躏，特指侮辱女性。也作糟踏。

小篆	糟	隶书	糟	草书	糟

造次：[zào cì] 1. 匆忙；仓促：～之间。2. 鲁莽；轻率：不可～。

小篆	造	隶书	造	草书	造

造型：[zào xíng] 同"造形"。1. 塑造立体空间构型：～艺术。2. 创造出来的物体的形象：～简单。

小篆	型	隶书	型	草书	型

咋舌：[zé shé] 咬着舌头，形容吃惊、害怕，说不出话。

小篆	咋	隶书	咋	草书	咋

泽泻：[zé xiè] 一种多年生草本植物，叶子椭圆形，开白色小花，生长在沼泽中。根可以入药。

小篆	澤	隶书	泽	草书	泽

栅栏：[zhà lan] 用竹、木、铁条等做成的类似篱笆的阻拦物：穿过夏天的木～和冬天的风雪之后，你终会抵达。

小篆	栅	隶书	栅	草书	栅

择菜：[zhái cài] 剔除蔬菜中不能吃的部分，拣取可吃的部分。

小篆	釋	隶书	择	草书	择

占卜：[zhān bǔ] 指用龟壳、铜钱、竹签、纸牌或星象等手段和征兆来推断未来吉凶祸福的迷信手法。

小篆	占	隶书	占	草书	占

占据：[zhàn jù] 用强力取得或保持（地域、场所等）：我们～这个山头之后就有优势了。

小篆	攌	隶书	据	草书	据

绽放：[zhàn fàng] 形容花朵开放。

小篆	絽	隶书	绽	草书	绽

湛蓝：[zhàn lán] 深蓝色，多形容天空、湖海等：～的天空，悬着火球似的太阳，云彩好似被太阳烧化了，消失得无影无踪。

小篆	湛	隶书	湛	草书	湛

障碍：[zhàng ài] 1. 阻挡前进的东西：～物。2. 阻挡，使不能顺利通过。

小篆	障	隶书	障	草书	障

帐篷：[zhàng peng] 用帆布或其他材料做成的撑在地上遮蔽风雨、日光的东西。

小篆	帳	隶书	帐	草书	帐

沼泽：[zhǎo zé] 低洼积水、杂草丛生的大片泥泞区：漫空飞舞的丹顶鹤如早开的芦花，绵软地、慢悠悠地落在了～地区。

小篆	沼	隶书	沼	草书	沼

召唤：[zhào huàn] 把人唤来（常用于抽象的表述）。光明的未来在～着我们。

小篆	召	隶书	召	草书	召

赵匡胤：[zhào kuāng yìn] 北宋王朝的开国皇帝，庙号太祖。

小篆	趬	隶书	赵	草书	赵

遮蔽：[zhē bì] 遮挡；拦挡：一片树林～住我们的视线。

小篆	蔽	隶书	遮	草书	庵

真谛：[zhēn dì] 真切的理论和精义；奥妙所在：懂得生命～的人，可以使短促的生命延长。

小篆	真	隶书	真	草书	真

真挚：[zhēn zhì] 真诚恳切：这部作品情节曲折生动，感情～，是一部难得的佳作。

小篆	摯	隶书	挚	草书	挚

砧木：[zhēn mù] 嫁接时承受接穗的植株。

小篆	砧	隶书	砧	草书	砧

榛子：[zhēn zi] 落叶灌木或小乔木，结球形坚果，称榛子，果仁可食。木材可做器物。

小篆	榛	隶书	榛	草书	榛

缜密：[zhěn mì] 细致精密；谨慎周密：她心思～，做事一丝不苟。

小篆	缜	隶书	缜	草书	缜

振聋发聩：[zhèn lóng fā kuì] 声音很大，使耳聋的人也听得见。比喻用语言文字唤醒糊涂麻木的人，使他们清醒过来。（聩，耳聋，此处引申为不明事理。）

小篆	振	隶书	振	草书	振

蒸馏：[zhēng liú] 加热液体使变成蒸气，再使蒸气冷却凝成液体，从而除去其中的杂质。

小篆	蒸	隶书	蒸	草书	蒸

蒸气：[zhēng qì] 液体或固体因蒸发、沸腾或升华而变成的气体：水～、苯～。

小篆	氣	隶书	气	草书	气

整宿：[zhěng xiǔ] 整夜；整个晚上：你只合戴月披星，谁着你停眠～？——元·王实甫《西厢记》第四本第二折

小篆	鼚	隶书	整	草书	整

脂肪酸：[zhī fáng suān] 有机化合物的一类，天然油脂中含量很多。

小篆	脂	隶书	脂	草书	脂

栀子：[zhī zi] 1. 常绿灌木，因其芳香的白花而被长期栽培，果实可入药。2. 这种植物的果实。

小篆	栀	隶书	栀	草书	栀

执拗：[zhí niù] 固执任性，不听从别人的意见：日复一日，他把自己顽强和～的全部能量藏在自己的内心深处。

小篆	執	隶书	执	草书	执

制裁：[zhì cái] 用强力管束并处罚：国家严禁猎捕、杀害珍稀野生动物，违者将受到法律～。

小篆	制	隶书	制	草书	制

制度：[zhì dù] 要求大家共同遵守的办事规程或行动准则，也指在一定历史条件下形成的法令、礼俗等规范。

小篆	度	隶书	度	草书	度

滞留：[zhì liú] 停留不动：时间没有停止的一刻，学习没有～的一秒。

小篆	滯	隶书	滞	草书	滞

终端：[zhōng duān] 1. 也称终端设备，是计算机网络中处于网络最外围的设备，主要用于用户信息的输入以及处理结果的输出等。2.（狭长东西的）头：小路的～是一座房屋。

小篆	綜	隶书	终	草书	终

中流砥柱：[zhōng liú dǐ zhù] 就像屹立在黄河激流中的砥柱山一样。比喻坚强独立的人（或集体）能在动荡艰难的环境中起支柱作用。

小篆	中	隶书	中	草书	中

肿胀：[zhǒng zhàng] 由于发炎、瘀血或充血，身体某一部分体积增大：你可以用冰块来冷敷你～的脚踝。

小篆	臒	隶书	肿	草书	肿

朱鹮：[zhū huán] 稀世珍禽。全世界仅有的野生朱鹮分布地在中国陕西洋县。

小篆	朱	隶书	朱	草书	朱

侏儒：[zhū rú] 身材异常矮小的人。

小篆	侏	隶书	侏	草书	侏

抓阄：[zhuā jiū] 每人从预先做好记号的纸卷或纸团中摸取一个，以决定谁该得什么东西或做什么事。

小篆	抓	隶书	抓	草书	抓

装裱：[zhuāng biǎo] 裱褙书画并装上轴子等。中国传统书画的一门特殊技艺，便于书画的观赏和收藏。

小篆	裝	隶书	装	草书	装

状况：[zhuàng kuàng] 情形；情况：这个城市就业～正在改善。

小篆	狀	隶书	状	草书	状

状态：[zhuàng tài] 人或事物所表现出来的状貌特征或动作情态：如果你要参加星期六的足球比赛，就需要把你自己调整到最佳～。

小篆	鷲	隶书	态	草书	杰

坠落：[zhuì luò] 掉落；下落：我透过松林的缝隙，望见那夕阳～下去，收敛了它的光彩。

小篆	墜	隶书	坠	草书	坠

惴惴不安：[zhuì zhuì bù ān] 形容因害怕或担心而不安的样子：他每次被召见，心里总不免～。

小篆	惴	隶书	惴	草书	惴

捉襟见肘：[zhuō jīn jiàn zhǒu] 拉一拉衣襟就露出臂肘，形容衣服破烂，也比喻顾此失彼，穷于应付：家里的经济情况很糟，已经到了～的地步。

小篆	捉	隶书	捉	草书	捉

捉迷藏：[zhuō mí cáng] 1. 儿童游戏，躲藏起来让别人寻找。2. 说话兜圈子，让人难以捉摸。

小篆	迷	隶书	迷	草书	迷

着落：[zhuó luò] 1. 事情有了结果或下落：丢失的东西终于有～了。2. 可以依靠或指望的来源：经费有了～。3. 事情归某人负责办理：这件事～在他身上了。

小篆	着	隶书	着	草书	着

卓越：[zhuó yuè] 杰出的；超出一般的：成功是我的志向，～是我的追求。

小篆	卓	隶书	卓	草书	卓

紫貂：[zǐ diāo] 貂的一种，在白天活动和猎食，杂食动物。

小篆	紫	隶书	紫	草书	紫

紫藤：[zǐ téng] 落叶藤本植物，茎缠绕他物，花紫色蝶形，可供观赏，通称藤萝。可入药，明代李时珍《本草纲目·草七·紫藤》中有记载。

小篆	藟	隶书	藤	草书	藤

紫薇：[zǐ wēi] 又称满堂红、百日红。落叶小乔木，树皮滑泽，夏、秋之间开花，淡红紫色或白色，美丽可供观赏：去年当此夜，坐对～间。——明·何景明《查城十五夜对月》

小篆	薇	隶书	薇	草书	薇

姊妹：[zǐ mèi] 姐姐和妹妹；对年辈相当的女性的通称。

小篆	姊	隶书	姊	草书	姊

字帖：[zì tiè] 供学习书法的人临摹的范本。

小篆	字	隶书	字	草书	字

踪迹：[zōng jì] 行动所留下的形迹：走走停停，欣赏美丽风景。寻寻觅觅，搜索快乐的～。

小篆	踪	隶书	踪	草书	踪

棕榈：[zōng lú] 常绿乔木，高三到七米，茎直立，不分枝，叶丛生茎顶，向外开展，叶柄硬而长，花黄色。供观赏，棕衣可制绳索、床垫等，木材可以制作器具。

小篆	棕	隶书	棕	草书	棕

纵横捭阖：[zòng héng bǎi hé] 在政治或外交上运用手段进行分化或拉拢、联合：那个时代～、波澜壮阔的大历史风貌让人在无限向往的同时又无限惆怅。（纵横，用游说来联合；捭阖，开合。）

小篆	纵	隶书	纵	草书	纵

粽子：[zòng zi] 一种用竹叶或苇叶包成三角锥体或其他形状的糯米食品。我国有端
午节吃粽子的习俗。

小篆	粽	隶书	粽	草书	粽

攥拳头：[zuàn quán tóu] 人的五指并拢，向内握拳，且比较用力的状态。

小篆	攥	隶书	攥	草书	攥

醉醺醺：[zuì xūn xūn] 形容人喝醉酒，醉得一塌糊涂的样子：他吃完午饭～地回
来，因此老板解雇了他。

小篆	醉	隶书	醉	草书	醉

遵循：[zūn xún] 遵从；依照：学习语言必须～循序渐进的原则。

小篆	遵	隶书	遵	草书	遵

第五章　经济应用文常用字词

案卷：［àn juàn］机关或企业等经过分类、整理后保存以备考察的文件材料。

小篆	寏	隶书	案	草书	案

按期：［àn qī］依照规定的限期：我们一定～完成工作。

小篆	揤	隶书	按	草书	按

按照：［àn zhào］根据；依照。

小篆	照	隶书	照	草书	照

颁布：［bān bù］公布。一般用于发布法令、条例等重要的法规性文件：～法令。

小篆	頒	隶书	颁	草书	颂

颁行：［bān xíng］颁布施行。

小篆	行	隶书	行	草书	行

报经：[bào jīng] 用书面报告向上级请示或请求：拟录用人员，必须～上级主管部门同意。

| 小篆 | 𦞤 | 隶书 | 报 | 草书 | 报 |

报请：[bào qǐng] 用书面报告向上级请示或请求。

| 小篆 | 請 | 隶书 | 请 | 草书 | 请 |

备案：[bèi àn] 把情况用书面形式报告给主管部门，供存档备查。

| 小篆 | 備 | 隶书 | 备 | 草书 | 备 |

备查：[bèi chá] 供查考（多用于公文等）：请存档～。

| 小篆 | 查 | 隶书 | 查 | 草书 | 查 |

俾：[bǐ] 使（达到某种效果）：～众周知。

| 小篆 | 俾 | 隶书 | 俾 | 草书 | 俾 |

比照：[bǐ zhào] 1. 按照已有的（格式、标准、方法等）；对比着：～着实物绘图。2. 比较对照。

| 小篆 | 𠤪 | 隶书 | 比 | 草书 | 比 |

拨冗：[bō rǒng] 客套话，推开繁忙的事务，抽出时间：见贾琏远路归来，少不得～接待。——清·曹雪芹《红楼梦》

| 小篆 | 撥 | 隶书 | 拨 | 草书 | 拨 |

布达：[bù dá] 1. 书信用语。谓陈述表达。2. 书信正文结束处用语。表示陈述如上的意思：专此～，并颂撰安。

| 小篆 | 布 | 隶书 | 布 | 草书 | 布 |

不贷：[bù dài] 不予宽恕：严惩～。

| 小篆 | 不 | 隶书 | 不 | 草书 | 不 |

不法：[bù fǎ] 属性词。违犯法律的：～分子。

| 小篆 | 灋 | 隶书 | 法 | 草书 | 法 |

不日：[bù rì] 表示要不了几天；几天之内（多用于未来）：～启程。

| 小篆 | 日 | 隶书 | 日 | 草书 | 日 |

不宜：[bù yí] 不适宜。

| 小篆 | 宜 | 隶书 | 宜 | 草书 | 宜 |

不虞：[bù yú] 1. 意料不到：以备～、～之誉。2. 出乎意料的事。3. 不忧虑。

| 小篆 | 虞 | 隶书 | 虞 | 草书 | 虞 |

不予：[bù yǔ] 不给予：～办理。

| 小篆 | 予 | 隶书 | 予 | 草书 | 予 |

裁并：[cái bìng] 裁减合并（机构等）：～机构。

| 小篆 | 裁 | 隶书 | 裁 | 草书 | 裁 |

裁处：[cái chǔ] 考虑决定并加以处置：对这一问题，请尽快～为宜。

| 小篆 | 處 | 隶书 | 处 | 草书 | 处 |

裁夺：[cái duó] 考虑决定：请予～。

| 小篆 | 夺 | 隶书 | 夺 | 草书 | 夺 |

参照：[cān zhào] 参考并仿照（方法、经验等）：请～办理。

| 小篆 | 参 | 隶书 | 参 | 草书 | 参 |

查办：[chá bàn] 查明犯罪事实或错误情节，加以处理：撤职～。

| 小篆 | 查 | 隶书 | 查 | 草书 | 查 |

查复：[chá fù] 了解后答复。

小篆	復	隶书	复	草书	复

查询：[chá xún] 查问。

小篆	詢	隶书	询	草书	询

查照：[chá zhào] 旧时公文用语。要对方注意文件内容，或按照文件内容（办事）：即希～。

小篆	照	隶书	照	草书	照

呈报：[chéng bào] 用公文报告上级：特此～，请查收。

小篆	呈	隶书	呈	草书	呈

呈请：[chéng qǐng] 用公文向上请示：～批准，不胜感激。

小篆	請	隶书	请	草书	请

筹措：[chóu cuò] 设法弄到（款子、粮食等）：～经费。

小篆	籌	隶书	筹	草书	筹

筹商：[chóu shāng] 筹划商议：～对策。

小篆	商	隶书	商	草书	商

鼎力：[dǐng lì] 敬词，大力（用于请托或表示感谢时）：～相助。

小篆	鼎	隶书	鼎	草书	鼎

定夺：[dìng duó] 对事情做可否或取舍的决定：请尽早予以～。

小篆	定	隶书	定	草书	定

定金：[dìng jīn] 一方当事人为了保证合同的履行，向对方当事人给付的一定数量的款项。定金具有担保作用和证明合同成立的作用。

小篆	金	隶书	金	草书	金

动议：［dòng yì］会议中的建议（一般指临时的）：紧急～。

小篆	𫏋	隶书	动	草书	动

讹传：［é chuán］1. 错误的转述。2. 错误的传说。

小篆	讹	隶书	讹	草书	讹

额定：［é dìng］属性词。规定数目的：～人数。

小篆	额	隶书	额	草书	额

奉告：［fèng gào］敬词，告诉：无可～。

小篆	奉	隶书	奉	草书	奉

奉劝：［fèng quàn］敬词，劝告。

小篆	劝	隶书	劝	草书	劝

挂失：［guà shī］遗失票据或证件等时，到原发的机关去登记，声明作废。

小篆	挂	隶书	挂	草书	挂

关联方：［guān lián fāng］一方控制、多方共同控制另一方或对另一方施加重大影响，以及两方或两方以上受同一方控制、多方共同控制的，构成关联方。

小篆	關	隶书	关	草书	关

国是：［guó shì］指国家大计：共商～。

小篆	国	隶书	国	草书	国

过甚：［guò shèn］过分；夸大（多指说话）：言之～。

小篆	过	隶书	过	草书	过

函达：［hán dá］犹函告：专此～。

小篆	函	隶书	函	草书	函

核示：[hé shì] 审核批示。

小篆	隸书	核	草书	核

惠鉴：[huì jiàn] 敬词，请对方审阅、看信（旧时书信套语）：王先生～。

小篆	惠	隸书	惠	草书	惠

惠纳：[huì nà] 敬词，请接受、接纳：承蒙～，实为荣幸。

小篆	納	隸书	纳	草书	纳

惠示：[huì shì] 敬词，指对方给自己看或让自己知道某物（某事）：如蒙～该文件，则不胜感激。

小篆	示	隸书	示	草书	示

会商：[huì shāng] 双方或多方共同商量。

小篆	會	隸书	会	草书	会

会晤：[huì wù] 会面；会见。

小篆	晤	隸书	晤	草书	晤

稽迟：[jī chí] 迟延；滞留：～答复，请见谅。

小篆	稽	隸书	稽	草书	稽

鉴宥：[jiàn yòu] 请求体察原谅：区区苦衷，务祈～。

小篆	鑑	隸书	鉴	草书	鉴

鉴于：[jiàn yú] 1. 表示以某种情况为前提加以考虑。2. 用在表示因果关系的复句中前一分句句首，指出后一分句行为的依据、原因或理由。

小篆	于	隸书	于	草书	于

接洽：［jiē qià］跟人联系，洽谈有关事项。

| 小篆 | 𢶍 | 隶书 | **接** | 草书 | 接 |

届时：［jiè shí］到时候。

| 小篆 | 屇 | 隶书 | **届** | 草书 | 届 |

径向：［jìng xiàng］直接向：有关情况，请～监察室反映。

| 小篆 | 徑 | 隶书 | **径** | 草书 | 径 |

径与：［jìng yǔ］直接和；直接与：此事～财务处联系。

| 小篆 | 𦥑 | 隶书 | **与** | 草书 | 5 |

开标：［kāi biāo］把投标文件拆封，通常由招标人召集投标人当众举行。

| 小篆 | 鼎 | 隶书 | **开** | 草书 | 开 |

开市：［kāi shì］1. 市场、商店等开始交易或营业。2. 市场、商店等第一天中第一次
成交。

| 小篆 | 巿 | 隶书 | **市** | 草书 | 市 |

款待：［kuǎn dài］亲切优厚地招待。

| 小篆 | 歀 | 隶书 | **款** | 草书 | 款 |

蓝图：［lán tú］1. 用感光后变成蓝色（或其他颜色）的感光纸制成的图纸。2. 借指
建设计划：党的十九大给我们描绘了我国新时代的宏伟～。

| 小篆 | 藍 | 隶书 | **蓝** | 草书 | 蓝 |

烂账：［làn zhàng］1. 头绪混乱没法弄清楚的账目。2. 拖得很久、收不回来的账。

| 小篆 | 爛 | 隶书 | **烂** | 草书 | 烂 |

劳神：[láo shén] 耗费精神（常用作请托时的客套话）：～代为照顾。

| 小篆 | 㷽 | 隶书 | 劳 | 草书 | 劳 |

礼遇：[lǐ yù] 尊敬有礼的待遇。

| 小篆 | 禮 | 隶书 | 礼 | 草书 | 礼 |

绵力：[mián lì] 微薄的力量（多用作谦词）。

| 小篆 | 綿 | 隶书 | 绵 | 草书 | 绵 |

面洽：[miàn qià] 当面接洽。

| 小篆 | 面 | 隶书 | 面 | 草书 | 面 |

拟定：[nǐ dìng] 1. 起草制定。2. 揣测断定。

| 小篆 | 擬 | 隶书 | 拟 | 草书 | 拟 |

拟于：[nǐ yú] 打算在：会议～下月召开。

| 小篆 | 于 | 隶书 | 于 | 草书 | 于 |

年限：[nián xiàn] 规定的或作为一般标准的年数：使用～。

| 小篆 | 秊 | 隶书 | 年 | 草书 | 年 |

偏颇：[piān pō] 偏于一方面；不公平：你的这一观点有失～。

| 小篆 | 偏 | 隶书 | 偏 | 草书 | 偏 |

票据：[piào jù] 1. 按照法律规定形式制成的写明有支付一定货币金额义务的证券。
2. 出纳或运送货物的凭证。

| 小篆 | 票 | 隶书 | 票 | 草书 | 票 |

凭单：[píng dān] 做凭证的单据。

| 小篆 | 凭 | 隶书 | 凭 | 草书 | 凭 |

评断：［píng duàn］评论判断：以事情的结果来～。

小篆	𧪄	隶书	评	草书	评

破费：［pò fèi］花费（金钱或时间）。

小篆	破	隶书	破	草书	破

起讫：［qǐ qì］起止：～日期。

小篆	起	隶书	起	草书	起

契据：［qì jù］契约、借据、收据等的总称。

小篆	契	隶书	契	草书	契

签发：［qiān fā］由主管人审核同意后签名正式发出（公文、证件）。

小篆	簽	隶书	签	草书	签

顷奉：［qǐng fèng］刚接到：～上级指示。

小篆	顷	隶书	顷	草书	顷

顷接：［qǐng jiē］刚接到：～来函。

小篆	接	隶书	接	草书	接

顷闻：［qǐng wén］刚听到：～贵店开张，特来祝贺。

小篆	聞	隶书	闻	草书	闻

热衷：［rè zhōng］1. 急切盼望得到（个人的地位或利益）。2. 十分爱好（某种活动）。

小篆	熱	隶书	热	草书	热

日前：［rì qián］几天前。

小篆	日	隶书	日	草书	日

融洽：［róng qià］彼此感情好，没有抵触。

小篆	融	隶书	融	草书	融

如实：［rú shí］按照实际情况。

小篆	如	隶书	如	草书	如

商计：［shāng jì］商量；商议。

小篆	商	隶书	商	草书	商

商洽：［shāng qià］接洽商谈。

小篆	洽	隶书	洽	草书	洽

商榷：［shāng què］商讨：这件事情怎么处理，有待～。

小篆	榷	隶书	榷	草书	榷

赏识：［shǎng shí］认识到别人的才能或作品的价值而予以重视或赞扬（多用于上对下）。

小篆	赏	隶书	赏	草书	赏

尚望：［shàng wàng］还希望：～给予协助。

小篆	尚	隶书	尚	草书	尚

恕不：［shù bù］请对方原谅不能做某事：～远送。

小篆	恕	隶书	恕	草书	恕

台鉴：［tái jiàn］1. 旧式书信套语，用在开头的称呼之后，表示请对方看信。2. 请对方审察、裁夺：鲁肃不敢自专，君侯～不错。——元·关汉卿《单刀会》

小篆	台	隶书	台	草书	台

探悉：［tàn xī］打听后知道：日前～，他已经出国了。

小篆	探	隶书	探	草书	探

特此：[tè cǐ] 公文、书信用语，表示为某件事特别在这里（通知、公告、奉告等）：～声明。

小篆	牿	隶书	特	草书	㸆

特例：[tè lì] 特殊的事例：这件事情况特殊，可作为～处理。

小篆	例	隶书	例	草书	例

提成：[tí chéng] 1. 从钱财的总数中按一定成数提出来。2. 从总数中按一定成数提出来的钱。

小篆	提	隶书	提	草书	提

提要：[tí yào] 1. 从全书或全文提出要点。2. 提出来的要点（多用于书名或文章标题）。

小篆	要	隶书	要	草书	要

为荷：[wéi hè] 表示承情感谢之意：请予以接洽～。

小篆	荷	隶书	为	草书	为

为妥：[wéi tuǒ] 表示妥当的意思。

小篆	妥	隶书	妥	草书	妥

为要：[wéi yào] 为重要；为必要。

违误：[wéi wù] 公文用语，违反命令，耽误公事：函到即刻办理，不得～。

小篆	違	隶书	违	草书	违

维系：[wéi xì] 1. 维持并联系，使不涣散。2. 维护并保持，使不中断：～人心。

小篆	維	隶书	维	草书	维

委过：[wěi guò] 推卸过错：～于人。也作诿过。

小篆	委	隶书	委	草书	委

委实：［wěi shí］确实；实在。

小篆	寶	隶书	实	草书	实

务期：［wù qī］一定要：～落实。

小篆	務	隶书	务	草书	务

务求：［wù qiú］必须要求（达到某种情况或程度）。

小篆	求	隶书	求	草书	求

先例：［xiān lì］已有的事例：有～可援引。

小篆	先	隶书	先	草书	先

先期：［xiān qī］1. 某一日期以前。2. 前期：他们已～抵达。

小篆	期	隶书	期	草书	期

鲜见：［xiǎn jiàn］不常看到；很少见。

小篆	鮮	隶书	鲜	草书	鲜

向背：［xiàng bèi］拥护和反对：人心～。

小篆	向	隶书	向	草书	白

销账：［xiāo zhàng］从账上勾销。

小篆	銷	隶书	销	草书	销

业经：［yè jīng］已经（多用于公文）：～批准，不日施行。

小篆	業	隶书	业	草书	业

已悉：［yǐ xī］已经知道。

小篆	已	隶书	已	草书	已

应允：[yīng yǔn] 应许。

小篆	應	隶书	应	草书	应

应承：[yìng chéng] 答应（做）。

小篆	承	隶书	承	草书	承

应时：[yìng shí] 1. 适合时令的。2. 立刻；马上。

小篆	時	隶书	时	草书	时

予以：[yǔ yǐ] 给以：请～办理。

小篆	予	隶书	予	草书	予

预期：[yù qī] 预先期待。

小篆	預	隶书	预	草书	预

原宥：[yuán yòu] 原谅：请求～。

小篆	原	隶书	原	草书	原

展缓：[zhǎn huǎn] 推迟（日期）；放宽（限期）：～交货。

小篆	展	隶书	展	草书	展

招股：[zhāo gǔ] 企业采用公司组织形式募集股金。

小篆	招	隶书	招	草书	招

置信：[zhì xìn] 相信（多用于否定式）。

小篆	置	隶书	置	草书	置

置疑：[zhì yí] 怀疑（多用于否定式）。

小篆	疑	隶书	疑	草书	疑

兹因：[zī yīn] 现在因为。

小篆		隶书	兹	草书	

兹有：[zī yǒu] 现在有。

小篆		隶书	有	草书	

卓识：[zhuó shí] 卓越的见识：远见～。

小篆		隶书	卓	草书	

第六章　燕赵常用成语

安邦定国：［ān bāng dìng guó］使国家安定巩固。（邦，泛指国家。）出自元·关汉卿《哭存孝》第二折："我本是安邦定国李存孝，今日个太平不用旧将军。"

　　译文　我本是安定巩固国家的李存孝，现在天下太平不再起用旧将军。

小篆	宎	隶书	**安**	草书	安

按甲休兵：［àn jiǎ xiū bīng］收拾起铠甲武器。比喻停止军事行动。出自西汉·司马迁《史记·淮阴侯列传》："当今之计，不如按甲休兵，百里之内，牛酒日至，以飨士大夫，北首燕路，然而发一乘之使，奉咫尺之书以使燕，燕必不敢不听。"

　　译文　如今为将军打算，不如按兵不动，安定赵国的社会秩序，抚恤阵亡将士的遗孤。方圆百里之内，每天送来的牛肉美酒，用以犒劳将士。摆出向北进攻燕国的姿态，而后派出说客，拿着书信，在燕国显示自己战略上的长处，燕国必不敢不听从。

小篆	按	隶书	**按**	草书	按

昂藏七尺：［áng cáng qī chǐ］轩昂伟岸的男子汉。（昂藏，表示雄伟、气度不凡的样子；七尺，七尺高的身躯。）出自清·赵翼《放歌》："徒负昂藏七尺身，实只太仓一稊米。"

译文 徒有强大的身躯，实质上渺小不过。

小篆	昂	隶书	昂	草书	昂

八斗之才：[bā dǒu zhī cái] 比喻人极有才华。（才，才华。）出自《释常谈》："天下才共一石，曹子建独得八斗，我得一斗，自古及今共用一斗。"

译文 天下的文学之才共有一石（一种容量单位，一石等于十斗），其中曹子建（即曹植）独占八斗，我得一斗，从古到今天下其他的人共分一斗。

小篆	八	隶书	八	草书	八

拔帜易帜：[bá zhì yì zhì] 比喻推翻别人，自己占有。（帜，旗帜；易，换。）出自西汉·司马迁《史记·淮阴侯列传》："赵见我走，必空壁逐我，若疾入赵壁，拔赵帜，立汉赤帜。"

译文 交战时赵军看到我军退逃，必会倾巢出动来追赶我们，尔等即趁机迅速冲入赵军营垒，拔掉赵军的旗帜，遍插汉军的红旗。

小篆	拔	隶书	拔	草书	拔

败军之将：[bài jūn zhī jiàng] 打了败仗的将领。现多用于讽刺失败的人。出自东汉·赵晔《吴越春秋·勾践入臣外传》："臣闻……败军之将，不敢语勇。"《史记·淮阴侯列传》："臣闻败军之将，不可以言勇；亡国之大夫，不可以图存。"

译文 我听说打了败仗的将领，没资格谈论勇敢；亡了国的大夫，没有资格谋划国家的生存。

小篆	败	隶书	败	草书	败

饱以老拳：[bǎo yǐ lǎo quán] 痛打，尽情地揍。（饱，充分；以，用。）出自唐·房玄龄等《晋书·石勒载记下》："孤往日厌卿老拳，卿亦饱孤毒手。"

译文 我从前挨够你的拳头，你也遭到了我的痛打。

小篆	饱	隶书	饱	草书	饱

抱头鼠窜：[bào tóu shǔ cuàn] 抱着头，像老鼠那样惊慌逃跑。形容受到失败后狼狈逃跑。出自东汉·班固《汉书·蒯通传》："始常山王、成安君故相与为刎颈之

交，及争张厴、陈释之事，常山王奉头鼠窜，以归汉王。"

译文　当初常山王张耳和成安君陈余结下生死之交，等到为张厴、陈释的事而争吵，常山王抱头鼠窜，归附汉王。

小篆	𢪒	隶书	抱	草书	抱

悲歌击筑：[bēi gē jī zhù] 以之为典，抒写悲壮苍凉的气氛。出自西汉·司马迁《史记·刺客列传》：战国时，荆轲受燕太子丹托付，入秦刺秦王，太子及朋友们送别于易水，高渐离击筑，荆轲歌"风萧萧兮易水寒，壮士一去兮不复还。"登车不顾而去。

小篆	悲	隶书	悲	草书	悲

北辕适楚：[běi yuán shì chǔ] 楚在南方，赶着车往北走。比喻行动与目的相反。（北辕，车子向北行驶；适，到。）出自西汉·刘向《战国策·魏策四》："犹至楚而北行也。"

译文　好比到楚国去却向北走。

小篆	𤓊	隶书	北	草书	北

背道而驰：[bèi dào ér chí] 朝相反的方向跑去。比喻彼此的方向和目的完全相反。（背，背向；道，道路；驰，奔跑。）出自唐·柳宗元《〈杨评事文集〉后序》："其余各探一隅，相与背驰于道者，其去弥远。"

译文　其他人各自探求一个方面，同背道而驰的人相比较，差距仍要更远。

小篆	𦟝	隶书	背	草书	背

背水一战：[bèi shuǐ yī zhàn] 比喻与敌人决一死战。（背水，背向水，表示没有退路。）出自西汉·司马迁《史记·淮阴侯列传》："信乃使万人先行，出，背水陈。赵军望见而大笑。"

译文　韩信派一万人先行军，背靠河水陈列阵势，赵军望见之后大笑。

小篆	水	隶书	水	草书	水

不可同日而语：[bù kě tóng rì ér yǔ] 不能放在同一时间谈论。形容不能相提并论，不能相比。出自西汉·刘向《战国策·赵策二》："夫破人之与破于人也，臣人之与

臣于人也，岂可同日而言之哉?"

译文　击破别人与被别人击破，使别人臣服与臣服于别人，怎么可以相提并论呢?

小篆	隶书 不	草书 ふ

不识大体：[bù shí dà tǐ] 不懂得从大局考虑。(大体，关系全局的道理。) 出自西汉·司马迁《史记·平原虞卿列传》："平原君，翩翩浊世之佳公子也，然未睹大体。"

译文　平原君，是个乱世之中风度翩翩有才气的公子，但是不能识大局。

小篆	隶书 识	草书 识

不翼而飞：[bù yì ér fēi] 没有翅膀却飞走了。比喻物品忽然丢失。形容消息言论等传布迅速。(翼，翅膀。) 出自春秋·管仲《管子·戒》："无翼而飞者，声也。"

译文　没有翅膀而能四处传飞的，是语言。

小篆	隶书 翼	草书 翼

步履蹒跚：[bù lǚ pán shān] 形容走路腿脚不方便，歪歪倒倒的样子。(蹒跚，走路一瘸一拐的样子。) 出自唐·皮日休《上真观》："天禄行蹒跚。"

译文　天禄(一种传说中的神兽)在那儿悠然徘徊。

小篆	隶书 步	草书 步

才高八斗：[cái gāo bā dǒu] 比喻人极有才华。(才，才华。) 出自唐·李延寿《南史·谢灵运传》："天下才共一石，曹子建独得八斗，我得一斗，自古及今共用一斗。"

译文　见"八斗之才"。

小篆	隶书 才	草书 才

操笔立成：[cāo bǐ lì chéng] 拿起笔立刻写成。形容才思敏捷。亦作援笔成章、援笔而就。(操笔，拿笔。)

小篆	隶书 操	草书 操

出言不逊：[chū yán bù xùn] 说话粗暴无礼。(逊，谦让、有礼貌。) 出自西晋·陈寿《三国志·魏书·张郃传》："郃快军败，出言不逊"。

译文　张郃对吃了败仗竟然幸灾乐祸，说话也很傲慢无礼。

小篆	屮	隶书	出	草书	出

吹毛求疵：[chuī máo qiú cī] 比喻故意挑剔别人的缺点，寻找差错，也可以指指摘细小的毛病。出自东汉·班固《汉书·中山靖王传》："有司吹毛求疵，笞服其臣，使证其君。"

译文　有司故意挑刺，拷打大臣使他们屈服，让他们告发他们的君主。

小篆	吠	隶书	吹	草书	吹

唇亡齿寒：[chún wáng chǐ hán] 嘴唇没有了，牙齿就会感到寒冷。比喻关系密切，利害相关。出自春秋·左丘明《左传·哀公八年》："夫鲁，齐晋之唇，唇亡齿寒，君所知也。"

译文　鲁国是齐国和晋国的嘴唇，唇亡齿寒，这是您所知道的。

小篆	唇	隶书	唇	草书	唇

从壁上观：[cóng bì shàng guān] 原指双方交战，自己站在壁垒上旁观。后多比喻站在一旁看着，不动手帮助。（壁，壁垒。）出自西汉·司马迁《史记·项羽本纪》："及楚击秦，诸将皆从壁上观。"

译文　到楚军进攻秦军时，诸将都在城上观看。

小篆	从	隶书	从	草书	从

从中渔利：[cóng zhōng yú lì] 乘机谋取不正当的权益，从当中捞取好处。（渔，捞取；渔利，用不正当的手段谋取利益。）出自清·许奉恩《里乘》第四卷："说其改醮，已则从中渔利，藉以糊口。"

译文　劝说她改嫁，自己则从中谋取好处，借以养家糊口。

小篆	中	隶书	中	草书	中

猝不及防：[cù bù jí fáng] 出乎意料，来不及防备。（猝，突然、出乎意料。）出自清·纪昀《阅微草堂笔记·姑妄听之一》："既不炳烛，又不扬声，猝不及防，突

然相遇，是先生犯鬼，非鬼犯先生。"

译文　既不拿着灯烛，又不出声，以致出乎意料地突然相遇，这是先生冒犯了鬼，而不是鬼冒犯了先生。

| 小篆 | 倅 | 隶书 | 猝 | 草书 | 狰 |

代人捉刀：［dài rén zhuō dāo］指代别人做事，多指写文章。（捉刀，代别人写文章。）出自南朝·刘义庆《世说新语·容止》："既毕，令间谍问曰：'魏王如何?'匈奴使答曰：'魏王雅望非常，然床头捉刀人，此乃英雄也。'魏王闻之，追杀此使。"

译文　见面完毕以后，让间谍问（匈奴使臣）："魏王怎么样?"使臣回答："魏王风雅威望不同常人，但床边举着刀的那个人，才是真英雄。"魏武帝听到之后，派人追杀这个使臣。

| 小篆 | 代 | 隶书 | 代 | 草书 | 代 |

淡扫蛾眉：［dàn sǎo é méi］轻淡地画眉。指妇女淡雅地化妆。出自唐·张祜《集灵台》诗之二："却嫌脂粉污颜色，淡扫蛾眉朝至尊。"

译文　只嫌脂粉会玷污她的美艳，淡扫蛾眉就进去朝见君王。

| 小篆 | 淡 | 隶书 | 淡 | 草书 | 淡 |

弹丸之地：［dàn wán zhī dì］弹丸那么大的地方。形容地方非常狭小。（弹丸，弹弓所用的铁丸或泥丸。）出自西汉·司马迁《史记·平原君虞卿列传》："此弹丸之地弗予，令秦来年复攻王，王得无割其内而媾乎?"

译文　这么一块弹丸之地不给它，让秦国明年再来进攻大王，那时大王岂不是要割让腹地给它来求和吗?

| 小篆 | 弹 | 隶书 | 弹 | 草书 | 弹 |

雕虫小技：［diāo chóng xiǎo jì］比喻微不足道的技能。（雕，刻；虫，鸟虫书，古代的字体；技，技能。）出自唐·李延寿《北史·李浑传》："尝谓魏收曰：雕虫小技，我不如卿。国典朝章，卿不如我。"

译文 李浑有一次就对魏收说：写那些花花绕绕的"虫书"，写一些风花雪月的小美文，我不如你魏收。但是制定国家的典章制度，你魏收可就比不上我了。

小篆	雕	隶书	雕	草书	雕

顶天立地：［dǐng tiān lì dì］头顶云天，脚踏大地。形容形象高大，气概豪迈。出自南宋·释普济《五灯会元》卷五十六："汝等诸人，个个顶天立地。"

译文 你们这些人，个个顶天立地。

小篆	傾	隶书	顶	草书	顶

洞见症结：［dòng jiàn zhèng jié］形容观察锐利，看到了问题的关键。比喻事情的纠葛或问题的关键所在。（洞，透彻；症结，腹内结块的病。）出自西汉·司马迁《史记·扁鹊仓公列传》："扁鹊以其言饮药三十日，视见垣一方人。以此视病，尽见五脏症结，特以诊脉为名耳。"

译文 扁鹊按照他说的服药三十天，就能看见墙另一边的人。因此诊视别人的疾病时，能看见五脏内所有的病症，只是表面上还在为病人诊脉。

小篆	洞	隶书	洞	草书	洞

分道扬镳：［fēn dào yáng biāo］分路而行。比喻目标不同，各走各的路或各干各的事。出自北齐·魏收《魏书·河间公齐传》："洛阳，我之丰、沛，自应分路扬镳。自今以后，可分路而行。"

译文 洛阳是寡人的京城，你们应该各走各的。从今以后，你们各走各的道就是。

小篆	分	隶书	分	草书	分

冯唐易老：［féng táng yì lǎo］汉朝冯唐身历三朝，到武帝时，举为贤良，但年事已高不能为官。感慨生不逢时或表示年寿老迈。出自唐·王勃《秋日登洪府滕王阁饯别序》："嗟乎！时运不齐，命途多舛，冯唐易老，李广难封。"

译文 唉！时运不好，命运不顺。冯唐容易老去，李广不得封爵。

小篆	馮	隶书	冯	草书	冯

奉公守法：[fèng gōng shǒu fǎ] 奉公行事，遵守法令。形容办事守规矩。（奉，奉行；公，公务。）出自西汉·司马迁《史记·廉颇蔺相如列传》："以君之贵，奉公如法则上下平，上下平则国强。"

译文　凭着你的尊贵地位，奉行公事，遵守法律，全国上下就太平，全国上下太平，国家就强大。

小篆	奉	隶书	奉	草书	奉

浮瓜沉李：[fú guā chén lǐ] 本谓把瓜和李子放到水中，后指用冷水果解暑，或为消夏乐事之称。吃在冷水里浸过的瓜果。形容暑天消夏的生活。出自魏晋·曹丕《与朝歌令吴质书》："浮甘瓜於清泉，沉朱李於寒水。"

译文　把甜瓜浸入清凉的水中，把红李放进冰凉的水里。

小篆	浮	隶书	浮	草书	浮

覆巢之下安有完卵：[fù cháo zhī xià ān yǒu wán luǎn] 鸟巢翻倒了就没有不碎的鸟蛋。比喻灭门之祸，无一幸免。出自南朝·刘义庆《世说新语·言语》："孔融被收，中外惶怖。时融儿大者九岁，小者八岁。二儿故琢钉戏，了无遽容。融谓使者曰：'冀罪止於身，二儿可得全不？'儿徐进曰：'大人岂见覆巢之下，復有完卵乎？'寻亦收至。"

译文　孔融被曹操收捕的时候，朝野都感到恐怖。当时孔融的儿子，大的九岁，小的八岁，两个小孩原本在玩琢钉的游戏，听到消息，始终没有惶恐着急的表情。孔融问使者说："希望罪罚只限于个人，两个孩子能否保全得了？"儿子慢慢地走过来说道："大人，难道您看到覆巢之下还有完好的卵吗？"不久收捕两儿的命令也就来了。

小篆	覆	隶书	覆	草书	覆

负荆请罪：[fù jīng qǐng zuì] 背着荆条向对方请罪。表示向人认错赔罪。（负，背着；荆，荆条。）出自西汉·司马迁《史记·廉颇蔺相如列传》："廉颇闻之，肉袒负荆，因宾客至蔺相如门谢罪。"

译文　廉颇听说了这些话，就脱去上衣，露出上身，背着荆条，由宾客带引，来到蔺相如的门前请罪。

小篆	貟	隶书	负	草书	负

盖棺定论：[gài guān dìng lùn] 一个人的是非功过到死后才能做出结论。出自北齐·魏收《魏书·郑羲传》："盖棺定谥，先典成式，激扬清浊，治道明范。"

译文 一个人的功过是非死后给出客观的定论，是上古的典籍形成的法则，为的是清除坏的，发扬好的，政治整肃，规范清明。

小篆	鑒	隶书	盖	草书	盖

攻难守易：[gōng nán shǒu yì] 意思是说，一般情况下，战争双方守的一方是占有地利条件的，如果双方军队的数量和战斗力相差并不悬殊，攻方没有全面优势，是难以战胜守方的。出自明·李贽《藏书·九国兵争》：战国时，赵国想通过掠夺燕国国土来弥补长平之战的损失。大臣冯忌说，秦国凭借七战七胜的军威，在长平之战后，乘胜围攻邯郸城，而我们只靠散兵败卒坚守，秦军不仅没有攻破我们，反而消磨了锐气，这是因为城池攻起来难而守起来易，以此类比燕国和赵国。平原君赵胜于是便取消了攻打燕国的想法。

小篆	攷	隶书	攻	草书	攻

古调不弹：[gǔ diào bù tán] 陈调不再弹。比喻过时的东西不受欢迎。（古调，古代的曲调。）出自唐·刘长卿《听弹琴》："泠泠七弦上，静吹松风寒。古调虽自爱，今人多不弹。"

译文 七弦琴上发出清脆悦耳的声响，静静地听着风吹入松林的凄清的声音。即使我是多么喜爱这古老的曲调，但现在的人们大多已不再弹唱了。

小篆	古	隶书	古	草书	古

骨肉至亲：[gǔ ròu zhì qīn] 关系最密切的亲属。出自西晋·陈寿《三国志·魏书·鲜卑传》："不如还我，我与汝是骨肉至亲，岂与仇等。"

译文 还不如回归我方，我和你是骨肉至亲，怎能和仇人相同呢？

小篆	骨	隶书	骨	草书	骨

故步自封：［gù bù zì fēng］比喻守着老一套，不求进步。也作固步自封。出自东汉·班固《汉书·叙传上》："昔有学步于邯郸者，曾未得其仿佛，又复失其故步，遂匍匐而归耳。"

译文　从前有个人，去邯郸学习走路，但没有学会邯郸人走路的方式，反而忘记了自己的走路方式，最后没办法，只有趴在地上爬着回家了。

小篆	𦥯	隶书	故	草书	故

管窥蠡测：［guǎn kuī lí cè］从竹管里看天，用瓢测量海水。比喻对事物的观察和了解很狭窄，很片面。（管，竹管；蠡，贝壳做的瓢。）出自西汉·东方朔《答客难》："以管窥天，以蠡测海，以莛撞钟。"

译文　从竹管里看天，用瓢测量海水，用竹枝撞钟。

小篆	管	隶书	管	草书	管

邯郸学步：［hán dān xué bù］比喻模仿人不到家，反把原来自己会的东西忘了。（邯郸，战国时赵国的都城；学步，学习走路。）出自春秋·庄子《庄子·秋水》："且子独不闻夫寿陵余子之学行于邯郸与？未得国能，又失其故行矣，直匍匐而归耳。"

译文　况且你就没听说过燕国寿陵的余某人到赵国的邯郸去学习走步之事吗？没学会赵国人走路姿势，又忘记了他原来走路的姿势，最后只好爬回去了。

小篆	邯	隶书	邯	草书	邯

胡服骑射：［hú fú qí shè］学习胡人的短打服饰，同时也学习他们的骑马、射箭等武艺。后比喻政治、文化的改革措施。（胡，古代指北方和西方的少数民族。）出自西汉·刘向《战国策·赵策二》："今吾（赵武灵王）将胡服骑射以教百姓。"

译文　现在我（赵武灵王）将要把胡服骑射教给百姓。

小篆	胡	隶书	胡	草书	胡

怀重宝者不宜夜行：［huái zhòng bǎo zhě bù yí yè xíng］怀藏着贵重的宝物，不能在晚上行走。

小篆	懷	隶书	怀	草书	怀

黄绢幼妇：[huáng juàn yòu fù]"绝妙"二字的隐语。出自南朝·刘义庆《世说新语·捷悟》："黄绢，色丝也，于字为绝。幼妇，少女也，于字为妙。外孙，女子也，于字为好。齑臼，受辛也，于字为辞。"后来，人们便以"黄绢幼妇"或"绝妙好辞"作为文才高、诗词佳的赞语。

小篆	黄	隶书	黄	草书	芰

黄粱美梦：[huáng liáng měi mèng]比喻虚幻不能实现的梦想。（黄粱，小米。）出自唐·沈既济《枕中记》："怪曰：'岂其梦寐耶？'翁笑曰：'人世之事亦犹是矣。'"

译文 奇怪道："难道只是一场梦吗?"老翁笑着说："人世间的事也就是像这样罢了。"

小篆	粱	隶书	梁	草书	梁

讳疾忌医：[huì jí jì yī]隐瞒疾病，不愿医治。比喻掩饰缺点、错误，不愿改正。出自北宋·周敦颐《周子通书·过》："今人有过，不喜人规，如讳疾而忌医，宁灭其身而无悟也。"

译文 现在的人有过错，不喜欢别人规劝，好比隐瞒疾病不愿医治，宁可丢了性命也不醒悟。

小篆	諱	隶书	讳	草书	讳

葭莩之亲：[jiā fú zhī qīn]比喻关系疏远的亲戚。（葭莩，芦苇秆内壁的薄膜。）出自东汉·班固《汉书·中山靖王传》："今群臣非有葭莩之亲。"

译文 当今的臣子们没有关系疏远的亲戚。

小篆	葭	隶书	葭	草书	葭

家喻户晓：[jiā yù hù xiǎo]家家户户都知道。形容人所共知。（喻，明白；晓，知道。）出自东汉·班固《汉书·刘辅传》："天下不可户晓。"

译文 天下人就都不能知道。

小篆	家	隶书	家	草书	家

嫁祸于人：［jià huò yú rén］把自己的祸事推给别人。（嫁，转移。）出自西汉·司马迁《史记·赵世家》："韩氏所以不入于秦者，欲嫁祸于赵也。"

译文 韩氏之所以不进入秦国，是想嫁祸给赵国。

小篆	㛠	隶书	嫁	草书	嫁

价值连城：［jià zhí lián chéng］形容物品十分贵重。（连城，连在一起的许多城池。）出自西汉·司马迁《史记·廉颇蔺相如列传》："赵惠文王时，得楚和氏璧。秦昭王闻之，使人遗赵王书，愿以十五城请易璧。"

译文 赵惠文王的时候，得到了楚人的和氏璧。秦昭王听说了这件事，就派人给赵王送来一封书信，表示愿意用十五座城池交换和氏璧。

小篆	價	隶书	价	草书	价

兼听则明，偏信则暗：［jiān tīng zé míng，piān xìn zé àn］要同时听取各方面的意见，才能正确认识事物；只相信单方面的话，必然会犯片面性的错误。出自北宋·司马光《资治通鉴·唐太宗贞观二年》："上问魏徵（字玄成，钜鹿人）曰：'人主何为而明，何为而暗？'对曰：'兼听则明，偏信则暗。'"

译文 唐太宗问魏徵："君主怎样能够明辨是非，怎样叫昏庸糊涂？"魏徵回答："广泛地听取意见就能明辨是非，偏信某个人就会昏庸糊涂。"

小篆	兼	隶书	兼	草书	兼

见兔顾犬：［jiàn tù gù quǎn］看到了兔子，再回头叫唤猎狗去追捕。比喻动作虽稍迟，但赶紧想办法，还来得及。（顾，回头看。）出自西汉·刘向《战国策·楚策四》："见兔而顾犬，未为晚也。"

译文 看到了兔子，再回头叫唤猎狗去追捕，还不算晚。

小篆	見	隶书	见	草书	见

交浅言深：［jiāo qiǎn yán shēn］跟交情浅的人谈心里话。（交，交情、友谊。）出自西汉·刘向《战国策·赵策四》："夫望人而笑，是和也；言而不称师，是庸说也；交浅而言深，是忠也。"

译文 望人而笑，这是和颜悦色；说话不称颂老师，因为是随便说话（不必尊师）；交情浅薄却深谈，这是忠诚恳切。

小篆	㚇	隶书	**交**	草书	交

胶柱鼓瑟：[jiāo zhù gǔ sè] 用胶把柱粘住以后奏琴，柱不能移动，就无法调弦。比喻固执拘泥，不知变通。出自西汉·司马迁《史记·廉颇蔺相如列传》："王以名使括，若胶柱而鼓瑟耳。括徒能读其父书传，不知合变也。"

译文 王因为（赵括的）名气任用赵括，就像用胶粘住柱子来弹琴一样。赵括只能读懂他父亲的传记，（但却）不懂得合时而变。

小篆	膠	隶书	**胶**	草书	胶

截长补短：[jié cháng bǔ duǎn] 截取长的，补充短的。比喻用长处补短处。出自战国·孟子《孟子·滕文公上》："今滕绝长补短，将五十里也，犹可以为善国。"

译文 现在的滕国，如果把长的地方去掉，然后补到短的地方，方圆大概有百里吧！若以仁政来治理，滕国肯定能变得富裕强大。

小篆	㦚	隶书	**截**	草书	截

惊弓之鸟：[jīng gōng zhī niǎo] 被弓箭吓怕了的鸟不容易安定。比喻经过惊吓的人碰到一点儿动静就非常害怕。出自西汉·刘向《战国策·楚策四》："雁从东方来，更赢以虚发而下之。"

译文 有大雁从东边飞过来，更赢（人名）拉满弓弦，虚射一箭，雁应声而落。

小篆	驚	隶书	**惊**	草书	惊

臼灶生蛙：[jiù zào shēng wā] 灶没于水中，产生青蛙。形容水患之甚。出自西汉·刘向《战国策·赵策一》："今城不没者三板，臼灶生蛙，人马相食。"

译文 现在晋阳城被水淹得离城墙顶还剩下六尺，石臼和灶里已有水，生出了青蛙，城内人马相食。

小篆	臼	隶书	**臼**	草书	臼

居安思危：［jū ān sī wēi］处在安乐的环境中，要想到可能有的危险。指要提高警惕，防止祸患。（居，处于、处在；思，想、考虑。）出自春秋·左丘明《左传·襄公十一年》："居安思危，思则有备，有备无患，敢以此规。"

译文　处于安定要想到危险。想到了就有防备，有了防备就没有祸患。谨以此向君王规劝。

小篆	居	隶书	居	草书	居

聚蚊成雷：［jù wén chéng léi］许多蚊子聚到一起，声音会像雷声那样大。比喻说坏话的人多了，会使人受到很大的损害。出自东汉·班固《汉书·景十三王列传·中山靖王刘胜》："夫众煦漂山，聚蚊成雷，朋党执虎，十夫桡椎。"

译文　众人吹气能将山移动，聚集而飞的蚊子声音犹如雷鸣，结成朋党可以抓住老虎，十个男子可以弄弯铁锥。

小篆	聚	隶书	聚	草书	聚

绝长继短：［jué cháng jì duǎn］截取长的，补充短的。比喻用长处补短处。（绝，截断。）出自春秋·墨子《墨子·非命上》："古者汤封于亳，绝长继短。"

译文　古时候商汤封在亳邑，用长处补短处。

小篆	绝	隶书	绝	草书	绝

开源节流：［kāi yuán jié liú］开发水源，节制水流。比喻增加收入，节省开支。（开，开发；源，水源。）出自战国·荀子《荀子·富国》："故明主必谨养其和，节其流，开其源，而时斟酌焉，潢然使天下必有余，而上不忧不足。"

译文　所以，英明的君主必定谨慎地保养那和谐安定的政治局面，开源节流，而对钱财的收支时常加以调节，使天下的财富一定像大水涌来一样绰绰有余，而君主也就不再担忧财物不够了。

小篆	开	隶书	开	草书	开

慷慨悲歌：［kāng kǎi bēi gē］情绪激昂地放歌，以抒发悲壮的胸怀。出自西汉·司马迁《史记·货殖列传》："中山地薄人众，犹有沙丘纣淫地馀民，民俗懁急，仰机

利而食。丈夫相聚游戏，悲歌慷慨。"

译文　中山土地贫瘠人口众多，在沙丘一带还有纣王留下的殷人后代，百姓性情急躁，仰仗投机取巧度日谋生。男子们常相聚游戏玩耍，情绪激昂悲声歌唱。

小篆	㦂	隶书	慷	草书	慷

克己奉公：[kè jǐ fèng gōng] 克制自己的私心，一心为公。（克己，约束自己；奉公，以公事为重。）出自南朝·范晔《后汉书·祭遵传》："遵为人廉约小心，克己奉公。"

译文　祭遵（人名，字弟孙）做人廉洁清正，处事谨慎，能够约束自己的私欲，以公事为重。

小篆	亨	隶书	克	草书	克

旷日持久：[kuàng rì chí jiǔ] 荒废时间，拖得很久。（旷，荒废、耽误。）出自西汉·刘向《战国策·赵策四》："今得强赵之兵，以杜燕将，旷日持久，数岁，令士大夫余子之力，尽于沟垒。"

译文　现在齐国得力于强赵之兵，去对抗燕将，花费了好几年的时间，让赵国从军的士卒全都去挖战壕、筑堡垒。

小篆	曠	隶书	旷	草书	旷

累世之功：[lèi shì zhī gōng] 形容功劳极大。（累世，即非常、非凡。）出自南朝·范晔《后汉书·隗嚣传》："足下将建伊吕之业，弘不世之功。"

译文　将军将像伊尹、吕尚一样建立开国的功业，弘扬非一世所常有的功绩。

小篆	纍	隶书	累	草书	累

利令智昏：[lì lìng zhì hūn] 因贪图私利而失去理智，把什么都忘了。（令，使；智，理智；昏，昏乱、神志不清。）出自西汉·司马迁《史记·平原君虞卿列传》："鄙谚曰：'利令智昏。'平原君（赵胜）负冯亭邪说，使赵陷长平四十余万众，邯郸几亡。"

译文　俗话说："贪图私利便丧失理智。"平原君（赵胜）相信冯亭的邪说，贪图他献出的上党，致使赵国兵败长平，赵军四十多万人被坑杀，赵国几乎灭亡。

小篆	利	隶书	利	草书	利

连城之璧：［lián chéng zhī bì］价值连城的美玉。比喻极其贵重的东西。出自西汉·司马迁《史记·廉颇蔺相如列传》："赵惠文王时，得楚和氏璧。秦昭王闻之，使人遗赵王书，愿以十五城请易璧。"

译文 见"价值连城"。

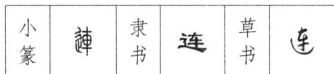

小篆	䢖	隶书	连	草书	连

两鼠斗穴：［liǎng shǔ dòu xué］比喻敌对双方在地势险狭的地方相遇，只有勇往直前的才能获胜。出自西汉·司马迁《史记·廉颇蔺相如列传》："其道远险狭，譬之犹两鼠斗于穴中，将勇者胜。"

译文 道远地险路狭，就譬如两只老鼠在洞里争斗，哪个勇猛哪个得胜。

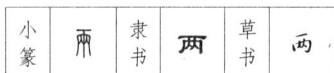

小篆	兩	隶书	两	草书	两

流言之迹：［liú yán zhī jì］排除流言；去除流言。出自西汉·刘向《战国策·赵策》："臣闻明主绝疑去谗，屏流言之迹，塞朋党之门。"

译文 我听说贤明的君主决断疑虑，排斥谗言，摒弃流言蜚语的途径，堵塞结党营私的门路。

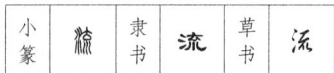

小篆	㳅	隶书	流	草书	流

鹿死谁手：［lù sǐ shuí shǒu］原比喻不知政权会落在谁的手里。现在也泛指在竞赛中不知谁会取得最后的胜利。出自唐·房玄龄等《晋书·石勒载记下》："朕若逢高皇，当北面而事之，与韩彭竞鞭而争先耳。朕遇光武，当并驱于中原，未知鹿死谁手。"

译文 我如果遇见汉高祖刘邦，一定做他的部下，听从他的命令，和韩信、彭越争个高低；假使碰到光武帝刘秀，我就和他在中原一决雌雄，较量高下，不知"鹿死谁手"。

小篆	鹿	隶书	鹿	草书	鹿

卖剑买牛：［mài jiàn mǎi niú］原指放下武器，从事耕种。后比喻改业务农或坏人改恶从善。出自东汉·班固《汉书·龚遂传》："民有持刀剑者，使卖剑买牛，卖刀买犊。"

译文 老百姓有持刀带剑的，龚遂就让他们卖掉刀剑，购买耕牛和牛犊。

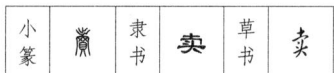

小篆	賣	隶书	卖	草书	卖

毛遂自荐：[máo suì zì jiàn] 毛遂自我推荐。比喻自告奋勇，自己推荐自己担任某项工作。出自西汉·司马迁《史记·平原君列传》：秦军围攻赵国都城邯郸，平原君去楚国求救，门下食客毛遂自动请求一同前去。到了楚国，毛遂挺身而出，陈述利害，楚王才派兵去救赵国。

小篆	𡳿	隶书	毛	草书	毛

梅开二度：[méi kāi èr dù] 同一件事成功地做到两次。通常接连两次喜事都可以叫"梅开二度"。出自清·惜阴堂主人《二度梅》。

小篆	楳	隶书	梅	草书	梅

民脂民膏：[mín zhī mín gāo] 比喻人民用血汗换来的财富。多用于指反动统治阶级压榨人民来养肥自己。出自五代·孟昶《戒石文》："尔俸尔禄，民脂民膏。"

译文 你的俸禄，都是百姓用血汗换来的财富。

小篆	民	隶书	民	草书	氏

南辕北辙：[nán yuán běi zhé] 想往南而车子却向北行。比喻行动和目的正好相反。出自西汉·刘向《战国策·魏策四》："犹至楚而北行也。"

译文 好比到楚国去却向北走。

小篆	南	隶书	南	草书	南

难至节见：[nàn zhì jié jiàn] 只有大难当头时，才能显出人的节操。常比喻人们对国家、对民族的忠贞。出自明·李贽《藏书·名臣传·肥义》："且夫贞臣也难至而节见，忠臣也累至而行明"。

译文 况且坚贞之臣当灾难临头时节操就会显现，忠贞之臣遇到牵累时行事必须鲜明。

小篆	難	隶书	难	草书	难

怒发冲冠：[nù fà chōng guān] 愤怒得头发直竖，顶着帽子。形容极端愤怒。出自战国·庄子《庄子·盗跖》："盗跖闻之大怒，目如明星，发上指冠。"

译文 盗跖听说孔子求见勃然大怒,双目圆睁亮如明星,头发怒起直冲帽顶。

小篆	隶书	草书
闠	**怒**	忿

排难解纷: [pái nàn jiě fēn] 原指为人排除危难、解决纠纷。今指调停双方争执。出自西汉·刘向《战国策·赵策三》:"所贵于天下之士者,为人排患、释难、解纷而无所取也。"

译文 作为杰出的人,可贵之处就在于能为别人排除危难、解决纠纷,而不收取任何报酬。

小篆	隶书	草书
㹟	**排**	挑

旁敲侧击: [páng qiāo cè jī] 比喻说话、写文章不从正面直接点明,而是从侧面曲折地加以讽刺或抨击。出自清·吴趼人《二十年目睹之怪现状》第二十回:"只不过不应该这样旁敲侧击,应该要明亮亮的叫破了他。"

小篆	隶书	草书
㔷	**旁**	旁

朋党之门: [péng dǎng zhī mén] 同类人结成的团体。指为自私目的而结合起来的集团。成语"朋党之争"即由此而来。出自西汉·刘向《战国策·赵策》:"屏流言之迹,塞朋党之门。"

译文 摒弃流言蜚语的途径,堵塞结党营私的门路。

小篆	隶书	草书
爾	**朋**	朋

披坚执锐: [pī jiān zhí ruì] 穿着铁甲,拿着武器。形容全副武装。出自西汉·刘向《战国策·楚策一》:"吾被坚执锐,赴强敌而死。"

译文 我身披铠甲,手执武器与强敌作战,不幸战死。

小篆	隶书	草书
㿠	**披**	披

贫贱之交: [pín jiàn zhī jiāo] 贫困时结交的知心朋友。出自南朝·范晔《后汉书·宋弘传》:"(光武帝)谓弘曰:'谚言贵易交,富易妻,人情乎?'弘曰:'臣闻贫贱之知不可忘,糟糠之妻不下堂。'"

译文 (光武帝)对宋弘说:"谚语讲人升了官就换朋友,发了财就换老婆,这是人之常情吗?"宋弘答道:"我听说贫贱时的朋友不能遗忘,贫穷时共患难的妻子不能抛弃。"

小篆	𧵣	隶书	贫	草书	贫

破釜沉舟:[pò fǔ chén zhōu] 比喻下决心不顾一切地干到底。出自西汉·司马迁《史记·项羽本纪》:"项羽乃悉引兵渡河,皆沉船,破釜甑,烧庐舍,持三日粮,以示士卒必死,无一还心。"

译文　项羽就率领全部军队渡过漳河,把船只全部弄沉,把锅碗全部砸破,把军营全部烧毁,只带上三天的干粮,以此向士卒表示一定要决死战斗,毫无退还之心。

小篆	𥔀	隶书	破	草书	破

七步成章:[qī bù chéng zhāng] 称人才思敏捷。同"七步成诗"。出自明·罗贯中《三国演义》第七十九回:"丕又曰:'七步成章,吾犹以为迟。汝能应声而作诗一首否?'"

译文　曹丕又说:"七步成诗,我认为还是太迟了,你能否应声而作一首诗呢?"

小篆	七	隶书	七	草书	七

七步奇才:[qī bù qí cái] 形容才思敏捷。出自南朝·刘义庆《世说新语·文学》:"文帝尝令东阿王七步中作诗,不成者行大法;应声便为诗曰:'煮豆持作羹,漉菽以为汁;其在釜下燃,豆在釜中泣;本自同根生,相煎何太急!'帝深有惭色。"

译文　文帝(曹丕)曾经让东阿王(曹植)七步之内作成一首诗,否则就问他死罪;(曹植)应声而成诗:"煮豆持作羹,漉菽以为汁;其在釜下燃,豆在釜中泣;本自同根生,相煎何太急!"文帝(曹丕)听后大为惭愧。

小篆	𣥁	隶书	步	草书	步

七尺之躯:[qī chǐ zhī qū] 成年男子的身躯。出自战国·荀子《荀子·劝学》:"口耳之间,则四寸耳,曷足以美七尺之躯哉?"

译文　刚听到别人的一些谈话,不加思考与分析,就立即夸夸其谈说出去,就不能用学问来修养这七尺之躯。

小篆	尺	隶书	尺	草书	尺

奇货可居：[qí huò kě jū] 把少有的货物囤积起来，等待高价出售。也比喻拿某种专长或独占的东西作为资本，等待时机，以捞取名利地位。出自西汉·司马迁《史记·吕不韦列传》："吕不韦贾邯郸，见（子楚）而怜之，曰：'此奇货可居。'"

译文 吕不韦到邯郸做生意，看见子楚而怜惜他，说："这真是稀罕的宝货，可以存积着卖大价钱。"

小篆	奇	隶书	奇	草书	奇

千金买骨：[qiān jīn mǎi gǔ] 用重金去买良马的骨头。比喻重视人才，渴望得到人才。出自西汉·刘向《战国策·燕策一》："臣闻古之君人，有以千金求千里马者，三年不能得。涓人言于君曰：'请求之。'君遣之。三月得千里马，马已死，买其首五百金，反以报君。君大怒曰：'所求者生马，安事死马而捐五百金？'涓人对曰：'死马且买之五百金，况生马乎？天下必以王为能市马，马今至矣。'于是不能期年，千里之马至者三。"

译文 我听说，古代有个君王，想以千金求购千里马，经过三年，也没有买到，宫中有个内臣对国君说："请让我去买吧。"国君就派他去。三个月后他找到了千里马，可是马已经死了，就以五百金买了那匹死马的骨头，回来报告国君。国君大怒，说："我要找的是活马，死马有什么用？还白白花了五百金。"内臣回答说："死马尚且肯花五百金，更何况活马呢？天下人由此一定会认为大王能（花重金）买马，那么千里马就会买到。"于是，不到一年，三匹千里马就送上门来。

小篆	千	隶书	千	草书	千

前事不忘，后事之师：[qián shì bù wàng, hòu shì zhī shī] 牢记以前的经验教训，作为今后行事的借鉴。出自西汉·刘向《战国策·赵策一》："前事之不忘，后事之师。"

译文 前人的历史教训，是后世人最好的老师。

小篆	前	隶书	前	草书	前

强受其利，弱受其害：[qiáng shòu qí lì, ruò shòu qí hài] 凡是强国与弱国共事，总是强国得利，弱国受害。出自西汉·刘向《战国策·赵策三》："凡强弱之举事，强受其利，弱受其害。"

译文 凡是强国与弱国办什么事情，强国得到的是利益，弱国得到的是危害。

小篆		隶书	强	草书	

窃符救赵：[qiè fú jiù zhào] 战国时期著名历史典故。故事概况为：魏安釐王二十年，秦国围困赵国都城邯郸，赵国求救于魏国，魏国惧怕秦国，不敢出兵救赵。情急之下，信陵君魏无忌听取侯嬴之计，以国家利益为重，置生死于度外，借魏王姬妾如姬之手窃得兵符，夺取了兵权，不仅成功击败秦军、救援了赵国，也巩固了魏国在当时的地位。信陵君以国家利益为重、个人生死荣辱为轻的优良品德自古以来，饱受称颂。

小篆		隶书	窃	草书	

倾城倾国：[qīng chéng qīng guó] 原指因女色而亡国。后多形容妇女容貌极美。（倾，倾覆；城，国。）出自东汉·班固《汉书·外戚传》："北方有佳人，绝世而独立，一顾倾人城，再顾倾人国。"

译文 北方有位美丽姑娘，姿容美貌，举世无双，独立世俗之外。她对守城的将士瞧一眼，将士弃械，墙垣失守；她对君临天下的皇帝瞧一眼，皇帝倾心，国家败亡！

小篆		隶书	倾	草书	

青出于蓝：[qīng chū yú lán] 青是从蓝草里提炼出来的，但颜色比蓝更深。比喻学生超过老师或后人胜过前人。（青，靛青；蓝，蓼蓝之类可作染料的草。）出自战国·荀子《荀子·劝学》："青，取之于蓝，而青于蓝。"

译文 靛青是从蓝草中取得的，颜色却比蓝草的颜色更深。

小篆		隶书	青	草书	

秋毫无犯：[qiū háo wú fàn] 指军纪严明，丝毫不侵犯人民的利益。出自西汉·司马迁《史记·淮阴侯列传》："大王之入武关，秋毫无所害，除秦苛法。"

译文 大王（指刘邦）进入武关的时候，纪律严明，对老百姓秋毫无犯，还取消了秦朝苛刻的法令。

小篆		隶书	秋	草书	

犬牙交错：[quǎn yá jiāo cuò] 比喻交界线很曲折，像狗牙那样参差不齐。也比喻情况复杂，双方有多种因素参差交错。（错，杂、交叉。）出自东汉·班固《汉书·中山靖王传》："诸侯王自以骨肉至亲，先帝所以广封连城，犬牙相错者，为盘石宗也。"

译文 诸侯王自以为骨肉最为亲近，先帝之所以广封连城，犬牙交错，为的是使宗族像盘石一样坚固。

小篆	隶书	草书
犬	犬	犬

人定胜天：[rén dìng shèng tiān] 指人力能够战胜自然。（人定，指人谋。）出自《逸周书·卷三·文传》："人强胜天。"

译文 人心强能战胜自然。

小篆	隶书	草书
人	人	人

人自为战：[rén zì wéi zhàn] 人人能独立地战斗。（为战，作战。）出自西汉·司马迁《史记·淮阴侯列传》："此所谓驱市人而战之，其势非置之死地，使人人自为战。"

译文 这就是所说的赶着街市上的百姓去打仗，在这种形势下就要把将士们置之死地，使人人为保全自己而战斗。

小篆	隶书	草书
自	自	自

三寸之舌：[sān cùn zhī shé] 比喻能说会辩的口才。出自西汉·司马迁《史记·平原君虞卿列传》："毛先生以三寸之舌，强于百万之师。"

译文 毛先生凭着他那一张能言善辩的嘴，竟比百万大军的威力还要强大。

小篆	隶书	草书
三	三	三

三千珠履：[sān qiān zhū lǚ] 为数众多的门客。出自西汉·司马迁《史记·春申君列传》："赵使欲夸楚，为玳瑁簪，刀剑室以珠玉饰之，请命春申君客。春申君客三千余人，其上客皆蹑珠履以见赵使，赵使大惭。"

译文 赵国使臣想向楚国夸耀赵国的富有，特意用玳瑁簪子绾插冠髻，亮出用珠玉装饰的剑鞘，请求招来春申君的宾客会面。春申君的上等宾客都穿着宝珠做的鞋子来见赵国使臣，使赵国使臣自惭形秽。

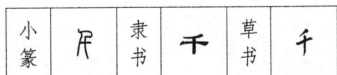

| 小篆 | 尺 | 隶书 | 千 | 草书 | 千 |

三人成虎：[sān rén chéng hǔ] 三个人谎报城市里有老虎，听的人就信以为真。比
喻说的人多了，就能使人们把谣言当事实。出自西汉·刘向《战国策·魏策二》：
"夫市之无虎明矣，然而三人言而成虎。"

译文 街市上没有老虎是明明白白的，可是三个人说有老虎，就像真的有老虎了。

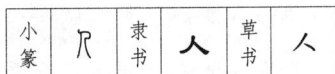

| 小篆 | 尺 | 隶书 | 人 | 草书 | 人 |

舌灿莲花：[shé càn lián huā] 原指佛家讲经讲得好，化为朵朵莲花。多为褒义词，
指口若悬河，滔滔不绝说得好。比喻说话的文采美妙。出自南朝·慧皎《高僧传》
和唐·房玄龄等《晋书·艺术传·佛图澄》。据记载，后赵国主石勒在襄国（今邢
台）召见佛图澄，想试验他的道行。佛图澄即取来钵盂，盛满水，烧香持咒，不多
久，钵中竟生出青莲花，光色曜日，令人欣喜。于是，后人便引"舌灿莲花"来比喻
说话的文采和美妙。

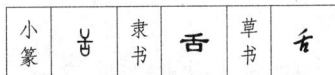

| 小篆 | 𦧇 | 隶书 | 舌 | 草书 | 舌 |

舍本问末：[shě běn wèn mò] 抛弃根本的、主要的，而去追求枝节的、次要的。比
喻不抓根本环节，而只在枝节问题上下功夫。（舍，舍弃。）出自西汉·刘向《战国
策·齐策四》："威后曰：'不然。苟元岁，何以有民？苟无民，何以有君？故有问
舍本而问末者耶？'"

译文 威后说："没有好年代，靠什么养育百姓？没有百姓哪有国君？问话哪能舍
去根本去问细枝末节呢？"

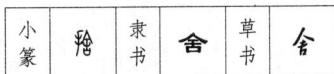

| 小篆 | 𦣻 | 隶书 | 舍 | 草书 | 舍 |

社稷之臣：[shè jì zhī chén] 称春秋时附庸于大国的小国。也称身负国家重任的大
臣。出自《论语·季氏》："夫颛臾，昔者先王以为东蒙主，且在邦域之中矣，是社
稷之臣也，何以伐为？"

译文 那颛臾，从前先王把他当作主管东蒙山祭祀的人，而且它地处鲁国境内。这

是鲁国的臣属，为什么要讨伐它呢？

小篆	社	隶书	社	草书	社

声色俱厉：［shēng sè jù lì］说话时声音和脸色都很严厉。（声色，说话时的声音和脸色；俱，全、都；厉，严厉。）出自南朝·刘义庆《世说新语·汰侈》："武帝，恺之甥也，每助恺。尝以一珊瑚树高二尺许赐恺，枝柯扶疏，世罕其比。恺以示崇，崇视讫，以铁如意击之，应手而碎。恺既惋惜，又以为疾己之宝，声色甚厉。"

译文 晋武帝是王恺的外甥，常常资助王恺。他曾经把一棵二尺来高的珊瑚树送给王恺，这棵珊瑚树枝条繁茂，世上很少有和它相当的。王恺拿来给石崇看，石崇看后，拿铁如意敲它，随手就打碎了。王恺既惋惜，又认为石崇是妒忌自己的宝物，一时说话的声音和脸色都很严厉。

小篆	聲	隶书	声	草书	声

生吞活剥：［shēng tūn huó bō］比喻生硬地抄袭或机械地搬用经验、方法、理论等。也指生拉硬扯。出自唐·刘肃《大唐新语·谱谑》：有枣强尉张怀庆好偷名士文章……人为之："活剥王昌龄，生吞郭正一。"

译文 枣强县尉张怀庆喜欢附庸风雅，就经常把别人的作品改头换面地抄袭过来，冒充自己的作品……当时有人讥讽他这种手段是："活剥王昌龄，生吞郭正一。"

小篆	生	隶书	生	草书	生

盛气凌人：［shèng qì líng rén］以骄横的气势压人。形容傲慢自大，气势逼人。（盛气，骄横的气焰；凌，欺凌。）出自清·曾国藩《求阙斋语》："今日我以盛气凌人，预想他日人亦盛气凌我。"

小篆	盛	隶书	盛	草书	盛

实事求是：［shí shì qiú shì］从实际对象出发，探求事物的内部联系及其发展的规律性，认识事物的本质。通常指按照事物的实际情况办事。出自东汉·班固《汉书·河间献王刘德传》："修学好古，实事求是。"

译文 精修学问，喜好古道，按照事物的实际情况办事。

小篆	隶书	草书
實	**实**	实

市道之交：[shì dào zhī jiāo] 买卖双方之间的关系。比喻人与人之间以利害关系为转移的交情。出自西汉·司马迁《史记·廉颇蔺相如列传》："廉颇之免长平（今山西高平市西北）归也，失势之时，故客尽去。乃复用为将，客又复至。廉颇曰：'客退矣！'客曰：'吁！君何见之晚也？夫天下以市道交，君有势，我则从君，君无势则去，此固其理也，有何怨乎？'"

译文 廉颇在长平被免职回家，失掉权势的时候，原来的门客都离开他了。等到又被任用为将军，门客又重新回来了。廉颇说："先生们都请回吧！"门客们说："唉！您的见解怎么这样落后？天下之人都是按市场交易的方法进行结交，您有权势，我们就跟随着您，您没有权势了，我们就离开，这本是很普通的道理，有什么可抱怨的呢？"

小篆	隶书	草书
市	**市**	市

士为知己者死，女为悦己者容：[shì wèi zhī jǐ zhě sǐ, nǚ wèi yuè jǐ zhě róng] 男人愿意为赏识自己、了解自己的人献身，女人愿意为欣赏自己、喜欢自己的人精心装扮。（知己者，了解自己、信任自己的人。）出自西汉·刘向《战国策·赵策一》："士为知己者死，女为悦己者容，吾其报知氏之仇矣。"

译文 义士甘愿为赏识自己、栽培自己的人而死；女子为喜欢自己的人打扮自己。我一定要替知伯复仇啊！

小篆	隶书	草书
士	**士**	士

死有余辜：[sǐ yǒu yú gū] 形容罪大恶极，即使处死刑也抵偿不了他的罪恶。（辜，罪。）出自东汉·班固《汉书·路温舒传》："盖奏当之成，虽咎繇听之，犹以为死有余辜。"

译文 到了报告上级判罪结果的时候，即使咎繇听了囚犯的罪状，也认为处死也抵偿不了他的罪过。

小篆	隶书	草书
死	**死**	死

似是而非：[sì shì ér fēi] 好像是对的，实际上不对。（似，像；是，对；非，不对。）出自战国·庄子《庄子·山木》：“周将处夫材与不材之间；材与不材之间，似之而非也。”

译文 我（庄周）将处于成材与不成材之间。处于成材与不成材之间，好像合于大道却并非真正与大道相合。

小篆	𠤎	隶书	似	草书	似

贪得无厌：[tān dé wú yàn] 贪心永远没有满足的时候。（厌，满足。）出自春秋·左丘明《左传·昭公二十八年》：“贪婪无厌，忿类无期。”

译文 贪婪没有满足的时候，暴躁乖戾没有限度。

小篆	貪	隶书	贪	草书	贪

桃园结义：[táo yuán jié yì] 结拜为兄弟，共同谋事。出自明·罗贯中《三国演义》：“飞曰：‘吾庄后有一桃园，花开正盛；明日当于园中祭告天地，我三人结为兄弟，协力同心，然后可图大事。’”

译文 张飞说道：“我家村后有一处桃园，桃花正在盛开；明天我们应当在桃园里祭拜天地，我们三人结拜为兄弟，同心协力，可以共同成就大事。”

小篆	桃	隶书	桃	草书	桃

铁石心肠：[tiě shí xīn cháng] 心肠硬得像铁和石头一样。形容心肠很硬，不为感情所动。出自唐·皮日休《宋璟集序》：“宋广平刚态毅状，疑其铁石心肠。”

译文 宋广平刚强坚毅的样子，怀疑他的心肠硬得像铁和石头一样。

小篆	鐵	隶书	铁	草书	铁

图穷匕见：[tú qióng bǐ xiàn] 比喻形迹败露，事情到最后显露出了真相。（图，地图；穷，尽；见，通假字，同“现”。）出自西汉·刘向《战国策·燕策三》：“秦王谓轲曰：‘起，取舞阳所持图。’轲既取图奉之。发图，图穷而匕首见。”

译文 秦王对荆轲说：“起来，把舞阳拿的地图取过来。”荆轲就取过地图捧着献上，打开卷轴地图，地图完全展开时露出了匕首。

小篆	圖	隶书	图	草书	图

囤积居奇：［tún jī jū qí］把稀少的货物储藏起来。指商人囤积大量商品，等待高价出卖，牟取暴利。（囤、居，积聚；奇，稀少的物品。）出自清·王浚卿《冷眼观》："照这样剜却心头肉，医了眼前疮的闹法起来，还怕我们江苏人的身家性命不在那几个囤积居奇的米佤手里送掉了么？"

小篆	𡇧	隶书	囤	草书	囤

脱颖而出：［tuō yǐng ér chū］锥尖透过布囊显露出来。比喻本领全部显露出来。（颖，尖子。）出自西汉·司马迁《史记·平原君虞卿列传》："使遂早得处囊中，乃脱颖而出，非特其末见而已。"

译文 假使我（毛遂）早就被放在口袋里，是会整个锥锋都脱露出来的，不只是露出一点儿锋尖就罢了的。

小篆	𦝤	隶书	脱	草书	脱

外宽内深：［wài kuān nèi shēn］外貌宽厚而实则城府很深。出自西汉·司马迁《史记·平津侯主父列传》："弘为人意忌，外宽内深。诸尝与弘有却者，虽详与善，阴报其祸。"

译文 公孙弘为人猜疑忌恨，外表宽宏大量，内心却城府很深。那些同公孙弘有仇怨的人，公孙弘虽然表面与他们相处很好，暗中却予以报复。

小篆	外	隶书	外	草书	外

完璧归赵：［wán bì guī zhào］本指蔺相如将和氏璧完好地自秦送回赵国。后比喻把原物完好地归还本人。出自西汉·司马迁《史记·廉颇蔺相如列传》："城入赵而璧留秦；城不入，臣请完璧归赵。"

译文 城邑归属赵国了，就把宝璧留给秦国；城邑不能归赵国，我一定把和氏璧完好地带回赵国。

小篆	宗	隶书	完	草书	完

顽石点头：［wán shí diǎn tóu］形容道理说得透彻，使人心服。出自《莲社高贤传》："竺道生入虎丘山，聚石为徒，讲《涅槃经》，群石皆点头。"

译文 他住到虎丘山的寺庙里，终日为众石头讲《涅槃经》，讲到精彩处，群石都点头示意。

小篆	頏	隶书	顽	草书	顽

万古流芳：[wàn gǔ liú fāng] 好名声永远流传，用以称颂人的德行永远传扬。亦作万古留芳。（万古，千年万代；芳，香、好名声。）出自元·纪君祥《赵氏孤儿》第二折："老宰辅，你若存的赵氏孤儿，当名垂青史，万古流芳。"

译文 老宰相，你如果保全了赵氏孤儿，你的英名、事迹必将载入史册，永远流传。

小篆	萬	隶书	万	草书	万

亡羊补牢：[wáng yáng bǔ láo] 羊逃跑了再去修补羊圈，还不算晚。比喻出了问题以后想办法补救，可以防止继续受损失。（亡，逃亡、丢失；牢，关牲口的圈。）出自西汉·刘向《战国策·楚策》："见兔而顾犬，未为晚也；亡羊而补牢，未为迟也。"

译文 看见兔子再去召唤猎狗追捕，还不算太晚；羊丢失之后再去修补羊圈，还不算太迟。

小篆	兦	隶书	亡	草书	亡

望文生义：[wàng wén shēng yì] 不了解某一词句的确切含义，光从字面上去牵强附会，做出不确切的解释。（文，文字，指字面；义，意义。）出自清·张之洞《輶轩转语·语学》："不然，空谈臆说，望文生义，即或有理，亦所谓郢书燕说耳。"

译文 不然，主观臆断空谈，不了解词句的确切含义，即便有的看似有理，也不过是牵强附会，曲解原意。

小篆	望	隶书	望	草书	望

危不能安：[wēi bù néng ān] 国家有了危难却不能使它安定。出自西汉·刘安《淮南子·人间训》："亡不能存，危不能安，无为贵智士。"

译文 国家面临灭亡而不能使它保全，有了危难却不能使它安定，那也就不用尊重我们这批有智谋的人了。

小篆	厃	隶书	危	草书	危

危如累卵：[wēi rú lěi luǎn] 比喻形势非常危险，如同堆起来的蛋，随时都有塌下打碎的可能。出自战国·韩非及后人《韩非子·十过》：“其君之危，犹累卵也。”

译文 君主的危险就像堆叠起来的蛋。

小篆	如	隶书	如	草书	如

唯命是从：[wéi mìng shì cóng] 是命令就服从，不敢有半点违抗。出自春秋·左丘明《左传·昭公十二年》：“今周与四国服事君王，将唯命是从，岂其爱鼎？”

译文 现在是周朝和四国顺服侍奉君王了，将会都听从您的命令，难道还爱惜鼎？

小篆	唯	隶书	唯	草书	唯

围魏救赵：[wéi wèi jiù zhào] 原指战国时齐军用围攻魏国的方法，迫使魏国撤回攻赵部队而使赵国得救。后指袭击敌人后方的据点以迫使进攻之敌撤退的战术。出自西汉·司马迁《史记·孙子吴起列传》，该战役史称桂陵之战。

小篆	围	隶书	围	草书	围

闻鸡起舞：[wén jī qǐ wǔ] 意为听到鸡叫就起来舞剑，借以比喻有志报国的人及时奋起。亦比喻意志坚强，有毅力、有耐心的有志之士。出自唐·房玄龄等《晋书·祖逖传》：“范阳祖逖，少有大志，与刘琨俱为司州主簿，同寝，中夜闻鸡鸣，蹴琨觉曰：‘此非恶声也！’因起舞。”

译文 范阳人祖逖，从小有远大志向。他与司空刘琨同为司州主簿，志趣相同，共卧就寝。半夜听到公鸡啼叫，祖逖用脚把刘琨踢醒，说：“这鸡鸣不是坏声音呀！”于是起床习舞剑术。

小篆	闻	隶书	闻	草书	闻

刎颈之交：[wěn jǐng zhī jiāo] 比喻可以同生死、共患难的朋友。（刎颈，割脖子；交，交情、友谊。）出自西汉·司马迁《史记·廉颇蔺相如列传》：“卒相与欢，为刎颈之交。”

译文 二人终于相互交欢和好，成为生死与共的好友。

小篆	刎	隶书	刎	草书	刎

武安瓦震：[wǔ ān wǎ zhèn] 本意指武安城内的屋瓦震碎。形容军威声势浩大。出自西汉·司马迁《史记·赵世家》记载：战国时赵国名将赵奢解瘀与（今山西和顺县）之围的故事。

小篆		隶书	武	草书	武

下笔成文：[xià bǐ chéng wén] 一下笔就很快写成文章。形容文思敏捷，才华横溢。出自魏晋·曹植《王仲宣诔》："文若春华，思若涌泉；发言可咏，下笔成篇。"

译文　文章像春天烂漫的花朵，文思如山间奔涌的泉水；出口成章，才思敏捷，一下笔很快就能写成文章。

小篆	下	隶书	下	草书	下

下笔如神：[xià bǐ rú shén] 指写起文章来，文思奔涌，如有神力。形容文思敏捷，善于写文章或文章写得很好。出自后晋·刘昫等《旧唐书·陆贽传》："其于议论应对，明练理体，敷陈剖判，下笔如神，当时名流，无不推挹。"

译文　他在议论应对方面，明晓精通体制事理，详细陈述，剖析判断，下笔如有神，当时有名望的人，没有谁不推崇尊敬他。

小篆	箑	隶书	笔	草书	笔

相煎何急：[xiāng jiān hé jí] 煎煮得为什么那样急。比喻兄弟间自相残害。出自南朝·刘义庆《世说新语·文学》："文帝（曹丕）尝令东阿王（曹植）七步中作诗，不成者行大法。应声便为诗曰：煮豆持作羹，漉菽以为汁。其在釜下燃，豆在釜中泣。本是同根生，相煎何太急。帝深有惭色。"

译文　见"七步奇才"。

小篆	相	隶书	相	草书	相

心腹之疾：[xīn fù zhī jí] 体内致命的疾病。比喻严重的隐患。出自春秋·左丘明《左传·哀公十二年》："越在我，心腹之疾也。"

译文　越国在我们这里，是心腹中的一个病。

小篆	中	隶书	心	草书	心

悬釜而炊：[xuán fǔ ér chuī] 悬挂着锅来烧饭，多形容艰苦的生活。出自西汉·刘向《战国策·赵策一》："围晋阳三年，城中巢居而处，悬釜而炊。"

　　译文　三家包围晋阳城已整整三年，城内的人在树上搭巢居住，挂起锅来煮饭。

小篆	縣	隶书	悬	草书	悬

阳春有脚：[yáng chūn yǒu jiǎo] 用以称誉贤明的官员。出自五代·王仁裕《开元天宝遗事·有脚阳春》："宋璟爱民恤物，朝野归美，时人咸谓璟为有脚阳春，言所至之处，如阳春煦物也。"

　　译文　宋璟爱民恤物，朝野上下一齐赞誉他，人们都称赞说宋璟像长了脚的春天，所到之处如阳春三月带来温暖。

小篆	陽	隶书	阳	草书	阳

仰人鼻息：[yǎng rén bí xī] 依赖别人的呼吸来生活。比喻依赖别人，不能自主。（仰，依赖；息，呼吸时进出的气。）出自南朝·范晔《后汉书·袁绍传》："袁绍孤客穷军，仰我鼻息，譬如婴儿在股掌之上，绝其哺乳，立可饿杀。"

　　译文　而袁绍的人马也就是一群穷困潦倒的孤寡军客，依靠我们喘出来的气而活着，又如同吃奶的孩子托在我们手上，假如给他断了奶汁，他立刻就会饿死。

小篆	㑃	隶书	仰	草书	仰

一得之愚：[yī dé zhī yú] 自己对某件事的一点儿看法。出自春秋·晏婴《晏子春秋·杂十八》："智者千虑，必有一失，愚者千虑，必有一得。"

　　译文　聪明的人在上千次考虑中，总会有一次失误；愚蠢的人在上千次考虑中，总会有一次收获。

小篆	一	隶书	一	草书	一

一狐之腋：[yī hú zhī yè] 一只狐狸腋下的皮毛。比喻珍贵的东西。（腋，指狐狸腋下的皮毛。）出自西汉·司马迁《史记·赵世家》："吾闻千羊之皮，不如一狐之腋。"

　　译文　我听说一千张羊皮，也不如一只狐的腋下皮毛。

小篆	狐	隶书	狐	草书	狐

一诺千金：[yī nuò qiān jīn] 许下的一个诺言有千金的价值。比喻说话算数，极有信用。出自西汉·司马迁《史记·季布栾布列传》："得黄金百，不如得季布一诺。"

译文 得到黄金百斤，不如得到您季布的一句诺言。

小篆	諾	隶书	诺	草书	诺

一日三矢：[yī rì sān shǐ] 一顿饭的工夫上了三次厕所。形容年老体弱或年老无用。后以"三遗矢"指体弱多病。出自西汉·司马迁《史记·廉颇蔺相如列传》："赵使者既见廉颇，廉颇为之一饭斗米，肉十斤，被甲上马，以示尚可用。赵使还报王曰：'廉将军虽老，尚善饭。然与臣坐，顷之三遗矢矣。赵王以为老，遂不召。"

译文 赵国使臣见到廉颇之后，廉颇当他的面一顿饭吃了一斗米、十斤肉，又披上铁甲上马，表示自己还可以被任用。赵国使者回去向赵王报告说："廉将军虽然已老，饭量还很不错，可是陪我坐着时，一会儿就上了三次厕所。"赵王认为廉颇老了，就不再把他召回了。

小篆	日	隶书	日	草书	日

一身是胆：[yī shēn shì dǎn] 形容胆量大，无所畏惧，英勇善战。也作浑身是胆。出自西晋·陈寿《三国志·蜀书·赵云传》："先主明旦自来，至云营围视昨战处。曰：'子龙一身都是胆也！'"

译文 先主第二天自己到赵云营帐周围视察昨天打仗的地方。说："赵子龙无所畏惧，浑身是胆啊！"

小篆	身	隶书	身	草书	身

一言九鼎：[yī yán jiǔ dǐng] 一句话抵得上九鼎重。比喻说话分量大，能起很大作用。（九鼎，古代国家的宝器，相传为夏禹所铸。）出自西汉·司马迁《史记·平原君列传》："毛先生一至楚而使赵重于九鼎大吕。毛先生以三寸之舌，强于百万之师。胜不敢复相士。"

译文 毛先生一次到楚国，就使赵国的地位比九鼎大吕的传国之宝还尊贵。毛先生凭着他那一张能言善辩的嘴，竟比百万大军的威力还要强大。我不敢再观察识别人才了。

小篆	言	隶书	言	草书	言

一字千金：［yī zì qiān jīn］增损一字，赏予千金。称赞文辞精妙，不可更改。出自西汉·司马迁《史记·吕不韦列传》："布咸阳市门，悬千金其上，延诸侯游士宾客有能增损一字者予千金。"

译文 并将之刊布在咸阳的城门，上面悬挂着一千金的赏金，遍请诸侯各国的游士宾客，若有人能增删一字，就给予一千金的奖励。

小篆	宇	隶书	**字**	草书	字

以是为非：［yǐ shì wéi fēi］把对的认为是错误的，那就是愚昧的表现。出自战国·荀子《荀子·修身》："非是是非谓之愚。"

译文 否定正确的（言行），肯定错误的（言行），叫作愚蠢。

小篆	𠃞	隶书	**以**	草书	以

以一当十：［yǐ yī dāng shí］一个人抵挡十个人。形容军队英勇善战。（当，相当。）出自西汉·刘向《战国策·齐策一》："一而当十，十而当百，百而当千。"

译文 定能以一个当十个，以十个当百个，以百个当千个。

小篆	一	隶书	一	草书	一

义不帝秦：［yì bù dì qín］比喻坚持正义，不向强权恶势力屈服、投降。出自西汉·刘向《战国策·赵策三》："则连有赴东海而死耳，吾不忍为之民也。"

译文 我宁愿跳入东海而死，也不能做他的顺民！

小篆	羛	隶书	**义**	草书	义

因人成事：［yīn rén chéng shì］依靠别人的力量办成事情。（因，依靠。）出自西汉·司马迁《史记·平原君虞卿列传》："公等碌碌，所谓因人成事者也。"

译文 各位虽然平庸，可也算完成了任务，这就是所说的依赖别人的力量来完成自己的任务吧。

小篆	囚	隶书	**因**	草书	囻

犹豫不决：［yóu yù bù jué］拿不定主意。（犹豫，迟疑。）出自西汉·刘向《战国策·赵策三》："平原君犹豫未有所决。"

译文 平原君很犹豫，尚未决定。

小篆	楷书	隶书	犹	草书	犹

鹬蚌相争，渔翁得利：[yù bàng xiāng zhēng，yú wēng dé lì] 比喻双方相持不下，而使第三者从中得利。出自西汉·刘向《战国策·燕策二》："今者臣来，过易水，蚌方出曝，而鹬啄其肉，蚌合而钳其喙。……两者不肯相舍，渔者得而并禽之。"

译文 我今天来，经过易水，河蚌正出来晒太阳，鹬鸟啄住了河蚌的肉，河蚌又夹住了鹬鸟的嘴。……鹬鸟和河蚌都不肯放开对方，渔翁毫不费力就把鹬鸟和河蚌都抓住了。

小篆	隶书	鹬	草书	鹬

云开见日：[yún kāi jiàn rì] 拨开云雾，见到太阳。比喻黑暗已经过去，光明已经到来。也比喻误会消除。出自南朝·范晔《后汉书·袁绍传》："旷若开云见日，何喜如之。"

译文 心胸的旷达就好似拨开云雾见到阳光，什么喜悦能比得上这样呢。

小篆	隶书	云	草书	云

凿壁偷光：[záo bì tōu guāng] 形容家贫而读书刻苦的人。出自西汉·刘歆《西京杂记》卷二："匡衡字稚圭，勤学而无烛，邻舍有烛而不逮。衡乃穿壁引其光，以书映光而读之。"

译文 匡衡字稚圭，勤奋好学，但家中没有蜡烛照明。邻家有灯烛，但光亮照不到他家，匡衡就把墙壁凿了一个洞引来邻家的光亮，让光亮照在书上来读。

小篆	隶书	凿	草书	凿

咫尺之书：[zhǐ chǐ zhī shū] 即书信。古代书写用木简，信札之简长刚满一尺。出自西汉·司马迁《史记·淮阴侯列传》："而后遣辩士奉咫尺之书，暴其所长于燕，燕必不敢不听从。"

译文 而后派出说客，拿着书信，在燕国显示自己战略上的长处，燕国必不敢不听从。

小篆	隶书	咫	草书	咫

指鹿为马：[zhǐ lù wéi mǎ] 指着鹿，说是马。比喻故意颠倒黑白，混淆是非。出自西汉·司马迁《史记·秦始皇本纪》："赵高欲为乱，恐群臣不听，乃先设验，持鹿献于二世，曰：'马也。'二世笑曰：'丞相误邪？谓鹿为马。'问左右，左右或默，或言马以阿顺赵高。"

译文　赵高想要谋反，恐怕群臣不听从他，就先设下计谋进行试验，带来一只鹿献给二世，说："这是一匹马。"二世笑着说："丞相错了，把鹿说成是马。"问左右大臣，左右大臣有的沉默，有的故意迎合赵高说是马。

小篆	稽	隶书	**指**	草书	*指*

纸上谈兵：[zhǐ shàng tán bīng] 在纸面上谈论打仗。比喻空谈理论，不能解决实际问题。也比喻空谈不能成为现实。出自西汉·司马迁《史记·廉颇蔺相如列传》：战国时赵国名将赵奢之子赵括，年轻时学兵法，谈起兵事来父亲也难不倒他。后来他接替廉颇为赵将，在长平之战中，只知道根据兵书办，不知道变通，结果被秦军大败。

小篆	紙	隶书	**纸**	草书	*纸*

智者千虑，必有一失：[zhì zhě qiān lǜ, bì yǒu yī shī] 不管多聪明的人，在很多次的考虑中，也一定会出现个别错误。出自春秋·晏婴《晏子春秋·杂十八》："智者千虑，必有一失；愚者千虑，必有一得。"

译文　见"一得之愚"。

小篆	智	隶书	**智**	草书	*智*

置之死地：[zhì zhī sǐ dì] 有意使人处于无法生存下去的境地。出自春秋·孙武《孙子·九地》："投之亡地然后存，陷之死地然后生。"

译文　将士卒置于危地，才能转危为安；使士卒陷于死地，才能起死回生。

小篆	置	隶书	**置**	草书	*置*

珠圆玉润：[zhū yuán yù rùn] 像珠子一样圆，像玉石一样光润。比喻歌声婉转优美，或文字流畅明快。（润，细腻光滑。）出自唐·张文琮《咏水诗》："方流涵玉

润，圆折动珠光。"

译文 水流波光如玉石一般温润光滑，溅起的水花，就像珠子一样浑圆耀眼。

小篆	珠	隶书	**珠**	草书	*珠*

煮豆燃萁：[zhǔ dòu rán qí] 用豆萁作燃料煮豆子。比喻兄弟间自相残杀。（燃，烧；萁，豆茎。）出处及译文见"七步奇才"。

小篆	煮	隶书	**煮**	草书	*煮*

铸成大错：[zhù chéng dà cuò] 指造成严重的错误。（铸，铸造，把金属熔化后倒入模具内制成器物；错，错误。）出自北宋·司马光《资治通鉴·唐纪·昭宗天祐三年》："合六州四十三县铁，不能为此错也。"

译文 竭尽魏、贝、博、澶、相、卫六州境内全部的铁也不能铸成这样的错刀啊。

小篆	铸	隶书	**铸**	草书	*铸*

锥处囊中：[zhuī chǔ náng zhōng] 锥子放在口袋里，锥尖就会露出来。比喻有才能的人不会长久被埋没，终能显露头角。（囊，口袋。）出自西汉·司马迁《史记·平原君虞卿列传》："夫贤士之处世也，譬若锥之处囊中，其末立见。"

译文 有才能的贤士生活在世上，就如同锥子放在口袋里，它的锋尖立即就会显露出来。

小篆	锥	隶书	**锥**	草书	*锥*

卓尔不群：[zhuó ěr bù qún] 指才德超出寻常，与众不同。（卓尔，突出的样子；不群，与众不同。）出自东汉·班固《汉书·景十三王传赞》："夫唯大雅，卓尔不群，河间献王近之矣。"

译文 真正品德高尚的人是与众不同的，河间献王接近这样的标准了。

小篆	卓	隶书	**卓**	草书	*卓*

自惭形秽：[zì cán xíng huì] 因为自己不如别人而感到惭愧。（形秽，形态丑陋，引申为缺点。）出自南朝·刘义庆《世说新语·容止》："珠玉在侧，觉我形秽。"

译文　就像把石块与明珠宝玉放在一起，我真是太难看了。

小篆	𦣻	隶书	自	草书	自

走笔成篇：［zǒu bǐ chéng piān］一下笔就很快写成了文章。形容文思敏捷，才华横溢。出自元·关汉卿《谢天香》第四折："况此妇人走笔成章，吟诗谓赋。"

译文　况且这个妇人一下笔很快成文，吟诗作赋不在话下。

小篆	走	隶书	走	草书	走

作壁上观：［zuò bì shàng guān］原指双方交战，自己站在壁垒上旁观。后多比喻站在一旁看着，不动手帮助。（壁，壁垒；观，旁观。）出自西汉·司马迁《史记·项羽本纪》："及楚击秦，诸将皆从壁上观。"

译文　见"从壁上观"。

小篆	作	隶书	作	草书	作

坐不安席：［zuò bù ān xí］形容心中有事，坐立不安。（席，坐席。）出自西汉·司马迁《史记·项羽本纪》："且国兵新破，王坐不安席。"

译文　况且我们楚兵新近失败，楚王坐不安席。

小篆	坐	隶书	坐	草书	坐

坐收渔利：［zuò shōu yú lì］比喻利用别人的矛盾而从中获利。出自战国时谋士苏代游说赵惠王时所讲的一则寓言故事，是说赵国和燕国争战不休，不过是"鹬蚌相争"而已，必定让秦国得"渔翁之利"。告诉人们在错综复杂的矛盾斗争中，要警惕真正的敌人。见"鹬蚌相争，渔翁得利"。

小篆	收	隶书	收	草书	收

第七章 常用易错字词

唉声叹气：[āi shēng tàn qì] 因伤感郁闷或悲痛而发出的比较短促的叹息声音。（易误写为"哀声叹气"）

例：我看你脸上一团私欲愁闷气色！这会子又～，你哪些还不足，还不自在？

小篆	暧	隶书	唉	草书	唉

暧昧：[ài mèi] 1. 昏暗；幽深。2. 模糊；不清晰。3. 态度不明朗或行为不可告人。（易误写为"暖昧"）

例：对待这件事，他们持一种～的态度。

小篆	曎	隶书	暧	草书	暧

山坳：[shān ào] 1. 跨越分水岭山脉高处的要隘。2. 山间平地，两山间的低下处。（易误写为"山拗"）

例：此去侬家三十里，～聊可避风尘。——南宋·文天祥《至扬州》

小篆	坳	隶书	坳	草书	坳

纵横捭阖：[zòng héng bǎi hé] 原指战国时策士游说的一种方法，后意为以辞令测探、打动别人，在政治和外交上运用联合或分化的手段。（纵横，合纵连横；捭

阖，开合。）（易误读为"zòng héng bì hé"）

例：政客借实力以自雄，军人假名流以为重，～，各戴一尊。

小篆	𨶿	隶书	㨨	草书	捭

稗官野史：[bài guān yě shǐ] 旧时的小说和私人编撰的史书。泛称记载轶闻琐事的文字。（易误读为"bì guān yě shǐ"）

例：如今我要将这碑记付给文人墨士，作为～，流传海内。——清·李汝珍《镜花缘》

小篆	稗	隶书	稗	草书	稗

甘拜下风：[gān bài xià fēng] 真心佩服别人，承认自己不如别人。比喻处于劣势地位。（易误写为"甘败下风"）

例：倘能如此，小弟～，情愿跟随展兄上开封府去；如不能时，展兄也就不必再上陷空岛了。——清·石玉昆《三侠五义》

小篆	拜	隶书	拜	草书	拜

班师：[bān shī] 调回在外打仗的军队，也指出征军队胜利归来。（易误写为"搬师"）

例：他～回京赶走宣统那年，我好像还是个小学生。——萧乾《一本褪色的相册·未带地图的旅人》

小篆	班	隶书	班	草书	班

报复：[bào fù] 1. 回复；报告。2. 古时指报恩或报仇，现指报积怨、愤恨。3. 跟某人算账。

例：他～了折磨他的人。

小篆	報	隶书	报	草书	报

抱负：[bào fù] 远大的志向、理想。

例1：世无周公～之辅，恐危社稷。——东汉·班固《汉书·外戚传下·孝成赵皇后》

例2：我们每个青年都有着雄伟的～，都热望着祖国的富强和个人有远大的前途。——杨沫《青春之歌》

小篆	隶书	草书
绚	抱	抱

关怀备至：〔guān huái bèi zhì〕关心得无微不至。（备，完全。）（易误写为"关怀倍至"）

例：总理对人总是～，体贴入微。——刘白羽《海天集·伟大创业者》

小篆	隶书	草书
備	备	备

英雄辈出：〔yīng xióng bèi chū〕英雄层出不穷。形容不断有杰出的人才出现，一代比一代厉害。（易误写为"英雄倍出"）

例：青梅煮酒的三国时期，是一个～的年代。

小篆	隶书	草书
輩	辈	辈

针砭时弊：〔zhēn biān shí bì〕比喻指出错误，劝人改正。（针，以针刺也。砭，以石刮也。运用针刺治病的医术称为针，运用砭石治病的医术称为砭。针、砭分别是中医的六大疗法之一，分别为针、砭、灸、药、按跷和导引。时弊，指现在社会中的不正之风、恶劣习气等。）（易误写为"针贬时弊"）

例：卓别林因演出～的电影而成为联邦调查局的调查对象。

小篆	隶书	草书
砭	砭	砭

辨别：〔biàn bié〕对不同的事物在认识上加以区别。

例：他听力正常，当然能～正常情况下易混淆的各种声音。

小篆	隶书	草书
辨	辨	辨

明辨是非：〔míng biàn shì fēi〕清楚地辨别出是和非。

例：但是我希望你明智的心中，还能保存一点儿冷静的～的理智。

辩护：〔biàn hù〕站在某一方，提出理由或事实为其辩解和在法庭上否定原告申诉的正确性等。

例：我国的～分有自行、委托、指定三种方式。

| 小篆 | 辡 | 隶书 | 辯 | 草书 | 辯 |

部署：［bù shǔ］1. 处理；料理。2. 安排。（易误写为"布署"）

例：炮兵的～已标明在这张地图上。

| 小篆 | 𨝏 | 隶书 | 部 | 草书 | 部 |

按部就班：［àn bù jiù bān］原意是写文章时篇章结构安排得体，用字造句合乎规范 。后来引申为照章办事，依次进行，不越轨，不逾格。也指按老规矩办事，缺乏创新精神。（易误写为"按步就班"）出自西晋·陆机《文赋》。

例：但黄公俊的祖父，开始读了书，像一般读书人似的，他～地要将八股型的才学，"货与帝王家"。——郑振铎《黄公俊之最后》

喝彩：［hè cǎi］大声叫好。（易误写为"喝采"）

例：生活不相信眼泪，它只为那些知难而进的强者～。

| 小篆 | 彩 | 隶书 | 彩 | 草书 | 彩 |

神采奕奕：［shén cǎi yì yì］形容精神饱满，容光焕发。（奕奕，精神焕发的样子。）（易误写为"神彩奕奕"）

例：与你～的双眼相比，星星是那样暗淡无光。

| 小篆 | 采 | 隶书 | 采 | 草书 | 采 |

长年累月：［cháng nián lěi yuè］形容经过了很多年月。（长年，整年；累月，很多个月。）（易误写为"常年累月"）

例：他这些丰富的工作经验，是～积累起来的。

| 小篆 | 長 | 隶书 | 长 | 草书 | 长 |

扬长而去：［yáng cháng ér qù］大模大样地径自走了。（易误写为"扬场而去"）

例：这辆车撞倒人后，居然在众目睽睽之下～。

老生常谈：［lǎo shēng cháng tán］老书生经常说的话。比喻人们听惯了的没有新鲜意思的话。（易误写为"老生长谈"）

例：今天消防日来谈防火，许多人必定生厌，但～还得谈。

小篆	常	隶书	常	草书	常

计日程功：［jì rì chéng gōng］工作进度或成效可以按日计算。形容进展快，有把握如期完成。（计，计算；程，衡量；功，成效。）（易误写为"计日成功"）

例：中国经济建设的速度很快，中国的现代化能够～。

小篆	程	隶书	程	草书	程

相辅相成：［xiāng fǔ xiāng chéng］指两件事物互相配合、互相补充，缺一不可。（辅，辅助、帮助。）（易误写为"相辅相承"）

例：预习和复习，是用以掌握知识和巩固知识的两个方面，～，缺一不可。

小篆	成	隶书	成	草书	成

整饬：［zhěng chì］整顿使有条理。（易误写为"整斥"）

例：我喜欢过～、有序的生活，每天规律地起居、做事，认一个甲骨文，识别一种植物，读一本新书，做笔记。

小篆	饬	隶书	饬	草书	饬

椎心泣血：［chuí xīn qì xuè］捶拍胸膛，哭泣出血。形容非常悲痛。（椎心，捶胸脯；泣血，哭得眼中流血。）（易误读为"zhuī xīn qì xuè"）

例：在祭扫亲人坟墓时，他不觉～，哀痛逾恒。

小篆	椎	隶书	椎	草书	椎

以逸待劳：［yǐ yì dài láo］在战争中做好充分准备，养精蓄锐，等疲乏的敌人来犯时给以迎头痛击。（逸，安闲；劳，疲劳。）（易误写为"以逸代劳"）

例：稳坐网中的蜘蛛，～地等候猎物上门。

小篆	待	隶书	待	草书	待

谛听：[dì tīng] 屏住呼吸仔细地听。（谛，仔细听或看。）（易误写为"缔听"）

　　例：海潮，放远了～才觉得深邃；山峰，放远瞭望才觉得秀美；忠告，放远了品味才觉得亲切；友情，放远了回忆才觉得珍贵。所以，哲人说"距离产生美"。

小篆	諦	隶书	谛	草书	谛

掉书袋：[diào shū dài] 说话或写文章好引用古书言词来卖弄自己的学识渊博。（易误写为"吊书袋"）

　　例：他爱书成痴，连他的老母亲都说他是个～的人。

小篆	𢱆	隶书	掉	草书	掉

连篇累牍：[lián piān lěi dú] 形容篇幅过多，文辞冗长。（牍，指古代写字的木片。）（多为贬义）（易误写为"连篇累读"）

　　例：文章应该写得简明扼要，～的作品不易受人欢迎。

小篆	牘	隶书	牍	草书	牍

渡过：[dù guò] 由这一岸到那一岸，如"渡过黄河""渡过难关"。

　　例：接着来了一位三餐不继的穷人，他祈祷观音菩萨能帮助他～生活的难关。

小篆	𣽾	隶书	渡	草书	渡

明修栈道，暗度陈仓：[míng xiū zhàn dào，àn dù chén cāng] 刘邦从汉中出兵攻项羽时，故意明修栈道，迷惑对方，暗中绕道奔袭陈仓，取得胜利。比喻用假象迷惑对方以达到某种目的。（陈仓，古县名，在今陕西省宝鸡市东。）（易误写为"明修栈道，暗渡陈仓"）

　　例：李小鱼的父母很反对他搞这些东西，因此他只得～。——说是邮寄的行李，其实是把他的宝藏转移了过来。

小篆	度	隶书	度	草书	度

如堕五里雾中：[rú duò wǔ lǐ wù zhōng] 好像掉在一片大雾里。比喻陷入迷离恍惚、莫名其妙的境地。（易误写为"如坠五里雾中"）

例：任我行顿时被搞得莫名其妙，～。

| 小篆 | 隓 | 隶书 | 堕 | 草书 | 堕 |

偶尔：[ǒu ěr] 1. 间或；有的时候；一般指隔着三五天。2. 偶然发生的；没有计划的，无周期、无规律。（易误写为"偶而"）

例1：他总是出外勤，～回趟总部也待不了多久。

例2：他经常写小说，～也写诗。

| 小篆 | 爾 | 隶书 | 尔 | 草书 | 尔 |

要言不烦：[yào yán bù fán] 说话或写文章简明扼要，不烦琐。（易误写为"要言不繁"）

例：新闻报道不但要新颖及时，更重要的是～，简明扼要。

| 小篆 | 煩 | 隶书 | 烦 | 草书 | 烦 |

防范：[fáng fàn] 防备；戒备。（易误写为"防犯"）

例：危险时时刻刻在身边，你要注意～它。

| 小篆 | 範 | 隶书 | 范 | 草书 | 范 |

飞短流长：[fēi duǎn liú cháng] 造谣生事，搬弄是非。（飞、流，散布；短、长，是非、善恶。）（易误写为"非短流长"）

例：我最讨厌某些人闲时～，搬弄是非，一派家庭妇女的习气。

| 小篆 | 飛 | 隶书 | 飞 | 草书 | 飞 |

蜚声：[fēi shēng] 闻名于。（易误写为"飞声"）

例：《永乐大典》的编撰、郑和七下西洋的壮举让华夏文明～海外。

| 小篆 | 蜚 | 隶书 | 蜚 | 草书 | 蜚 |

安分守己：[ān fèn shǒu jǐ] 形容规矩老实，守本分，不做违法的事。也比喻保持自身的规矩。（易误写为"安份守己"）

例：林冲～，逆来顺受，结果被逼得无处容身。

小篆	𠫔	隶书	分	草书	分

无以复加：[wú yǐ fù jiā] 不可能再增加，指某事在程度上达到了极点。（易误写为"无以附加"）

例：儿子对父亲的不孝，已经到了～的地步。

小篆	復	隶书	复	草书	复

言简意赅：[yán jiǎn yì gāi] 话不多，但意思都有了。形容说话、写文章简明扼要。（赅，完备。）（易误写为"言简意该"）

例：我们作文应该～，不要拖泥带水。

小篆	侅	隶书	赅	草书	赅

气概：[qì gài] 正直豪迈的态度，或者在某种活动中或生存方式中表现出来的态度、举动或气势。（易误写为"气慨"）

例：松的～，梅的丰姿，正是经受数九寒冬的磨炼，才显得坚贞卓绝，超群脱俗。

小篆	槩	隶书	概	草书	概

竹竿：[zhú gān] 1. 砍下来的削去枝叶的竹子。2. 竹子的主干。3. 竹子。（易误写为"竹杆"）

例：他的两条腿又长又瘦，像两根～似的支在地上。

小篆	竿	隶书	竿	草书	竿

笔杆子：[bǐ gǎn zi] 比喻擅长写作的人。（易误写为"笔竿子"）

例：这些耍～的，也真够辛苦。——洪放《秘书长》

小篆	杄	隶书	杆	草书	杆

待价而沽：[dài jià ér gū] 等有好价钱才卖。比喻谁给好的待遇就替谁工作。（沽，卖。）（易误写为"待价而估"）

例：每个社会新鲜人都～，期望能找到一份好工作。

小篆	𧗵	隶书	沽	草书	沽

悬梁刺股：[xuán liáng cì gǔ] 比喻废寝忘食地刻苦学习。（易误写为"悬梁刺骨"）

例：十年寒窗，一心只读圣贤书的～，是中国才有的黑色励志幽默。

小篆	𦙶	隶书	股	草书	股

粗犷：[cū guǎng] 粗鲁强横，粗率豪放，如自然生长般未经修饰。（易误读为"cū kuàng"）

例：春雨柔软，夏雨～，秋雨苍凉，冬雨肃杀；因季节变化，情调各异。

小篆	獷	隶书	犷	草书	犷

诡计多端：[guǐ jì duō duān] 形容坏主意很多。（诡计，狡诈的计谋；端，项目、点。）（易误写为"鬼计多端"）

例：小李是个～的家伙，我们对他真是防不胜防。

小篆	譎	隶书	诡	草书	诡

诡谲：[guǐ jué] 奇异；奇怪，令人捉摸不透；变化多端。（易误写为"鬼谲"）

例：他为人～。

食不果腹：[shí bù guǒ fù] 吃不饱肚子。（易误写为"食不裹腹"）

例：全家十一口人，辛苦劳作一年却衣不遮身，～。

小篆	果	隶书	果	草书	果

短小精悍：[duǎn xiǎo jīng hàn] 形容人身躯短小，精明强悍。也形容文章或发言简短而有力。（悍，勇敢。）（易误写为"短小精捍"）

例：他的文章～，但很有新意。

小篆	悍	隶书	悍	草书	悍

引吭高歌：[yǐn háng gāo gē] 放开嗓子大声歌唱。（引，拉长；吭，嗓子、喉咙。）（易误写为"引杭高歌"）

例：她们～的时候，曳声很长，抑扬起落。

| 小篆 | 唋 | 隶书 | 吭 | 草书 | 吭 |

沆瀣一气：[hàng xiè yī qì] 原比喻气味相投的人联结在一起，后比喻臭味相投的人勾结在一起。（易误写为"坑瀣一气"）

例：这两个人，一个尖酸，一个刻薄，～，到处惹是生非。

| 小篆 | 㳠 | 隶书 | 沆 | 草书 | 沆 |

皓首穷经：[hào shǒu qióng jīng] 一直到年老头白之时还在深入钻研经书和古籍。（易误写为"浩首穷经"）

例：王教授年近九十，还在孜孜不倦地整理《古文尚书》，～，为青年学者之楷模。

| 小篆 | 皓 | 隶书 | 皓 | 草书 | 皓 |

和盘托出：[hé pán tuō chū] 连盘子也端出来了。比喻全都讲出来，毫不保留。（和，连同。）（易误写为"合盘托出"）

例：会上，她一开始就把自己的想法～。

| 小篆 | 䢱 | 隶书 | 和 | 草书 | 和 |

貌合神离：[mào hé shén lí] 外表看上去关系很亲密，实际上内心却不一致，各有各的打算和想法。（易误写为"貌和神离"）

例：他俩看起来很要好，实际上是～。

| 小篆 | 合 | 隶书 | 合 | 草书 | 合 |

一丘之貉：[yī qiū zhī hé] 一个土山里的貉。比喻彼此相同，没有差别的坏人。（易误写为"一丘之貂"）

例：这些歹徒个个都是前科累累，真是～，物以类聚！

| 小篆 | 貏 | 隶书 | 貉 | 草书 | 貉 |

荷枪实弹：[hè qiāng shí dàn] 扛着枪，上了子弹。形容全副武装，准备投入战斗。（荷，扛。）（易误写为"和枪实弹"）

例：一到村头，就看见围子墙上岗哨严密，青年民兵们～地来往巡逻着。

小篆	荷	隶书	荷	草书	荷

洪福齐天：[hóng fú qí tiān] 福气和天一样高大。旧时称颂人福气大。（洪福，大福。）（易误写为"鸿福齐天"）

例：王老太今年一百零三岁了，生日那天，人人都祝福老太太～，福寿无疆。

小篆	洪	隶书	洪	草书	洪

鸿篇巨制：[hóng piān jù zhì] 形容规模宏大的长篇或大部头。（鸿，巨、大。）（易误写为"宏篇巨制"）

例：他倾注毕生心血撰写的《中国科学技术史》，是一部研究中国古代科学技术和文明成就的～。

小篆	鸿	隶书	鸿	草书	鸿

怙恶不悛：[hù è bù quān] 一贯作恶，屡教不改。（怙，依靠；悛，悔改。）（易误写为"祜恶不悛"）

例：他们～，妄图扩大杀戮的规模和范围。

小篆	怙	隶书	怙	草书	怙

焕然一新：[huàn rán yī xīn] 光彩夺目；改变陈旧的面貌，呈现出崭新的样子。（焕然，形容有光彩。）（易误写为"换然一新"）

例：当晚的礼堂内外～，呈现一片中国红。

小篆	焕	隶书	焕	草书	焕

精神涣散：[jīng shén huàn sàn] 形容精神分散不集中。（精神，神志、心神；涣散，分散、散漫。）（易误写为"精神焕散"）

例：他最近看上去有些～，没有生气。

小篆	涣	隶书	涣	草书	涣

病入膏肓：[bìng rù gāo huāng] 形容病情严重到无法治疗的程度。也比喻事态严重，无法挽救。也作病在膏肓。（膏肓，我国古代医学名称，心尖脂肪叫"膏"，心脏和膈膜之间叫"肓"。古代认为"膏肓"是药力达不到的地方。）（易误写为"病入膏荒"）

例：最近，这位基金经理正避开炙手可热的新兴市场，而青睐看似～、奄奄一息的股票。

小篆		隶书		草书	
	肓		肓		肓

巧舌如簧：[qiǎo shé rú huáng] 舌头灵巧得就像乐器里的簧片一样。形容能说会道，善于狡辩。（易误写为"巧舌如篁"）

例：作为一名普通买楼者，一脚踏进售楼处，面对～的销售人员，被花花绿绿的宣传资料所包围，你还能保持清醒的头脑吗？

小篆		隶书		草书	
	簧		簧		簧

融会贯通：[róng huì guàn tōng] 把各方面的知识和道理融化汇合，得到全面透彻的理解。（融会，融合领会；贯通，贯穿前后。）（易误写为"融汇贯通"）

例：你花在预习和复习上的时间愈多，就愈有可能将所学过的知识～。

小篆		隶书		草书	
	會		会		会

插科打诨：[chā kē dǎ hùn] 戏曲、曲艺演员在表演中穿插进去的引人发笑的动作或语言。（科，指古典戏曲中的表情和动作；诨，诙谐逗趣的话。）（易误写为"插科打浑"）

例：事情出了岔子的时候，他～，轻松地把责任卸在别人头上。

小篆		隶书		草书	
	諢		诨		诨

狼藉：[láng jí] 乱七八糟的样子；杂乱不堪。如声名狼藉（形容声名极坏）、杯盘狼藉。（易误写为"狼籍"）

例：纵然是在自己心底一片～的时候，我们还努力地保持着一片净土，保持着对周围那些纯净心灵的理解和赞赏。

小篆		隶书		草书	
	藉		藉		藉

迫不及待：[pò bù jí dài] 形容心情十分急切或情势紧急，不能等待。（易误写为"迫不急待"）

例：昨天晚上开始，调皮的北风已经～地从窗缝里呼呼地钻进来，让人感到阵阵寒意。

小篆	及	隶书	及	草书	及

若即若离：[ruò jí ruò lí] 好像接近，又好像不接近。1. 形容对人保持一定距离。2. 形容事物含混不清。（若，好像；即，接近。）（易误写为"若及若离"）

例：一种适度的矜持，不近也不远，～。很美，但，易碎。

小篆	即	隶书	即	草书	即

一触即发：[yī chù jí fā] 原指把箭扣在弦上，拉开弓等着射出去。比喻事态发展到了十分紧张的阶段，稍一触动就会立即爆发。（触，碰；即，就。）（易误写为"一触既发"）

例：六月，他开始习惯静下心来，不再烦躁，不再～，就那么平淡如水，了无波痕。

觊觎：[jì yú] 非分地希望或企图；希望得到（不应该得到的东西）。（易误读为"kǎi yú"）

例：当时北方瓦剌逐渐强大起来，有～中原的野心。

小篆	觊	隶书	觊	草书	觊

故伎重演：[gù jì chóng yǎn] 老花招或老手法又重新施展。（伎，同"技"，花招。）（易误写为"故技重演"）

例：一到非常时期，难免有人会～，发泄自己的愤懑。

小篆	伎	隶书	伎	草书	伎

黔驴技穷：[qián lǘ jì qióng] 比喻有限的一点儿本领也已经用完了。（易误写为"黔驴计穷"）

例：他们不过是～，想求个活命罢了。

小篆	技	隶书	技	草书	技

不假思索：[bù jiǎ sī suǒ] 形容做事答话敏捷、熟练，用不着考虑。（假，假借、依靠。）（易误写为"不加思索"）

例：我们不断地从自己的情感账户上提款并且～、毫无计划地用它投资。

小篆	假	隶书	假	草书	假

缄口不言：[jiān kǒu bù yán] 封住嘴巴，不开口说话。形容畏惧权势，言语谨慎，怕招惹是非，应当说的而不敢说或不愿意说。（易误写为"箴口不言"）

例：大家都纷纷发言，表示了自己的态度，只有他～。

小篆	緘	隶书	缄	草书	缄

唇枪舌剑：[chún qiāng shé jiàn] 舌如剑，唇像枪。形容言辞锋利，像枪剑一样。（易误写为"唇枪舌箭"）

例：辩论场上，两方正在～，裁判面红耳赤，评委全神贯注，观众交头接耳。

小篆	劒	隶书	剑	草书	剑

口蜜腹剑：[kǒu mì fù jiàn] 嘴上说得很甜美，心里却怀着害人的主意。形容两面派的狡猾阴险。（易误写为"口蜜腹箭"）

例：这件事他表现得太积极了，得小心他～、笑里藏刀，别有居心。

矫枉过正：[jiǎo wǎng guò zhèng] 指把弯的东西扳正，又歪到了另一边。比喻纠正错误超过了应有的限度。（易误写为"挢枉过正"）

例：我们在纠正别人错误时，要恰如其分，不要～，效果才会好。

小篆	䧒	隶书	矫	草书	矫

直截了当：[zhí jié liǎo dàng] 形容说话做事爽快、干脆。（易误写为"直接了当"）

例：当他们在宁静的公园里的花丛中散步时，那个上校～地说到备战问题。

小篆	戳	隶书	截	草书	截

噤若寒蝉：[jìn ruò hán chán] 像深秋的蝉那样一声不吭。比喻因害怕有所顾虑而不敢说话。（噤，闭口不作声。）（易误写为"禁若寒蝉"）

例：爸爸正在气头上，我和弟弟～，生怕再惹他生气。

| 小篆 | 㗫 | 隶书 | 嗫 | 草书 | 嗫 |

不胫而走：［bù jìng ér zǒu］没有腿却能跑。比喻事物无须推行，就已迅速地传播开去。（胫，小腿；走，跑。）（易误写为"不径而走"）

例：尽管我们做尽了保密工作，但是消息还是～。

| 小篆 | 䠅 | 隶书 | 胫 | 草书 | 胫 |

耳根清净：［ěr gēn qīng jìng］耳边无事聒噪，指无事打扰。（易误写为"耳根清静"）

例：～的叶孤城不禁心情大好，与江琪找了一张桌子坐下来，晚上的晚饭因为打球赛还没吃呢。

| 小篆 | 凈 | 隶书 | 净 | 草书 | 净 |

既往不咎：［jì wǎng bù jiù］原指已经做完或做过的事，就不必再责怪了。现指对以往的过错不再责备。（咎，责怪。）（易误写为"既往不究"）

例：要争取人心，就必须有一个宽宏大量的气度和一个～的政策。

| 小篆 | 咎 | 隶书 | 咎 | 草书 | 咎 |

龙盘虎踞：［lóng pán hǔ jù］形容地势雄伟险要。（易误写为"龙盘虎据"）

例：南京古称金陵，自古就是～之地。

| 小篆 | 踞 | 隶书 | 踞 | 草书 | 踞 |

盘踞：［pán jù］非法占据；霸占。比喻某些植物或某些自然现象长期在某地肆虐。（易误写为"盘据"）

例：战士们怀着对敌人的刻骨仇恨，勇敢地冲上前去，一举摧毁了敌人～的老巢。

前倨后恭：［qián jù hòu gōng］以前傲慢，后来恭顺。（易误写为"前据后躬"）

例：这个售货员刚才对我大声呵斥，现在却热情有礼，～，令我大惑不解，仔细一看，原来是检查工作的领导来了。

| 小篆 | 倨 | 隶书 | 倨 | 草书 | 倨 |

细大不捐：［xì dà bù juān］小的大的都不抛弃。形容所有东西兼收并蓄。常指收罗的东西多，毫无遗漏；也形容包罗一切，没有选择。（易误写为"细大不涓"）

例：这家储蓄所，营业员对储户热情周到，～，所以生意兴隆。

小篆	羂	隶书	捐	草书	捐

大放厥词：［dà fàng jué cí］指大发议论（今多含贬义），即脱离实际地吹牛皮。（易误写为"大放嚱词"）

例：也许他认定我年轻无知，才毫无顾虑地在我面前～。

小篆	厥	隶书	厥	草书	厥

同仇敌忾：［tóng chóu dí kài］全体一致地仇恨敌人。（易误写为"同仇敌汽"或者误读为"tóng chóu dí qì"）

例：将士们热血滔滔、～，这场战争必胜无疑。

小篆	忾	隶书	忾	草书	忾

不卑不亢：［bù bēi bù kàng］对人有恰当的分寸，既不低声下气，也不傲慢自大。（卑，低、自卑；亢，高傲。）（易误写为"不卑不抗"或者误读为"bù bēi bù kēng"）

例：这些文雅的中国大学生，处处表现出～的态度。

小篆	亢	隶书	亢	草书	亢

不落窠臼：［bù luò kē jiù］比喻有独创风格，不落旧套。（易误写为"不落颗臼"）

例：颐和园的设计风格真是独具匠心，～。

小篆	窠	隶书	窠	草书	窠

豆蔻年华：［dòu kòu nián huá］女子十三四岁时。也可代指少女的青春年华。（易误写为"豆寇年华"）

例：来此演出的歌女，有半老的徐娘，有～的少女，也有未成年的幼童。

小篆	蔻	隶书	蔻	草书	蔻

脍炙人口：[kuài zhì rén kǒu] 脍和炙都是人们爱吃的食物。指美味人人爱吃。比喻好的诗文受到人们的称赞和传诵。（脍，切细的肉；炙，烤熟的肉。）（易误写为"快炙人口"或者误读为"huì zhì rén kǒu"）

例：音乐会上，既有雅俗共赏的流行音乐，又有～的世界名曲。

小篆	膾	隶书	脍	草书	脍

馈赠：[kuì zèng] 赠送，也指赠送的东西、礼品。（易误写为"匮赠"）

例：成功是对执着者的一种～；失败是对追求者的一种考验。

小篆	饋	隶书	馈	草书	馈

功亏一篑：[gōng kuī yī kuì] 意思是堆九仞高的山，只缺一筐土而不能完成。比喻做事情只差最后一点儿却没能完成，结果枉费工夫。（易误写为"功亏一溃"）

例：这道堤防如果不抢在雨季前完成，就可能～。

小篆	簣	隶书	篑	草书	篑

千里之堤，溃于蚁穴：[qiān lǐ zhī dī, kuì yú yǐ xué] 千里长的大堤，往往因蚂蚁洞穴而崩溃。比喻小事不慎将酿成大祸。（易误写为"千里之堤，匮于蚁穴"）

例：～，只有防微杜渐，才能廉洁从政。

小篆	潰	隶书	溃	草书	溃

陈词滥调：[chén cí làn diào] 指陈旧而不切合实际的话。（陈，陈旧、陈腐；滥，浮泛不合实际。）（易误写为"陈词烂调"）

例：他的发言尽是些～。

小篆	濫	隶书	滥	草书	滥

无理谩骂：[wú lǐ màn mà] 不讲道理，用轻慢、嘲笑的态度骂。（易误写为"无礼慢骂"）

例：让平心静气代替～，才是解决问题的最佳途径。

小篆	理	隶书	理	草书	理

利害得失：[lì hài dé shī] 指好处和坏处，得益和损失。（易误写为"厉害得失"）

例：这其中的～你是最清楚的。

小篆	𥝢	隶书	利	草书	利

利令智昏：[lì lìng zhì hūn] 因贪图私利而失去理智，把什么都忘了。（令，使；智，理智；昏，昏乱、神志不清。）（易误写为"厉令智昏"）

例：就算面对的诱惑再大，我们也不能～。

励精图治：[lì jīng tú zhì] 形容一个国家的皇帝或者领导者振奋精神，竭尽全力想治理好国家。同时还可以用来形容领导者的精神品质和实际行动。（易误写为"厉精图治"）

例：要想在商场上独领风骚，必须～，努力打拼才行。

小篆	勵	隶书	励	草书	励

火中取栗：[huǒ zhōng qǔ lì] 比喻被别人利用去干冒险事，冒险出力却一无所得。（易误写为"火中取粟"）

例：曹操想凭借战船和兵多将广的优势，一举灭掉东吴，结果赤壁大战成了～。

小篆	栗	隶书	栗	草书	㮚

披肝沥胆：[pī gān lì dǎn] 比喻开诚相见，竭尽忠诚。（易误写为"披肝历胆"）

例：刘备和关羽、张飞是～的结义兄弟。

小篆	瀝	隶书	沥	草书	沥

一枕黄粱：[yī zhěn huáng liáng] 比喻虚幻的梦想，想要实现的好事落得一场空。（易误写为"一枕黄梁"）

例：古今最是梦难留，～醒即休。

小篆	梁	隶书	梁	草书	梁

巧言令色：[qiǎo yán lìng sè] 形容花言巧语，虚伪讨好。（巧言，花言巧语；令色，讨好的表情。）（易误写为"巧言另色"）

例：他是个～的人，对长官极尽奉承之能事。

小篆	令	隶书	令	草书	令

勠力同心：〔lù lì tóng xīn〕齐心合力，团结一致。（勠力，并力、合力；同心，思想一致、很齐心。）（易误写为"戮力同心"）

例：事实证明，只要～，就能所向披靡。

小篆	一	隶书	勠	草书	一

浮光掠影：〔fú guāng lüè yǐng〕比喻观察不细致或印象很不深刻，像水上的反光和一闪而过的影子，一晃就过去了。也比喻景物景象飘忽不定，难以捉摸。（易误写为"浮光略影"）

例：这是一部值得一看再看的电影，因为其中的内容如此丰富，～地浏览，根本无法完全吸收。

小篆	𢯱	隶书	掠	草书	掠

攻城略地：〔gōng chéng lüè dì〕攻打城市，掠夺土地。常指征战。（易误写为"攻城掠地"）

例：若想兵不血刃，～，就得趁此夜黑风高、敌人不备时发起攻击。

小篆	畧	隶书	略	草书	略

轻歌曼舞：〔qīng gē màn wǔ〕轻松愉快的音乐，加上柔和的舞蹈。（易误写为"轻歌慢舞"）

例：～的蜂蝶不见了，却换来烦人的蝉，潜在树叶间一声声地长鸣。

小篆	曼	隶书	曼	草书	曼

弥天大谎：〔mí tiān dà huǎng〕意为天大的谎话（多为贬义）。（弥天，满天。）（易误写为"迷天大谎"）

例：他的～怎么也掩盖不了他的丑恶行为。

小篆	瀰	隶书	弥	草书	弥

秘而不宣：〔mì ér bù xuān〕把知道的消息、情况隐秘起来不告诉别人。（易误写为"密而不宣"）

例：父母的欢欣是～的，他们的忧愁和畏惧也同样如此。

小篆	秘	隶书	秘	草书	秘

绵里藏针：[mián lǐ cáng zhēn] 意为丝绵里面藏着针，借以形容柔中有刚。也可比喻外貌和善，内心恶毒。（绵，丝绵。）（易误写为"棉里藏针"）

例：这话～，暗讽徐世昌不过是文人一个，听风就是雨地乱报军情。

小篆	絲	隶书	绵	草书	绵

勉为其难：[miǎn wéi qí nán] 勉强去做能力所不及或不愿去做的事。（勉，勉强；为，做。）（易误写为"免为其难"）

例：在他的强烈要求下，我只能～地答应了他的请求。

小篆	勉	隶书	勉	草书	勉

莫可名状：[mò kě míng zhuàng] 不能用言语来形容。指事物极复杂微妙，无法描述。（名，用言语说出；状，描绘、形容。）（易误写为"莫可明状"）

例：目睹他这种无耻的行为，一种～的恶心使我几乎不能忍受。

小篆	名	隶书	名	草书	名

牟取暴利：[móu qǔ bào lì] 以不正当的或非法的手段在短时间内获得的巨额利润。（牟取，谋取，尤指以不正当的或非法的手段取得金钱；暴利，巨额利润。）（易误写为"谋取暴利"）

例：他虽然表面上恪尽职守，但私下却勾结不法分子，进行毒品以及人口贩卖，以此～。

小篆	牟	隶书	牟	草书	牟

羞赧：[xiū nǎn] 因害羞而脸红的样子。（易误写为"羞郝"）

例：此刻那青年仿佛有些～，低着头悄悄看书。——罗广斌、杨益言《红岩》第二章

小篆	赧	隶书	赧	草书	赧

呶呶不休：［náo náo bù xiū］用来比喻人话多，叫人讨厌。（呶呶，形容说话唠叨；休，停止。）（易误读为"nǔ nǔ bù xiū"）

例：对于国民党则敢于连篇累牍，～，劝其降顺。——毛泽东《评国民党十一中全会和三届二次国民参政会》

小篆	呶	隶书	呶	草书	呶

泥淖：［ní nào］泥泞的低洼地，也指烂泥、泥坑。比喻艰难而不易摆脱的困境。（淖，烂泥。）（易误写为"泥棹"）

例：我现在的处境犹如陷入～中，进退维谷，非常狼狈。

小篆	淖	隶书	淖	草书	淖

口讷：［kǒu nè］亦作口呐。说话迟钝。（易误读为"kǒu nà"）

例：（阿Q）估量了对手，～的他便骂，气力小的他便打。——鲁迅《呐喊·阿Q正传》

小篆	讷	隶书	讷	草书	讷

睥睨：［pì nì］眼睛斜着看，表示傲视或厌恶。（易误读为"pì ní"）

例：杨修恃才傲物，～一切，结果招来杀身之祸。

小篆	睨	隶书	睨	草书	睨

拈花惹草：［niān huā rě cǎo］指男子乱搞男女关系或狎妓。也说惹草拈花。（易误读为"zhān huā rě cǎo"）

例：他父亲给他娶了个媳妇，今年才二十二岁，也有几分人材，又兼生性轻薄，最喜～，多浑虫又不理论。——清·曹雪芹《红楼梦》

小篆	拈	隶书	拈	草书	拈

孽根祸胎：［niè gēn huò tāi］灾祸的根源，旧指坏的儿子。（易误写为"蘖根祸胎"）

例：我有一个～，是家里的"混世魔王"。——清·曹雪芹《红楼梦》

小篆	孽	隶书	孽	草书	孽

宁死不屈：[nìng sǐ bù qū] 宁可死去，也不屈服。（易误读为"níng sǐ bù qū"）

　　例：江姐在敌人的威逼下，～，充分地表现出共产党员的革命气质。

小篆	寗	隶书	宁	草书	宁

忸怩：[niǔ ní] 形容不好意思或不大方的样子。（易误写为"妞昵"）

　　例：别看他都二十多岁了，可一同生人说话就～不安，像个大姑娘。

小篆	忸	隶书	忸	草书	忸

驽马：[nú mǎ] 1. 不能快跑的马。2. 累垮了的、劣性的或无用的马。3. 精疲力竭的、衰弱得不能动的或者在其他方面不健康的马。（易误写为"弩马"）

　　例：～十驾，功在不舍。——战国·荀子《荀子·劝学》

小篆	駑	隶书	驽	草书	驽

殴打：[ōu dǎ] 用手或手拿某些东西猛打。（易误写为"欧打"）

　　例：他用两手～她。

小篆	毆	隶书	殴	草书	殴

讴歌：[ōu gē] 歌颂；用歌唱、言辞等赞美。（易误写为"欧歌"）

　　例1：当雨季催生着初春的花蕾时，我们开始～我们的青春。

　　例2：海明威在《老人与海》中，不但写了硬汉，而且通过这一硬汉～了人类永恒的价值。

小篆	謳	隶书	讴	草书	讴

藕断丝连：[ǒu duàn sī lián] 藕已折断，可还有许多丝连接着未断开。比喻表面上断了关系，实际上仍有牵连，多指男女之间情思难断。（易误写为"藕断丝联"）

　　例：女人们到底有些～。过了两天，四个青年妇女聚在水生家里，大家商量。——孙犁《荷花淀》

小篆	藕	隶书	藕	草书	藕

呕心沥血：[ǒu xīn lì xuè] 比喻费尽心血。多用来形容工作、事业、文艺创作等方面用心的艰苦。（易误写为"讴心沥血"）

例：李老师～地培育出一代又一代的国家栋梁。

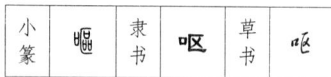

| 小篆 | 嘔 | 隶书 | 呕 | 草书 | 呕 |

怄气：[òu qì] 闹情绪；生气。（易误写为"呕气"）

例：如今父母双亡，无依无靠，现在他家依栖，若是认真～，也觉没趣。——清·曹雪芹《红楼梦》

| 小篆 | 慪 | 隶书 | 怄 | 草书 | 怄 |

蹒跚：[pán shān] 腿脚不灵便，走路缓慢、摇摆的样子。（易误读为"mán shān"）

例1：超载的汽车像位老爷爷迈着～的步伐向前行。

例2：我看见他戴着黑布小帽，穿着黑布大马褂，深青色棉袍，～地走到铁道边，慢慢探身下去，尚不大难。——朱自清《背影》

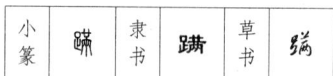

| 小篆 | 蹒 | 隶书 | 蹒 | 草书 | 蹒 |

蓬荜生辉：[péng bì shēng huī] 某事物使寒门增添光辉（多用作宾客来到家里，或获赠可以张挂的字画等物的客套话），也说蓬荜增辉。（易误写为"篷筚生辉"）

例：县长的到来令这间小屋～。

| 小篆 | 蓬 | 隶书 | 蓬 | 草书 | 蓬 |

毗邻：[pí lín]（地方）毗连。（易误读为"bǐ lín"）

例：在强敌面前，～的小国总是结成联盟，互相支持，以求生存。

| 小篆 | 毗 | 隶书 | 毗 | 草书 | 毗 |

鞭辟入里：[biān pì rù lǐ] 形容做学问切实。也形容分析透彻，切中要害。（易误写为"鞭僻入理"）

例：鲁迅对中国几千年的封建文化和帝国主义的殖民文化，进行了气魄雄伟、～的总结性批判。

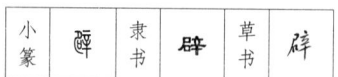

| 小篆 | 辟 | 隶书 | 辟 | 草书 | 辟 |

大腹便便：［dà fù pián pián］肚子肥大的样子（含贬义）。（易误读为 "dà fù biàn
biàn"）出自南朝·范晔《后汉书·边韶传》："边孝先，腹便便。"

例：王经理的生活条件越来越优越，人也变得红光满面，～的了。

小篆	偏	隶书	便	草书	伎

剽窃：［piāo qiè］抄袭窃取（别人的著作）。（易误读为 "biāo qiè"）

例：这个人竟然～别人尚未发表的作品，还反诬别人抄袭。

小篆	剽	隶书	剽	草书	剽

聘请：［pìn qǐng］请人承担工作或担任职务。（易误写为 "骋请"）

例：他们～爸爸做兼职教师。

小篆	聘	隶书	聘	草书	聘

平添：［píng tiān］1.自然而然地增添。2.无端地增添。（易误写为 "凭添"）

例：新建的街心公园给周围居民～了许多乐趣。

小篆	平	隶书	平	草书	平

平心而论：［píng xīn ér lùn］平心静气地给予公正评价。（易误写为 "凭心而论"）

例：～，在抑制污染方面，中国比大多数其他国家做得更好，跟美国、欧洲和日本
相比，中国在发展阶段中对污染的关注要早得多。

星罗棋布：［xīng luó qí bù］像天空中的星星似的罗列着，像棋盘上的棋子那样分布
着。形容数量众多，散布的范围很广。多形容房屋等密集。（罗，罗列；布，分
布。）（易误写为 "星罗其布"）

例：大田里的麦苗像一片海，～的村庄是不沉的舟。

小篆	棋	隶书	棋	草书	棋

迄今为止：［qì jīn wéi zhǐ］到现在为止。（迄今，从古至今。）（易误写为 "讫今为
止"）

例：～，祖国的航天事业已经取得了骄人的成绩。

小篆	迄	隶书	迄	草书	迄

修葺一新：[xiū qì yī xīn] 给人一种全新的感觉；出现了崭新的面貌。（易误写为"修茸一新"）

例：街道～，大部分的房子也都进行了修整，该雕梁画栋的雕梁画栋，该粉刷的也粉刷了，显得整齐而美观。

小篆	𦱴	隶书	葺	草书	葺

沁人心脾：[qìn rén xīn pí] 呼吸到新鲜空气或喝了清凉饮料使人感到舒适。现也形容欣赏了美好的诗文、乐曲等给人以清新、爽朗的感觉。（易误读为"qìng rén xīn pí"）

例：茉莉花盛开时节，芳香四溢，～。

小篆	沁	隶书	沁	草书	沁

罄竹难书：[qìng zhú nán shū] 比喻罪恶很多，难以写完。（竹，竹简，古代写字用的竹片。）（易误写为"磬竹难书"）

例：日本侵华战犯的罪恶～。

小篆	罄	隶书	罄	草书	罄

曲意逢迎：[qū yì féng yíng] 违背自己的本心去迎合别人的意思。（易误写为"屈意逢迎"）

例：奴才在主子面前，总是奴颜婢膝，～。

小篆	曲	隶书	曲	草书	曲

委曲求全：[wěi qū qiú quán] 勉强迁就，以求保全；为顾全大局而暂时忍让。（易误写为"委屈求全"）

例：在原则性问题上必须据理力争，不能～。

怙恶不悛：[hù è bù quān] 坚持作恶，死不悔改。（怙，坚持；悛，悔改。）（易误读为"hù è bù jùn"）

例1：～，恃远肆毒。——元·脱脱、阿鲁图《宋史·王化基传》

例2：对于～、民愤极大的罪犯，我们应予严惩，不能手软。

小篆	悛	隶书	悛	草书	悛

却之不恭：[què zhī bù gōng] 客套话。常与"受之有愧"连用。在准备接受礼物或接受邀请时说，意思是拒绝了就显得不恭敬。（却，拒绝。）（易误写为"确而不恭"）

例：你把这么贵重的东西给我，我真是～，受之有愧。

小篆	卻	隶书	却	草书	却

门可罗雀：[mén kě luó què] 原指门外可张网捕雀。后形容为官者休官失势后，门庭冷落车马稀少；或形容事业由盛而衰，宾客稀少之况。（易误写为"门可罗鹊"）

例：在福州，文化馆向未成年人免费开放，一改假日～的冷清场面。

小篆	雀	隶书	雀	草书	雀

鸠占鹊巢：[jiū zhàn què cháo] 斑鸠不会做巢，常强占喜鹊的巢。比喻强占别人的财物、房产等。（易误写为"鸠占雀巢"）

例：整个科研过程他都没有参与，最后却～，把功劳据为己有。

小篆	鵲	隶书	鹊	草书	鹊

逡巡：[qūn xún] 因为有所顾虑而徘徊不前或退却。（易误读为"suō xún"）

例：马在高高的树篱面前～不前。

小篆	逡	隶书	逡	草书	逡

一视同仁：[yī shì tóng rén] 不分厚薄，同样看待。（易误写为"一视同人"）

例：只要认真工作，努力钻研技术，职工无论年龄、职务～，都可得到奖励。

小篆	仁	隶书	仁	草书	仁

色厉内荏：[sè lì nèi rěn] 外表强硬严厉，内心怯懦软弱。（厉，凶猛；荏，软弱。）（易误写为"色厉内任"）

例：别看他那副气势汹汹的样子，其实他～，心里害怕极了。

小篆	荏	隶书	荏	草书	荏

融会贯通：[róng huì guàn tōng] 把各方面的知识或道理融合贯穿起来，从而得到系统透彻的理解。（易误写为"溶会贯通"）

例：老师教导同学们要对学过的知识举一反三，～。

| 小篆 | 融 | 隶书 | 融 | 草书 | 融 |

水乳交融：[shuǐ rǔ jiāo róng] 像水和乳汁那样融合在一起。比喻关系非常融洽或结合得很紧密。（交，交互、结合；融，流通、调和。）（易误写为"水乳交溶"）

例：他们的演出屡获好评，音乐表现充满了与人性结合之美，被评论称赞为"合作无间，～"。

矫揉造作：[jiǎo róu zào zuò] 形容装腔作势，极不自然。（矫，使曲的变直；揉，使直的变曲。）（易误写为"矫柔造作"）

例：文章的修辞应当先求准确，应恰如其分，不要～，以辞害意。

| 小篆 | 揉 | 隶书 | 揉 | 草书 | 揉 |

孺子可教：[rú zǐ kě jiào] 指年轻人有出息，可以把本事传授给他。（易误写为"儒子可教"）

例：弟弟年纪虽小，但绘画的才华却十分杰出，赢得老师～的评语。

| 小篆 | 孺 | 隶书 | 孺 | 草书 | 孺 |

含辛茹苦：[hán xīn rú kǔ] 原作茹苦含辛。形容受尽种种辛苦。（茹，吃。）（易误写为"含辛如苦"）

例：母亲～地把我们抚养成人。

| 小篆 | 茹 | 隶书 | 茹 | 草书 | 茹 |

煞风景：[shā fēng jǐng] 本义是损坏美好的事物。比喻在大家高兴的时候，突然出现使人扫兴的事物。（易读为"shà fēng jǐng"）

例：这次野炊活动正开展得起兴的时候，突然下起了大雨，真是～。

| 小篆 | 煞 | 隶书 | 煞 | 草书 | 煞 |

姗姗来迟：[shān shān lái chí] 形容走得缓慢从容，慢腾腾地来晚了。（易误写为"珊珊来迟"）

例：今年，北方的春天～，过了清明草还没有发芽。

小篆	𦫶	隶书	姗	草书	姗

礼尚往来：〔lǐ shàng wǎng lái〕礼节上应该有来有往。现也指以同样的态度或做法回答对方。（易误写为"礼上往来"）

例1：～，往而不来，非礼也；来而不往，亦非礼也。——西汉·戴圣《礼记·曲礼上》

例2：中华民族是礼仪之邦，自古崇尚投桃报李、～。

小篆	尚	隶书	尚	草书	尚

稍纵即逝：〔shāo zòng jí shì〕形容时间或机会等很容易流逝。（易误读为"shǎo zòng jí shì"）

例：人生有很多偶然的机遇～。

小篆	𥝩	隶书	稍	草书	稍

年高德劭：〔nián gāo dé shào〕年纪大，品德好。原作年高德邵。（易误写为"年高德绍"）

例：董必武先生～，爱国热忱感动全国。

小篆	劭	隶书	劭	草书	劭

谈笑风生：〔tán xiào fēng shēng〕谈话时有说有笑，兴致很高，并且很有风趣。（易误写为"谈笑风声"）

例：爸爸博学多才，聪明幽默，遇到突发状况，也能～，处变不惊。

小篆	𤯓	隶书	生	草书	生

舐犊情深：〔shì dú qíng shēn〕比喻对子女的慈爱。（易误写为"砥犊情深"）出自南朝·范晔《后汉书·杨彪传》："犹怀老牛舐犊之爱。"

例：在深情的叮咛和感激的词句中，父母的～、孩子的反哺之情感染了每一个人。

小篆	舓	隶书	舐	草书	舐

各行其是：〔gè xíng qí shì〕指思想不统一，各人按照自己的意见、主张去做。（其是，他自己以为对的。）（易误写为"各行其事"）

例：作为一名党员，必须认真执行党的决议和指示，而不能～。

小篆	是	隶书	是	草书	是

惹是生非：〔rě shì shēng fēi〕招引是非，引起争端，制造麻烦。（易误写为"惹事生非"）

例：张老师把一个常常～的孩子，教育成为一名优秀学生。

人情世故：〔rén qíng shì gù〕为人处世的方法、道理和经验。（易误写为"人情事故"）

例：世上的事情能洞察了解，～能熟悉通晓，这就是学问。

小篆	世	隶书	世	草书	世

首屈一指：〔shǒu qū yī zhǐ〕屈指计数总是先屈大拇指，因以"首屈一指"表示位居第一。（易误写为"手屈一指"）

例：在浩如烟海的中国古典小说中，～的当推曹雪芹的《红楼梦》。

小篆	首	隶书	首	草书	首

厮杀：〔sī shā〕对打、对杀或死力相拼。（易误写为"撕杀"）

例：两军各自摆开阵势，声鼓雷鸣，～起来。

小篆	厮	隶书	厮	草书	厮

驷马难追：〔sì mǎ nán zhuī〕一句话说出了口，就是套上四匹马拉的车也难追上。指话说出口，就不能再收回，一定要算数。（易误写为"四马难追"）

例：诚信，是一言既出～的君子情怀。

小篆	驷	隶书	驷	草书	驷

肆无忌惮：〔sì wú jì dàn〕放肆到什么都不顾忌。（易误读为"sì wú jì tán"）

例：对那些～地扰乱社会治安的不法分子，我们必须严惩。

小篆	肆	隶书	肆	草书	肆

毛骨悚然：[máo gǔ sǒng rán] 身上毛发竖起，脊梁骨发冷，用来形容十分恐惧。（易误写为"毛骨耸然"）

例：深夜森林里野兽的号叫令人～。

小篆	㥦	隶书	悚	草书	悚

沧海一粟：[cāng hǎi yī sù] 大海里的一粒谷子。比喻非常渺小，微不足道。（易误写为"沧海一栗"）出自北宋·苏轼《前赤壁赋》："寄蜉蝣于天地，渺沧海之一粟。"

例：我们只是～，不值得哀怨！——丁玲《牛棚小品》

小篆	粟	隶书	粟	草书	粟

唢呐：[suǒ nà] 中国民族吹管乐器的一种，也是中国各地广泛流传的民间乐器。（易误写为"锁呐"）

例：喜庆的灯笼挂起来了，悦耳的～吹起来了，快乐的歌舞要起来了。

小篆	嗩	隶书	唢	草书	唢

韬光养晦：[tāo guāng yǎng huì] 隐藏才能，不使外露。（易误写为"滔光养晦"）

例：来日方长，年轻人不应急功近利，而应静下心来～，他日定能成就一番事业。

小篆	韜	隶书	韬	草书	韬

滔滔：[tāo tāo] 1. 形容大水奔流的样子。2. 比喻言行或其他事物连续不断。3. 盛大；普遍。4. 和暖；和乐。（易误写为"涛涛"）

例：滚滚长江水～不绝地向东海奔去，这是多么壮丽的景象！

小篆	滔	隶书	滔	草书	滔

惊涛骇浪：[jīng tāo hài làng] 比喻险恶的环境或尖锐激烈的斗争。（易误写为"惊滔骇浪"）

小篆	濤	隶书	涛	草书	涛

提纲挈领：[tí gāng qiè lǐng] 比喻抓住问题的关键与要害。（易误写为"题纲挈领"）

例：这节课，老师只是～地讲了十分钟，然后由学生自己进行理解、体味、练习，效果比"满堂灌"好多了。

小篆	𥻂	隶书	提	草书	提

金榜题名：[jīn bǎng tí míng] 指科举得中。（金榜，科举时代殿试揭晓的皇榜；题名，写上名字。）（易误写为"金榜提名"）

例：小朱今年中考～，乐得一家人欢天喜地。

小篆	題	隶书	题	草书	题

出人头地：[chū rén tóu dì] 指高人一等。形容德才超众或成就突出。（易误写为"出人投地"）

例：他虽然家境贫困，却从小立下鸿鹄之志，发誓将来一定要～。

小篆	頭	隶书	头	草书	头

走投无路：[zǒu tóu wú lù] 无路可走，已到绝境。比喻处境极困难，找不到出路。（投，投奔。）（易误写为"走头无路"）

例：他因经商失败，被债主逼得～。

小篆	投	隶书	投	草书	投

退化：[tuì huà] 1. 生物体的一部分器官变小，机能减退、甚至完全消失。2. 泛指事物由优变劣，由好变坏。（易误写为"蜕化"）

例：没有竞争，人类就要～，～到最后又要开始竞争。

小篆	退	隶书	退	草书	退

蜕化：[tuì huà] 虫类脱皮，借指事物向坏的方面变化，多指腐化堕落。（易误写为"退化"）

例：近年来，一些干部腐化堕落、～变质的根本原因，是对权力监督制约的力度不够。

小篆	蜕	隶书	蜕	草书	蜕

推托：[tuī tuō] 借故拒绝或推辞（对象多为别人请求的事情）。（易误写为"推脱"）

例：这位领导先是～不要，但经不住甜嘴蜜舌的诱惑，终在"礼尚往来"中收下了

"小意思"。

| 小篆 | 𣃁 | 隶书 | 托 | 草书 | 托 |

推脱：[tuī tuō] 推卸；推辞。（易误写为"推托"）

例：他辩称路上人多而把迟到一事～得一干二净。

| 小篆 | 脫 | 隶书 | 脱 | 草书 | 脱 |

枉费心机：[wǎng fèi xīn jī] 白白地耗费心思。（枉，白白地；心机，心思、计谋。）（易误写为"妄费心机"）

例：教授劝他打消念头，不必为此～。

| 小篆 | 枉 | 隶书 | 枉 | 草书 | 枉 |

贪赃枉法：[tān zāng wǎng fǎ] 贪污受贿，违犯法纪。（易误写为"贪赃妄法"）

例：公职人员要有更高的道德操守，千万不可～。

名门望族：[míng mén wàng zú] 高贵的家庭或有特权的家族。（名门，有名望的门第；望族，有声望的家族。）（易误写为"名门旺族"）

例：他出身于～。

| 小篆 | 望 | 隶书 | 望 | 草书 | 望 |

步履维艰：[bù lǚ wéi jiān] 行走困难；行动不方便。（易误写为"步履为艰"）

例：走在泥泞的山路上，我们～。

| 小篆 | 維 | 隶书 | 维 | 草书 | 维 |

运筹帷幄：[yùn chóu wéi wò] 常指在后方决定作战策略，泛指筹划决策。（易误写为"运筹惟幄"）

例：毛泽东、朱德等老一辈革命家，具有～、决胜千里的伟大胆略和英雄气概。

| 小篆 | 帷 | 隶书 | 帷 | 草书 | 帷 |

蔚然成风：[wèi rán chéng fēng] 一件事情逐渐发展盛行，形成一种良好风气（褒义词，不可用于贬义）。（易误写为"尉然成风"）

例：讲文明、讲礼貌的新风尚在我们周围～。

小篆	蔚	隶书	蔚	草书	蔚

文过饰非：［wén guò shì fēi］用漂亮的言词掩饰自己犯下的过失和错误。（易误写为"闻过饰非"）

例：你明明做错事，还找这么多理由辩解，这样～，只会让大家更难原谅你。

小篆	文	隶书	文	草书	文

好高骛远：［hào gāo wù yuǎn］不切实际地追求过高、过远的目标。（好，喜欢；骛，追求。）（易误写为"好高鹜远"）

例：～的心理，常常妨碍人们去认识最普通的道理。

小篆	骛	隶书	骛	草书	骛

趋之若鹜：［qū zhī ruò wù］像鸭子一样成群跑过去。比喻许多人争着去追逐某些不好的事物（含贬义，也可以是中性）。（易误写为"趋之若骛"）

例：得知此地发现宝藏，人们便～，前来寻宝。

小篆	鹜	隶书	鹜	草书	鹜

独辟蹊径：［dú pì xī jìng］自己开辟一条路。比喻独创一种新风格或者新方法、新体裁（含褒义）。（易误读为"dú pì qī jìng"）

例：他常常～，想出别人所不能想到的主意。

小篆	蹊	隶书	蹊	草书	蹊

瑕瑜互见：［xiá yú hù jiàn］比喻有缺点也有优点；表示客观的评价，优点、缺点都有。（易误写为"暇瑜互见"）

例：这部电影～，虽有明显的不足，但也有重大突破。

小篆	瑕	隶书	瑕	草书	瑕

目不暇接：［mù bù xiá jiē］形容东西多，来不及观看或看不过来。（暇，空闲；接，接收。）（易误写为"目不瑕接"）

例：音乐书店里，唱片、磁带让人～。

小篆	暇	隶书	暇	草书	暇

闻名遐迩：[wén míng xiá ěr] 形容名声很大，主要指远近闻名。(遐，远；迩，近。)（易误写为"闻名瑕迩"）

例：中国的万里长城～，举世皆知。

小篆	遐	隶书	遐	草书	遐

黯然销魂：[àn rán xiāo hún] 沮丧得好像丢了魂似的。形容非常悲伤或愁苦。(黯然，心怀沮丧、面色难看的样子；销魂，灵魂离开肉体。)（易误写为"黯然消魂"）

例：她久久地站在河岸边，望着亲人远去的方向，～。

小篆	銷	隶书	销	草书	销

九霄云外：[jiǔ xiāo yún wài] 在九重天的外面。比喻非常遥远的地方或远得无影无踪。（易误写为"九宵云外"）

例：他贪玩的时候早把老师的教导抛到～了。

小篆	霄	隶书	霄	草书	宵

通宵达旦：[tōng xiāo dá dàn] 整整一夜，从天黑到天亮。(通，整个；宵，夜间；达，到；旦，天亮。)（易误写为"通霄达旦"）

例：他经常～地工作。

小篆	宵	隶书	宵	草书	宵

歪风邪气：[wāi fēng xié qì] 指不良的作风和风气。（易误写为"歪风斜气"）

例：这股～在班上很快地流行开来。

小篆	邪	隶书	邪	草书	邪

水泄不通：[shuǐ xiè bù tōng] 像是连水也流不出去。形容拥挤或包围得非常严密。（易误写为"水泻不通"）

例：这条小巷被围观的人群挤得～。

| 小篆 | 泄 | 隶书 | 泄 | 草书 | 泄 |

一泻千里：〔yī xiè qiān lǐ〕江河奔流直下；迅达千里，流得又快又远。比喻文笔或曲调气势奔放、流畅。今又比喻急剧持续地下降。（易误写为"一泄千里"）

例：雄浑的钱塘江好像离他更近了，江水～，大桥从容坚实。

| 小篆 | 泻 | 隶书 | 泻 | 草书 | 泻 |

行迹：〔xíng jì〕行经的足迹；事迹行为。比喻行动的踪迹。（易误写为"形迹"）

例：他很老实，一向循规蹈矩，没有乱说乱动的～。

| 小篆 | 行 | 隶书 | 行 | 草书 | 行 |

形迹可疑：〔xíng jì kě yí〕举动和神色值得怀疑（指静态的行为）。（易误写为"行迹可疑"）

例：这个人～，我们要小心。

| 小篆 | 形 | 隶书 | 形 | 草书 | 形 |

栩栩如生：〔xǔ xǔ rú shēng〕形容画作、雕塑中的艺术形象等生动逼真，就像活的一样。（易误写为"诩诩如生"）

例：当你把书打开的时候，书里的人和动物马上会站起来，跃然纸上，～。

| 小篆 | 栩 | 隶书 | 栩 | 草书 | 栩 |

自诩：〔zì xǔ〕自夸。（易误写为"自栩"）

例：春蚕一生没说过～的话，那吐出的银丝就是丈量生命价值的尺子。

| 小篆 | 诩 | 隶书 | 诩 | 草书 | 诩 |

殒身不恤：〔yǔn shēn bù xù〕牺牲生命也不顾惜。（易误写为"殒身不续"）

例：革命先烈为中国人民的解放事业～的精神令人敬佩。

| 小篆 | 恤 | 隶书 | 恤 | 草书 | 恤 |

徇私舞弊：［xùn sī wǔ bì］为了私人关系（或自身利益）而使用欺骗（他人）的方法做违法乱纪的事。（徇，曲从；舞，舞弄、耍花样。）（易误写为"殉私舞弊"）

例：他利用职权，～，事情败露后，受到开除公职的处分。

小篆	徇	隶书	徇	草书	徇

以身殉职：［yǐ shēn xùn zhí］指忠于职守而献出生命。（易误写为"以身徇职"）

例：他在抗洪抢险中不幸～。

小篆	殉	隶书	殉	草书	殉

鸦雀无声：［yā què wú shēng］原意为连乌鸦、麻雀的叫声都没有。泛指什么声音都没有，形容非常安静。（易误写为"雅鹊无声"）

例：观众被这动人的剧情所吸引，整个剧院一下子变得～。

小篆	鸦	隶书	鸦	草书	鸦

揠苗助长：［yà miáo zhù zhǎng］把苗拔起，帮助其生长。比喻不管事物的发展规律，强求速成，反而把事情弄糟。（揠，拔起。）（易误写为"偃苗助长"）

例：学习文化知识，要循序渐进，切不可急于求成，～。

小篆	揠	隶书	揠	草书	揠

察言观色：［chá yán guān sè］观察别人的言行，观看别人的脸色。形容揣摩他人心思。（易误写为"察颜观色"）

例：他是一个八面玲珑的人，很会～。

小篆	言	隶书	言	草书	言

偃旗息鼓：［yǎn qí xī gǔ］原意是放倒军旗，停止擂鼓，秘密行军，不暴露目标，后比喻休战或无声无息地停止活动。（偃，放倒；息，停止。）（易误写为"揠旗息鼓"）

例：经过一天的激战，双方～。

小篆	偃	隶书	偃	草书	偃

开门揖盗：[kāi mén yī dào] 开门请强盗进来。比喻引来坏人，招致祸患。（易误写为"开门辑盗"）

例：我收留了他，谁知他是个惯偷，这真是～。

小篆	揖	隶书	揖	草书	揖

贻笑大方：[yí xiào dà fāng] 指让内行人笑话（含贬义）。（贻笑，让人笑话；大方，原指懂得大道理的人，后泛指见识广博或有专长的人。）（易误写为"怡笑大方"）

例：我们一定不要不懂装懂，否则会～。

小篆	贻	隶书	贻	草书	贻

意气用事：[yì qì yòng shì] 缺乏理智，只凭一时的想法和情绪办事。（意气，主观偏激的情绪；用事，行事。）（易误写为"义气用事"）

例：没有化解不了的仇恨，我们不要～。

小篆	意	隶书	意	草书	意

出其不意：[chū qí bù yì] 趁对方没有意料到就采取行动。后也泛指出乎别人的意料。（易误写为"出其不义"）

例：他们打算在初十夜间分兵四路，趁月夜进袭敌营，～，杀他个落花流水。

绿草如茵：[lǜ cǎo rú yīn] 形容草十分茂盛，绿油油的，像绿毯一般柔软，好像铺在地上的被褥。形容草的覆盖面积大。（茵，铺垫的东西，垫子、褥子、毯子的通称。）（易误写为"绿草如荫"）

例：春天，我的故乡～，繁花似锦。

小篆	茵	隶书	茵	草书	茵

竭泽而渔：[jié zé ér yú] 比喻目光短浅，只顾眼前利益，没有长远打算。（易误写为"竭泽而鱼"）

例：不可为了弥补财政的不足，～，一味增加赋税。

小篆	渔	隶书	渔	草书	渔

滥竽充数：［làn yú chōng shù］春秋战国时期的历史典故，字面意思是说：不会吹竽的人混迹在吹竽的队伍里充数。比喻没有真才实学的人混在内行人之中，以次充好。（易误写为"滥芋充数"）

例：南郭先生本事不济，却又偏偏要～。

| 小篆 | 竽 | 隶书 | 芋 | 草书 | 竽 |

世外桃源：［shì wài táo yuán］环境幽静、生活安逸的地方。借指一种空想的脱离现实斗争的美好世界。（易误写为"世外桃园"）

例：这里的风景很美，好像～。

| 小篆 | 原 | 隶书 | 源 | 草书 | 源 |

札记：［zhá jì］1.读书时摘记的要点、心得、随笔记事等文字。2.指记录读书时的心得体会。（易误读为"zá jì"）

例：我专心思考这个问题，做了一些简短的～。

| 小篆 | 札 | 隶书 | 札 | 草书 | 札 |

破绽百出：［pò zhàn bǎi chū］比喻说话、做事漏洞非常多。（易误写为"破腚百出"）

例：他的话～，十分可疑。

| 小篆 | 綻 | 隶书 | 绽 | 草书 | 绽 |

震耳欲聋：［zhèn ěr yù lóng］形容声音很大。（欲，快要、就要。）（易误写为"振耳欲聋"）

例：操场上传来了～的欢呼声。

| 小篆 | 震 | 隶书 | 震 | 草书 | 震 |

振聋发聩：［zhèn lóng fā kuì］声音很大，使耳聋的人也听得见。比喻用语言、文字唤醒糊涂麻木的人，使他们清醒过来。（聩，耳聋，此处引申为不明事理。）（易误写为"震聋发溃"）

例：他的文章大胆针砭时弊，～，受到人们的好评。

| 小篆 | 振 | 隶书 | 振 | 草书 | 振 |

质疑：[zhì yí] 提出疑问。心有所疑，提出以求得到解答。（质，询问、责问；疑，疑问。）（易误写为"置疑"）

例：他被突来的～问得张口结舌，不知所措。

小篆	𧶠	隶书	质	草书	质

不容置疑：[bù róng zhì yí] 不允许有什么怀疑。表示论证严密，无可怀疑。（易误写为"不容质疑"）

例：新事物的产生，旧事物的灭亡，是～的必然规律。

小篆	𧴪	隶书	置	草书	置

出奇制胜：[chū qí zhì shèng] 原指作战时运用奇兵，取得速胜。现泛指用新奇的、出人意料的办法获胜。（奇，奇兵、奇计；制胜，夺取胜利。）（易误写为"出奇治胜"）

例：尖刀连如神兵天降，～，迅速攻占了敌军指挥部。

小篆	𣏂	隶书	制	草书	制

乔装打扮：[qiáo zhuāng dǎ bàn] 改变服饰，装扮成另外模样，以隐瞒身份。（易误写为"乔妆打扮"）

例1：自己却～，雇了一只小船，带了两个家丁，沿路私访而来。——清·文康《儿女英雄传》

例2：他作案后，妄图～逃离出境，但终于被识破了。

小篆	𧞤	隶书	装	草书	装

梳妆打扮：[shū zhuāng dǎ bàn] 对容颜、衣着进行修饰。（易误写为"梳装打扮"）

例：岸边，随风飘摆的垂柳悄然而立，像是对着湖镜～的窈窕淑女。

小篆	𥅿	隶书	妆	草书	妆

呱呱坠地：[gū gū zhuì dì] 指婴儿出生。（易误写为"呱呱堕地"）

例：宝宝～，承载了家人的期待，给家人带来欢乐。

小篆	𡐦	隶书	坠	草书	坠

作壁上观：[zuò bì shàng guān] 原指双方交战，自己站在壁垒上旁观。现比喻置身事外，在旁不协助任何一方。（壁，壁垒，古时军营四周的围墙；观，旁观。）（易误写为"坐壁上观"）

例：对于歪风邪气，我们不能熟视无睹，～。

小篆	隶书	草书
𤇯	作	作

第八章　常用谦敬词

谦词

鄙：[bǐ] 用于自称。

1. 鄙人：对人称自己。例：如果你经常阅读～的博客，你可能会猜到答案。

2. 鄙意：称自己的意见。例：乾坤六爻图位，～亦有未晓处，更乞诲示。——南宋·朱熹《答程可久》

3. 鄙见：称自己的见解。例：重读足下所论文学变迁之说，颇有～，欲就大雅质正之。——胡适《寄陈独秀》

小篆	鄙	隶书	鄙	草书	鄙

敝：[bì] 用于称跟自己有关的事物。

1. 敝人：对人谦称自己。

2. 敝姓：谦称自己的姓。例：我儿子快出生了，～牛。麻烦大家给取个名字。

3. 敝校：谦称自己的学校。例：今天什么好风，把你吹到～来？

小篆	敝	隶书	敝	草书	敝

薄：[bó] 谦称与自己有关的人或事物。

1. 薄技：微小的技能，常用来谦称自己的技艺。例：积财千万，不如～在身。

2. 薄酒：味淡的酒，常用作待客时的谦词。例：略备～，聊表敬意。

3. 薄礼：不丰厚的礼物，多用来谦称自己送的礼物。例：临近年关，略备～，来看望您老人家。

4. 薄面：为人求情时谦称自己的情面。例：我想邀请一个小兄弟到您这里来，不知道能否给我这个～？

小篆	𦸂	隶书	薄	草书	薄

不：[bù] 谦称自己或谦称与自己有关的人或事物。

1. 不才：a. 没有才能（多用来表示自谦）。b. 谦称自己。例：～愿往效力。

2. 不佞（nìng）：a. 没有才能。b. 谦称自己。例：寡人～，能合其众而不能离也。——春秋·左丘明《左传·僖公十五年》

3. 不敢当：表示承当不起（对方的招待夸奖等）。例：我觉得大哥太抬举我了，真的～。

4. 不敏：不聪明（常用来表示自谦）。例：敬谢～。

5. 不足挂齿：不值得一提。例：区区小事，～。

6. 不情之请：客套话，不合情理的请求（向人求助时称自己的请求）。例：小弟有个～。

小篆	𠄏	隶书	不	草书	不

承：[chéng] 表示对别人的感激。

1. 承乏：表示所在职位因一时没有适当人选，只好暂由自己充任。例：敢告不敏，摄官～。（意为冒昧地向您报告，臣下不才，代理这个官职是由于人才缺乏，由我来充数而已。）

2. 承让：承蒙相让，谦称自己的先行或优势。例：甲乙比赛，甲赢了，甲会对乙礼貌客气地说："～了"。

小篆	承	隶书	承	草书	承

敢：[gǎn] 表示冒昧地请求别人。

　1. 敢问：用于向对方询问问题。例：～姑娘芳名？

　2. 敢请：用于请求对方做某事。

　3. 敢烦：用于麻烦对方做某事。例：～各位朋友，对一下此联的下联。

小篆	𢾅	隶书	敢	草书	敢

寒：[hán] 穷困。

　1. 寒舍：对人称自己的家。例：请二位光临～一叙。

　2. 寒门：谦称自己的家。例：你是哪方来的？到我～何故？

　3. 寒族：谦称自己的家族。例：我乃出身～，比不得你这望门之子。

小篆	𡘰	隶书	寒	草书	寒

家：[jiā] 用于对别人称比自己辈分高的或同辈年纪大的亲属。

　1. 家父（家严）：对人称自己的父亲。例：作为一位教师，～向来诲人不倦，无论是在教学或为人处世方面。

　2. 家母（家慈）：对人称自己的母亲。例：～最近身体很好，不必挂念。

　3. 家兄：对人称自己的哥哥。例：～出差，不能参加本次聚会了。

小篆	家	隶书	家	草书	家

见：[jiàn] 用在动词前面表示被动或表示对自己怎么样。

　1. 见教：客套话，指教（我）。例：我不记得认识道士朋友，不知前辈来到敝宅有何～？

　2. 见谅：客套话，表示请人谅解。例：无心犯错，惹你不快；内心后悔，请你～。

　3. 见笑：被别人笑话。例：唱得不好，～了。

小篆	見	隶书	见	草书	见

老：[lǎo] 用于谦称自己或与自己有关的事物。

　1. 老粗：没有文化的人。例：我是一个大～，说错了话您不要介意啊。

　2. 老朽：老年人的自称。例：这件事就由～做主了。

3. 老脸：老年人称自己的面子。例：你这么做让我的～往哪搁呀？

4. 老身：老人的自称，后一般为老年妇女的自称（多见于早期白话）。例：～蔡婆婆是也，楚州人氏。

小篆	𦒱	隶书	老	草书	老

舍：[shè] 用于对别人称比自己辈分低的或同辈年纪小的亲属；称跟自己有关的事物。

1. 舍侄：称自己的侄子。例：～一直喜欢吃膨化食品。

2. 舍弟：称自己的弟弟。例：～年幼，望您照抚。

3. 舍亲：称自己的亲人。例：吉将军便是～，他因事外出，托在下照看这里。

4. 舍间、舍下：称自己的家。例：你休怕，跟我来。到我～歇马，明朝我送你上路。——明·吴承恩《西游记》第十三回

小篆	舍	隶书	舍	草书	舍

晚：[wǎn] 对长者称自己。

1. 晚生：后辈对前辈谦称自己。例：某～，偶得科第，愿受教。

2. 晚辈：辈分低的人；后辈。例：他用长者的身份教训了～。

小篆	晚	隶书	晚	草书	晚

小：[xiǎo] 用于称自己或跟自己有关的人或事物。

1. 小弟：男性在朋友或熟人之间谦称自己。例：～有一不情之请。

2. 小儿（女）：谦称自己的儿子（女儿）。例：～言辞冒犯之处，还请多多包涵。

3. 小可：谦称自己（多见于早期白话）。例：～不才，多有冒犯。

4. 小人：古人指地位低的人，后来也用作地位低的人的自称。例：～不敢。

5. 小生：青年读书人自称（多见于早期白话）。例：～这厢有礼了。

6. 小店：称自己的店。例：欢迎惠顾～。

小篆	小	隶书	小	草书	小

一：[yī] 谦称自己或谦称与自己有关的人或事物。

1. 一得之愚：称自己对于某一问题的见解。例：倘不尽～，殆自放于国民之

外。——鲁迅《集外集拾遗·〈越铎〉出世辞》

2. 一孔之见：从一个小窟窿里所看到的，比喻狭隘、片面的见解。例：我的看法只是~，希望起到抛砖引玉的作用。

3. 一知半解：知道得不全面，理解不透彻。例：~比什么都不知道更糟糕。

4. 一枝之栖：泛指一个工作位置。例：偌大一座北京城，竟找不到~。

小篆	一	隶书	一	草书	一

愚：〔yú〕用于自称。

1. 愚兄：向比自己年轻的人称自己。例：贤弟，今年中秋无论如何要到~这里坐坐啊！

2. 愚见：称自己的意见或见解。例：据本人~，不与恶合作，就像与善合作一样，是同等重要的。

小篆	愚	隶书	愚	草书	愚

拙：〔zhuō〕用于称自己的（文章、见解等）。

1. 拙笔：称自己的文字或书画。例：如果大家不嫌弃我的~，可以去看看我新近出版的书。

2. 拙著（拙作）：谦称自己的作品（文章）。例：现奉上~，敬请斧正。

3. 拙见：称自己的见解。例：依在下~，这件事应当这么处理。

4. 拙荆：古人对人称自己的妻子。例：恰才与~一道来间壁岳庙里还乡愿。——明·施耐庵《水浒传》

小篆	拙	隶书	拙	草书	拙

其他谦词

1. 斗胆：大胆。例：我~说一句，这是您的错，先生。

2. 过奖（过誉）：用于自己受到表扬或夸奖时的话。例：哪里，您~了。

3. 借光：客套话，用于请别人给自己方便或向人询问。例：~，百货大楼在哪儿？

4. 久仰：客套话，仰慕已久（初次见面时说）。例：~大名，如雷贯耳。

5. 久违：客套话，好久没见。例：～了，这几年您上哪儿去啦？

6. 留步：客套话，用于主人送客时，客人请主人不要送出去。例：请～。

7. 赏脸：客套话，用于请对方接受自己的要求或赠品。例：今晚请您吃饭，请务必～。

敬词

拜：[bài] 用于人事往来。

1. 拜读：阅读。例：希望有一天能有机会～您的大作。

2. 拜会：拜访会见（今多用于外交上的正式访问）。例：晚生久仰老先生，只是无缘，不曾～。

3. 拜访：访问。例：同学们相约，周末去～一位老红军。

4. 拜托：委托（多用于托人办事）。例：～把这个包还给小王。

5. 拜识：结识。例：久闻您大名，只是一直无缘～。

6. 拜辞：告别。例：一行人走出客厅，～了主人而去。

小篆	𥏙	隶书	拜	草书	拜

宝：[bǎo] 用于称对方的家眷、铺子等。

1. 宝号：称对方的店铺。例：贵公司～是？

2. 宝眷：称对方的家眷。例：贤弟既有～在京，如何不去取来完聚？

3. 宝地：称对方所在的地方。例：借贵方一块～暂住几天。

小篆	寶	隶书	宝	草书	宝

呈：[chéng] 恭敬地送上去。

1. 呈正：把自己的作品送请别人批评改正。也作呈政。例：现将文稿～。

2. 呈报：用公文报告上级。例：下周一让小王用公文～上级单位备案。

3. 呈请：用公文向上级请示、申请或要求。例：～上级批准。

小篆	呈	隶书	呈	草书	呈

垂：[chuí] 用于别人（多指长辈或上级）对自己的行动。

1. 垂问：称别人对自己的询问。例：陈副委员长亲切～孤独症孩子的状况。

2. 垂爱：称对方对自己的爱护（多用于书信）。例：承蒙老师的～，我们一定不辜负您的期望。

3. 垂询：垂问。例：以上为我团部分节目，不详之处敬请来电～！

4. 垂念：称对方对自己的关心挂念。例：伏自将军～，令备于小沛容身，实拜云天之德。——明·罗贯中《三国演义》

5. 垂怜：称对方对自己的怜爱或同情。例：万望先生～我异乡之人，怎生用贴药救得生命，决不忘恩！

6. 垂青：以青眼相看，表示别人的重视或优待。例：多蒙令爱～。

小篆	垂	隶书	垂	草书	垂

赐：[cì] 用于称别人对自己的指示、光顾、答复等。

1. 赐教：给予指教。例：请多多～。

2. 赐复：请别人给自己回信。例：请主席严密调查，宣布事实，以释群疑，以维民治，并盼～，幸甚幸甚。

小篆	賜	隶书	赐	草书	赐

大：[dà] 用于称跟对方有关的事物。

1. 大驾：称对方。例：这件事只好有劳～了。

2. 大作：称对方的著作。例：哪天让我拜读一下您的～呀？

3. 大名：尊称对方的名字。例：请问您尊姓～。

小篆	大	隶书	大	草书	大

芳：[fāng] 用于称跟对方有关的事物。

1. 芳邻：称别人的邻居。例：真羡慕你巧得如此儒雅之～。

2. 芳龄：指女子的年龄（一般用于年轻女子）。例：敢问令妹～几何？

3. 芳名：指女子的名字（一般用于年轻女子）。例：可否知道令妹～？

小篆	芳	隶书	芳	草书	芳

奉：[fèng] 用于自己的举动涉及对方时。

1. 奉告：告诉。例：这件事的真相，恕我无可～。

2. 奉还：归还。例：到了规定时间，我一定如数～。

3. 奉送：赠送。例：手相～，不取分文。

4. 奉劝：劝告。例：我～你在校期间还是多学点东西。

5. 奉陪：陪伴；陪同做某事。例：对不起，我有点儿急事，不能～了。

小篆	隶书	奉	草书	奉

俯：[fǔ] 旧时公文书信中用来称对方对自己的行动。

1. 俯察：称对方或上级对自己理解。例：所陈一切，尚祈～。

2. 俯就：用于请对方同意担任职务。例：经理一职，尚祈～。

3. 俯念：称对方或上级体念。例：老夫意欲拜恳贤侄，～当日结义之情，将红葉作为己女，带回故乡。

4. 俯允：称对方或上级允许。例：承蒙～所请，不胜感激。

小篆	隶书	俯	草书	俯

高：[gāo] 用于称别人的事物。

1. 高就：原指人离开原来的职位就任较高的职位，现常用于问别人在什么地方工作。例：多年不见，您在哪里～啊？

2. 高龄（高寿）：称老人的年龄（多指七八十岁以上）。例：虽然他已经八十五岁～，但身体硬朗，精神矍铄。

3. 高见：高明的见解（多用于称对方的见解）。例：请问，对这件事您有何～？

4. 高攀：跟社会地位比自己高的人交朋友或结成亲戚（多用于客套话"不敢高攀"等）。例：富人她～不上，穷人她看不起。

5. 高堂：指父母。例："披上红盖头，一拜天地，二拜～，夫妻对拜后送入洞房。"这种令人熟悉又陌生的传统婚礼也席卷而来。

6. 高足：称别人的学生。例：这位是王先生的～？幸会！

7. 高论：见解高明的言论（多用于称对方发表的意见）。例：请允许我解读一下您的～。

小篆	隶书	高	草书	高

恭：〔gōng〕表示恭敬。

1. 恭贺：恭敬地祝贺。例：～新禧！

2. 恭候：恭敬地等候。例：～您大驾光临。

3. 恭请：恭敬地邀请。例：～您届时参加宴会。

4. 恭迎：恭敬地迎接。例：早上7点我在大厅～大驾。

5. 恭喜：客套话，祝贺人家的喜事。例：～乔迁新居。

小篆	龔	隶书	恭	草书	恭

光：〔guāng〕表示光荣，用于对方的来临。

1. 光临：称宾客来到。例：恭候您大驾～。

2. 光顾：称客人来到，商家多用来欢迎顾客。例：欢迎～本店。

小篆	光	隶书	光	草书	光

贵：〔guì〕用于称跟对方有关的事物。

1. 贵姓：问人姓氏。例：请问您～？

2. 贵庚：询问对方的年龄。例：还不曾请教仁兄高姓大名？～几何？

3. 贵恙：称对方的病。例：尊驾～刚好，令郎的事，你只当不晓得罢了。——茅盾《秋收》

4. 贵干：问人要做什么。例：你今天来这里有何～？

5. 贵子：称人的儿子（多含祝福之意）。例：祝愿二位新人早生～。

小篆	贵	隶书	贵	草书	贵

华：〔huá〕称对方的有关事物。

1. 华诞：a. 称人的生日。b. 称伟大的人物或机构诞生的日子。c. 生日的美称。例：恭祝祖国七十～！

2. 华堂（厦）：称对方的房屋。例：入门下马问谁在，降阶握手登～。——唐·温庭筠《醉歌》

3. 华翰：称对方的书信。例：～已收，勿念！

4. 华宗：对同族或同姓者的美称。例：贵客姓刘，乃是老朽～了。

小篆	攀	隶书	华	草书	华

惠：[huì] 用于对方对待自己的行动。

1. 惠赠：对方赠予。例：孙中山先生亲笔写下了"尚武精神"四个大字，～精武体育会。

2. 惠存：请保存（多用于送人相片、书籍等纪念品）。例：一点儿薄礼，不成敬意，还望～。

3. 惠顾：惠临（多用于商店对顾客）。例：欢迎～。

4. 惠临：对方到自己这里来。例：中午好，先生，欢迎～某某旅社。

5. 惠允：对方允许自己（做某事）。例：蒙先生～，您的论文本报首家摘要发表，在学术界引起了极大反响。

小篆	惠	隶书	惠	草书	惠

谨：[jǐn] 郑重地。

1. 谨悉：恭敬地知道。例：顷得惠书，～一切。——鲁迅《书信集·致郑振铎》

2. 谨启：信件或邮件里面结尾的时候写的祝福的话。例：她在结尾用了惯常的"～"二字，没有提及她回来的日期。——美国·伊迪丝《纯真年代》

小篆	謹	隶书	谨	草书	谨

敬：[jìng] 用于自己的行动涉及他人。

1. 敬告：告诉。例：商场有优惠活动，～顾客。

2. 敬贺：祝贺。例：～新年快乐，并致以最良好的祝愿。

3. 敬候：等候。例：～佳音。

4. 敬礼：表示恭敬（用于书信结尾）。例：此致～。

5. 敬请：请。例：开业在即，～期待。

6. 敬佩：敬重佩服。例：他高尚的品格，令人～！

7. 敬谢不敏：表示推辞做某件事的客气话。例：您让我鉴别文物，我不在行，只有

～了。

| 小篆 | 黄 | 隶书 | 敬 | 草书 | 敬 |

劳：[láo] 烦劳，请别人做事时所说的客气话。

1. 劳驾：用于请别人做事或让路。例：这件事还要～您亲自跑一趟。

2. 劳步：用于请别人或感谢人来访。例：您公事忙，千万不要～。

3. 劳烦：烦劳。例：～尊驾。

4. 劳神：耗费精神（常用作请托时的客套话）。例：～代为照看一下柜台。

| 小篆 | 勞 | 隶书 | 劳 | 草书 | 劳 |

令：[lìng] 用于称对方的亲属。

1. 令堂：称对方的母亲。例：～大人最近身体可好？

2. 令尊：称对方的父亲。例：～是做什么工作的？

3. 令爱（令媛）：称对方的女儿。例：～今年多大了？

4. 令郎：称对方的儿子。例：～仪表堂堂，做事也很果敢。

| 小篆 | 令 | 隶书 | 令 | 草书 | 令 |

请：[qǐng] 用于希望对方做某事。

1. 请问：用于请求对方回答问题。例：～去市少年宫怎么走？

2. 请坐：请求对方坐下。例：不要客气，～。

3. 请进：请对方进来。例：～，不要在门口站着。

4. 请教：请求指教。例：我有一个问题需要向您～。

| 小篆 | 讃 | 隶书 | 请 | 草书 | 请 |

屈：[qū] 表示委屈对方。

1. 屈驾：客套话，委屈大驾（多用于邀请人）。例：明日请～来舍一聚。

2. 屈就：用于请人担任职务。例：如果您肯～，那就太好了。

3. 屈居：委屈地处于（较低的地位）。例：本次世锦赛我方～亚军。

4. 屈尊：客套话，降低身份俯就。例：您～到我们这里，什么好吃的也没有，真是抱歉啊！

小篆	屚	隶书	屈	草书	屈

叨：[tāo] 承受。

1. 叨光：客套话，沾光（多用于受到好处，表示感谢）。例：我们只得～你们多照顾几天啦。

2. 叨教：客套话，领教（多用于受到指教，表示感谢）。例：将来～的地方还多呢。——清·吴趼人《二十年目睹之怪现状》

3. 叨扰：客套话，打扰（多用于受到款待，表示感谢）。例：我们当然不上馆子，偶然有一两回去～朋友的酒席。

小篆	叨	隶书	叨	草书	叨

先：[xiān] 用于称死去的人。

1. 先帝：称在位帝王已死的父亲。例：～创业未半而中道崩殂。

2. 先严（先考）：亡父。例：～已离世二十余载。

3. 先慈（先妣）：亡母。例：～在生活中传达给我的中国文化之美，是我永远不变的起点。

4. 先贤：已经去世的有才德的人。例：海外游子念～。

小篆	先	隶书	先	草书	先

贤：[xián] 用于平辈或晚辈。

1. 贤宰：贤明的宰相或贤明的地方长官。例：寄语河南～。

2. 贤家：第二人称的敬词，犹今称"您"。例：不问～别事故，闻说贵州天下没，有甚希奇景物？——金·董解元《西厢记诸宫调》

3. 贤弟：古时人们对与自己熟识的朋友或者结拜兄弟的尊称。例：～，我这厢有礼了。

4. 贤郎：称对方的儿子。例：昨日已与～当面言定。

小篆	賢	隶书	贤	草书	贤

雅：[yǎ] 用于称对方的情意。

1. 雅教：称对方的指教。例：文稿奉上，烦请～。

2. 雅意：称对方的情意或意见。例：你的～我心领了。

3. 雅正：用于把自己的诗文书画等送给人时请对方指教。例：赠王某某，请～。

小篆	雅	隶书	雅	草书	雅

玉：[yù] 用于称对方身体、行动等。

1. 玉体：称别人的身体。例：恐太后～之有所郄也，故愿望见太后。——西汉·刘向《战国策·赵策四》

2. 玉音：称对方的书信、言辞（多用于书信）。例：将敬涤耳，以听～。——魏晋·曹植《七启》

3. 玉照：称别人的照片。例：木实君的～看到了。——鲁迅《书信集·致增田涉》

4. 玉成：成全。例：深望您能～此事。

小篆	王	隶书	玉	草书	玉

其他敬词

1. 璧还：用于归还原物或辞谢赠品。例：所借图书，不日～。

2. 鼎力：大力（用于请托或表示感谢时）。例：多蒙～协助，无比感谢！

3. 斧正：用于请人改自己的文章，也作斧政。例：小词成之数日……幸～是荷。——清·颜光敏《与曹禾书》

4. 阁下：称对方，旧时书函中常用，今多用于外交场合。例：大使～。

5. 海涵：大度包容（用于请别人原谅时）。例：此盖伏遇皇帝陛下，天覆群生，～万族。——北宋·苏轼《湖州谢上表》

6. 驾临：称对方到来。例：先生有要面问的事，亦请于本月七日午后二时，～内山书店。——鲁迅《书信集·致姚克》

7. 千金：称别人的女儿。例：嫂子于昨天晚上九点喜得～。

8. 托福：客套话，意思是依赖别人的福气，使自己幸运（多用于回答别人的问候）。例：托您的福，一切都很顺利。

常见谦敬词使用顺口溜

赞人见解说"高见"	看望别人说"拜访"	宾客来到说"光临"
陪伴朋友说"奉陪"	无暇陪客说"失陪"	等候客人说"恭候"
请人勿送说"留步"	没能迎接说"失迎"	欢迎购买说"惠顾"
与人相见说"您好"	问人姓氏说"贵姓"	问人住址说"府上"
仰慕已久说"久仰"	长期未见说"久违"	求人帮忙说"劳驾"
向人询问说"请问"	请人协助说"费心"	请人解答说"请教"
求人办事说"拜托"	麻烦别人说"打扰"	求人方便说"借光"
请改文章说"斧正"	接受好意说"领情"	求人指点说"赐教"
得人帮助说"谢谢"	祝人健康说"保重"	向人祝贺说"恭喜"
老人年龄说"高寿"	身体不适说"欠安"	言行不妥"对不起"
请人接受说"笑纳"	送人照片说"惠存"	慰问他人说"辛苦"
希望照顾说"关照"	归还物品说"奉还"	需要考虑说"斟酌"
请人赴约说"赏光"	对方来信说"惠书"	自己住家说"寒舍"
无法满足说"抱歉"	请人谅解说"包涵"	迎接客人说"欢迎"
客人入座说"请坐"	临分别时说"再见"	送人远行说"平安"

参考文献

[1] 倪文锦，于黔勋. 语文(基础模块)上册 [M]. 北京：高等教育出版社，2013.

[2] 倪文锦,于黔勋. 语文(基础模块)下册 [M]. 北京：高等教育出版社，2013.

[3] 倪文锦,于黔勋. 语文(拓展模块) [M]. 北京：高等教育出版社，2013.

[4] 中国社会科学院语言研究所词典编辑室. 现代汉语词典 [M]. 第七版. 北京：商务印书馆，2016.

[5] 思履. 说文解字 [M]. 北京：中国华侨出版社，2014.

[6] 成语大词典编委会. 成语大词典 [M]. 北京：商务印书馆，2016.

[7] 王树义. 邯郸成语故事 [M]. 北京：中国文史出版社，2006.

[8] 武道湘. 汉隶隶书教程 [M]. 天津：天津人民美术出版社，2004.

[9] 李静. 篆书字典 [M]. 杭州：西泠印社出版社，2013.

[10] 百度词典. 2018. http://dict.baidu.com/

[11] 汉典. 2018. http://www.zdic.net/